LEBENSRAUM
MEER

© 2015 Fackelträger Verlag GmbH, Köln
Emil-Hoffmann-Straße 1
D-50996 Köln

Autoren: Wolfgang Korn & Ulli Kulke
Redaktion: Michael Büsgen
Umschlaggestaltung: René Wandelt
Satz und Gestaltung: e.s.n Agentur für Produktion und Werbung GmbH
Gesamtherstellung: Fackelträger Verlag GmbH, Köln

ISBN 978-3-7716-4597-7
Printed in China
www.fackeltraeger-verlag.de

Wolfgang Korn & Ulli Kulke

LEBENSRAUM
MEER

Menschen, Küsten, Handelsrouten

Edition
Fackelträger

„DIE MEISTEN LEUTE WISSEN, DASS DAS MEER
ZWEI DRITTEL UNSERES PLANETEN BEDECKT,
ABER NUR WENIGE NEHMEN SICH DIE ZEIT,
AUCH NUR EIN PAAR LITER DAVON ZU BEGREIFEN.“

Jim Lynch (* 1961)

Mittelmeer-Kalmar (Loligo vulgaris) vor Antalya (Türkei).

INHALT

EINLEITUNG

Unendliche Weiten, Welten, die noch nie ein Mensch gesehen hat – wir sprechen hier nicht vom Weltraum, sondern von den Ozeanen auf unserem Planeten, von der „lebendigen Unendlichkeit" (Jules Verne), vom „Deep Blue". Denn während die Menschheit jahrtausendelang die Meere nur als Handelswege und Nahrungsquellen nutzte, die Unterwasserwelt jedoch dämonisierte, hat uns heute eine geradezu fundamentale Sehnsucht nach allem Maritimen erfasst. Immer mehr Menschen durchqueren die Ozeane, auf der Suche nach den letzten Refugien einer heilen blauen Welt. Aufwendige Dokumentationen lassen uns hautnah das Leben der Wale und Delfine in den Weiten der Meere oder das Schicksal einzelner Pinguine in der Antarktis miterleben. Und schon bald wird die Hälfte der Weltbevölkerung am Meer leben. Stehen wir also vor einem neuen, maritimen Zeitalter?

„Lebensraum Meere – Menschen, Küsten, Handelsrouten" stellt nicht einfach die Welt der Meere, ihre Eroberung durch die Menschen und die von ihnen umgrenzten Küsten in seiner ganzen Vielfalt dar, es zeigt darüber hinaus wie sich die Vorstellung von Meeren und Ozeanen in der Auseinandersetzung der Küstenbewohner mit den maritimen Lebenswelten formte und wandelte. Diesen Wandlungsprozess schildern wir nicht allumfassend wie in einem Handbuch, sondern stets anhand von Beispielen, die größtenteils im Reportagestil anschaulich werden.

Mied der frühe Mensch die Meere? „Was für ein Wahnsinn, sich dem Meer anzuvertrauen!", schrieb noch im 16. Jahrhundert Erasmus von Rotterdam, der Philosoph der Vernunft. Zu diesem Zeitpunkt hatten die Menschen zwar gelernt, mit ihren Schiffen auch die weiten Ozeane zu befahren, jedoch galten diese als besonders launisch und schicksalhaft. Aber hat der Urteilsspruch des Erasmus wirklich für die gesamte Menschheitsgeschichte bis in die Zeit der Aufklärung Bestand? Oder vorsichtiger gefragt: Ist das die ganze Wahrheit über das frühe Verhältnis von Mensch zu Meer? Es gibt Indizien dafür, dass der Mensch schon früh auf Tuchfühlung mit dem Meer ging. So entstammt unser direkter Vorfahr, der *Homo sapiens*, zwar der Savanne, aber schon die Wanderwege seiner Ausbreitung über den ganzen Globus führten entlang der Küsten. Und stammt nicht die Nahrung, mit den für die Hirnentwicklung des Menschen so notwendigen Omega-Fettsäuren, überwiegend aus dem Meer? Haben sich solcherlei Tatsachen so tief dem archaischen Kollektiv-Gedächtnis der Menschheit eingebrannt, dass sie die heutige Meeressehnsucht auslösen? Lange fischte die Menschheit „im Trüben". Doch spätestens mit der neolithischen Lebensweise und deren Hochkulturen kam die Wende: Phönizier, Ägypter, Griechen, Römer, aber auch Araber und Osmanen, später dann Spanier, Portugiesen und Engländer – sie alle nutzten die zwar gefährlichen, aber befahrbaren Meere und zogen ihren Vorteil aus deren lebenden Reichtümern. Auf dem Seeweg ging das Reisen immer schneller als auf dem Landweg, egal ob durchs Mittelmeer oder später bis nach Indien und Sumatra.

Auch die moderne Wirtschaft, Kapital-Akkumulation, Anfänge der Globalisierung – alles begann mit dem Seehandel in den Niederlanden zu Zeiten der Pfeffersäcke und ihrer Ostindien-Kompagnie im 17. Jahrhundert. Doch in den Tiefen der Meere vermuteten die Menchen immer noch allerhand Dämonen und die sündigen Überbleibsel der einstigen Sintflut. Was sie allerdings nicht daran hinderte, deren Reichtümer immer perfekter auszubeuten – viele Meeresbewohner wie die Wale wurden fast oder gar vollständig ausgerottet. Wie weit wir die Ozeane inzwischen bereits geplündert haben, können wir nicht einmal ansatzweise sagen, weil wir zu wenig von ihnen wissen. Denn was den Menschen der eurasischen Zivilisation bis zum heutigen Tage auszeichnet: Er lernte die Meere zu befahren und auszubeuten, ohne sie wirklich zu verstehen. Erst in den letzten Jahren haben wir begonnen, das Steuer herumzudrehen.

Ein erster Blick in tiefstes Blau, jetzt im 21. Jahrhundert: Mehr als zwei Drittel der Erdoberfläche sind von Wasser bedeckt: Seen, Flüsse, vor allem jedoch Meere, da wo sie sich endlos ausweiten Ozeane genannt. Und erst heute beginnen wir eine Ahnung davon zu bekommen, dass die Ozeane die größten Lebensräume unseres Planeten bilden: Sie erstrecken sich ja nicht nur über 71 Prozent der Erdoberfläche, sondern da auch ein Großteil der im Durchschnitt 3000 Metern Wassertiefe schichtenweise besiedelt ist, machen sie gewaltige 95 Prozent des bewohnten Lebensraumes aus. Die systematische Meeresforschung, vor allem die Tiefseeforschung, ist eine junge Disziplin, die erst gegen Ende des 19. Jahrhunderts aufkam. Obwohl oder gerade weil wir immer noch im Dunkeln tappen, sind wir von der Vielfalt maritimer Flora und Fauna überwältigt: Die erste großangelegte Zählung der Spezies in den Weltmeeren, das Projekt „Census of Marine Life", kommt bisher auf rund 250 000 verschiedene Arten, und diese Bestandsaufnahme werten viele Wissenschaftler wegen ihrer zwangsläufigen Lückenhaftigkeit nur als einen „ersten Schnappschuss"! Die Erkenntnis, dass alles Leben aus dem Meer kommt und unser Planet wegen seiner überwältigenden Wasserflächen vom All aus gesehen blau erstrahlt, erwuchs der Menschheit allerdings erst recht spät. Und unser menschlicher Blick auf das Meer bleibt immer einer von außerhalb, selbst wenn wir auf Schiffen dem Wellengang ausgesetzt sind oder für kurze Zeit in Schutzhüllen ins tiefe Blau eindringen.

Diese Sehnsucht nach „Meer", reicht sie für eine nachhaltige Freundschaft? Die Sehnsucht nach der Ferne, nach der Exotik hinter dem Horizont verbreiteten sich spätestens seit den Pazifikreisen eines James Cook oder Louis Antoine de Bougainville im Europa des 18. Jahrhunderts. Mit der Romantik wurde das Meer schließlich im Laufe des 19. Jahrhunderts zur Projektionsfläche für unser „Fernweh", die neue Sehnsucht, die das alte „Heimweh" ablöste. Doch der Siegeszug technischer Errungenschaften auch auf den Ozeanen führte dazu, dass wir das anfangs nur sehnsüchtig Erträumte immer näher an uns heranzuholen trachten. Während die

Menschen an den Küsten und auf ihren Schiffen in Jahrtausenden ihre Lebensweise den Erfordernissen der Meere anpassten, sollen diese sich nun den menschlichen Anforderungen beugen. Denn die globalisierte Welt stellt nicht nur vielfältige, sondern äußerst widersprüchliche Ansprüche an die maritime Umwelt: Sie soll Verkehrsweg und Erholungsgebiet, Nahrungsmittelbeschaffer und Entsorgungsfeld, Rohstoffquelle und Energielieferant zugleich sein. Sogenannte Kreuzfahrtschiffe werden immer mehr zu Freizeitparks auf See, die noch das leichteste Stampfen der Schiffe in den Wellen durch ausgefeilte Technik unterdrücken. Und Touristenorte lassen ihre Küsten von Ingenieuren planen: Ungeliebten Felsformationen rücken Pressluafthämmer zu Laibe, danach entstehen durch kostspielige Sand-Aufschüttungen Traumstrände. Doch erweisen sich die Meere als nicht so leicht unterwerfbar. So halten die aufgeschütteten Strände meist nur bis zu den nächsten Herbststürmen. Und auch die Seefahrt bleibt selbst in unserer heutigen Hightech-Zeit mit Risiken verbunden: Fähren kentern, Monsterwellen setzen selbst größten Fracht- und Kreuzfahrtschiffen zu und immer noch verschwinden Woche für Woche Schiffe spurlos in den Weltmeeren. Trotzdem hat sich eine Art Sehnsucht nach dem Meer herausgebildet: Wir wollen an seinen Stränden entspannen, auf seinen Wellen die Welt erkunden – möglichst luxuriös natürlich, aber wir sehnen uns auch nach den Tiefen. Walgesang erscheint wie die Geheimsprache der Schöpfung, von der wir durch unseren technischen Siegeszug über die Natur ausgeschlossen bleiben.

Beginnen wir endlich auch maritim zu denken? Meere und Ozeane zusammen – darauf laufen neueste Forschungen hinaus – bilden einen einzigen großen Organismus. Und deshalb verbreiten nicht alle Meeresforscher Katastrophenstimmung und sprechen von einem möglichen „Ende der Ozeane", sondern viele sind vielmehr davon überzeugt, dass die Meere auf lange Sicht ein neues Gleichgewicht finden werden. Ob mit dem Menschen oder erst lange nach dessen Eingriffen und dessen Verschwinden – das entscheiden wir durch unser Verhalten selbst. Aber nicht nur die Zukunft von Menschen und Meer, auch die Stellung der frühen Menschheit zum Meer ist in den Fokus der Forschung geraten und dabei entsteht ein völlig neues Bild von den frühen Kontakten zwischen Mensch und Meer.

„DIE SEE ÄNDERT SICH NIE,
UND IHRE WERKE, SO SEHR DER MENSCH
SIE AUCH ERGRÜNDEN MAG,
SIND IN GEHEIMNIS GEHÜLLT."

Joseph Conrad (1857–1924)

01

KÜSTENBEWOHNER,
FRÜHE SEEFAHRER
ODER PURE LANDRATTEN?

DER KULTURKAMPF
UM DIE FRAGE, WANN
DER MENSCH SICH DEM
MEER ANNÄHERTE

KÜSTENBEWOHNER, FRÜHE SEEFAHRER ODER PURE LANDRATTEN?

Der Kulturkampf um die Frage, wann der Mensch sich dem Meer annäherte

Vorangehende Doppelseite: Bis zu 60 Meter hoch stehen sie einzeln, aber doch in erkennbarem Zusammenhang im Meer an Australiens Küste – imposante Kalksteinfelsen, die seit Jahr und Tag unter dem Namen „Zwölf Apostel" bekannt sind, obwohl es schon längst nicht mehr so viele sind. Hierher führte die erste nachweisbare Schifffahrt.

Schule junger Weißstreifen-Aalgrundel (Pholidichthys leucotaenia), Indonesien.

Mit Kanus kamen ihre Ahnengeister einst über das große Meer. So überliefern die Aborigines seit Hunderten von Generationen ihre Erinnerungen an die Traumzeit. Ausgerechnet die moderne Archäologie gibt ihnen nun recht: Diese Geschichte scheint ferne Erinnerungen an die ersten Fahrten der Menschheit über das offene Meer zu bewahren. Aber nicht nur das, die Stellung des frühen Menschen zum Meer wird vollständig revidiert. Verliefen nicht die Wanderrouten der Afrika verlassenden Frühmenschen alle mehr oder weniger entlang der Küsten? Wurden nicht die ältesten Lager und Siedlungen der Menschheit an Ufern errichtet? Stammt nicht die Nahrung mit den für die Hirnentwicklung zum Menschen so notwendigen Omega-Fettsäuren überwiegend aus dem Meer? Zusammengefasst: Unsere Sehnsucht nach den blauen Fluten könnte sich aus solchen archaischen Quellen nähren.

Bis vor zwei Jahrzehnten erklärten uns Kulturhistoriker, dass die Menschheit erst recht spät, mit Beginn der Romantik, begonnen habe, dem Meer und seinen Küsten einen Liebreiz abzugewinnen. Noch im 16. Jahrhundert warnte kein Geringerer als der Humanist sui generis Erasmus von

„ES BEGINNET NÄMLICH
DER REICHTUM IM MEERE."

Friedrich Hölderlin (1770–1843)

Rotterdam: „Was für ein Wahnsinn, sich dem Meer anzuvertrauen." Und erst recht gilt diese Abneigung für die Antike, resümiert der Kulturhistoriker Alain Corbin: „Das klassische Zeitalter kennt – bis auf wenige Ausnahmen – weder den Zauber der Sandstrände noch die Erregung des Badenden, der mit den Wellen kämpft, noch die Freude der Sommerfrische am Meer." So schildert kurz vor der Zeitenwende Vergil (70–19 v Chr.) in seiner umfangreichen „Aeneis" die Flucht des Aeneas aus Troja, seine Irrfahrten und schließlich die Gründung Roms. Dabei übernahm er nicht nur viele Geschichten aus der Odyssee und aus Aeneas-Erzählungen früherer römischer Dichter, sondern auch die Dämonisierung des Meeres in seiner besonders gefährlichen Form als Sturm: „Zuerst eilen die Winde von den vier Enden der Welt herbei und liefern sich eine tosende Schlacht; das Geschrei der Matrosen, ächzende Taue, brechende Wellen und rollende Donner bilden die Geräuschkulisse", führt Corbin dazu aus. Beladen mit Meeressand, Schlick und Schaum wachsen Wellen zu Bergen an und geben den Blick frei auf Untiefen. „Die krachende Brandung lockert die Planken, und mitten in der von Blitzen durchzuckten Finsternis zeugt der prasselnde Regen vom Einsturz des Himmels." Für die gesamte antike Literatur bleibt das Meer ein rätselhafter, abgründiger Ort, an dem die Menschen dem Zorn oder der Willkür der Götter in Form plötzlicher Stürme, hinterhältiger Strömungen und feindlicher Ungeheuer hilflos ausgeliefert sind.

In die gleiche Kerbe schlugen auch das Christentum und das Alte Testament, indem sie das Negativ-Image der Meere mitprägten: Das Meer steht für das ursprüngliche Chaos, für den unvollkommenen Teil der Schöpfung und schließlich für die Sintflut. Auch nach deren Abzug sammeln sich im Meer die sintflutlichen Reste, die Ausscheidungen der Meeresbewohner und alle unbezähmten, sprich teuflischen Elemente.

Gleichsam als Lebensspender und raue, gefahrvolle Naturgewalt zeigen sich die Meere und Küsten weltweit. Vulkankegel von Krakatau, Indonesien (oben); Sturm über der Küste von Norfolk, Großbritannien (unten).

Für die frühen Menschen, davon sind Wissenschaftler inzwischen überzeugt, sah das Meer tatsächlich nicht romantisch blau, türkis oder grün aus, sondern trist grau bis gefährlich dunkelrot! In der ältesten abendländischen Dichtung, der „Ilias", beschreibt Homer das Meer in seinem ganzen Werk nicht ein einziges Mal als blau schimmernd – blau kommt als Farbe gar nicht vor. Berühmt wurde dagegen die Wendung „weindunkles Meer", die jedoch im Original „oinops" heißt, was wortwörtlich „wie Wein aussehend" bedeutet. Ansonsten beschreibt Homer das Meer als veilchenähnlich – waren die Griechen tatsächlich farbenblind? Nein, sagt der Sprachforscher Guy Deutscher: „Schon Gelehrte wie Gladstone (ein Kollege von Darwin) stellten fest, dass sich auf der ganzen Welt die Begriffe für Farben in derselben Reihenfolge entwickelt haben. Zuerst wurde zwischen Schwarz und Weiß unterschieden. Dann kam Rot hinzu. Dann Gelb, dann die anderen Farben. Warum das so ist, darüber wird seit Mitte des 19. Jahrhunderts diskutiert. Kurz gesagt gibt es zwei Deutungsmöglichkeiten: Die eine geht von der Natur aus, der Entwicklung der Farbwahrnehmung des Auges. Die andere hält die Reihenfolge für kulturell bedingt. Wahrscheinlich ist es von beidem etwas." Die Griechen hatten also noch keinen Grund, das Meer wegen seiner Schönheit, seines Farbenspiels zu bewundern. Auch die Römer hatten noch keinen würdigenden Blick für die Natur draußen. Obwohl sie keine feindlichen Übergriffe zu fürchten hatten, legten sie ihre Häuser so an, dass die Fenster in den Hof blickten. Nur die gebändigte Natur des Gartens galt ihnen als schön.

Noch im 18. Jahrhundert schrieb der englische Gelehrte Thomas Burnet in seiner weitverbreiteten „Theory of the Earth": „Vor der Sintflut war das Gesicht der Erde sanft, regelmäßig und gleichförmig, ohne Berge und ohne Meer." Mit der Sintflut öffnete der Schöpfer jedoch die finsteren Tiefen des Wassers, und das Chaos kehrte auf die Erde zurück. Denn selbst nachdem Gott den Rückzug der Fluten befohlen hatte, blieb ein Teil davon zurück. Die Meere sind und bleiben für die Menschen deshalb bis in die Neuzeit hinein „ein schreckliches Schauspiel der Natur", während die Küsten einfach nur Trümmerlandschaften gleichen.

Noch für den Philosophen Georg Wilhelm Friedrich Hegel steht das Meer für die unberechenbare Seite der Natur. „Das Meer gibt uns die Vorstellung des Unbestimmten, Unbeschränkten und Unendlichen." Doch Hegel wäre nicht der Philosoph der Dialektik, wenn er nicht auch die Öffnung eines neuen Erfahrungshorizontes dabei entdecken würde: „Und indem der Mensch sich in diesem Unendlichen fühlt, so ermutigt dies ihn zum Hinaus über das Beschränkte." Hier deutet sich die romantische Wende an: Erst mit unserem sehnsüchtigen Blick auf die Fluten

> „DAS MEER GIBT UNS DIE VORSTELLUNG DES UNBESTIMMTEN, UNBESCHRÄNKTEN UND UNENDLICHEN."
>
> Georg Wilhelm Friedrich Hegel (1770–1831)

Was bis dahin eher Furcht, angesichts einer ungewissen Fahrt, auslöste, wurde nun, im Zeitalter der Romantik, zum Sehnsuchtssymbol. „Ansicht eines Hafens", Caspar David Friedrich (1774–1840), um 1815/16 (Potsdam, Schloss Charlottenhof).

lernten wir genauer zu unterscheiden, wie das Meer mit jedem Wetterumschwung und neuen Wellengang seine Farbe ändert – von Grau über tiefes Blau in endlos vielen Schattierungen zu einem hellem Blau, das in Türkis, ja manchmal direkt ins Grüne wechseln kann.

Aber wie viel in dieser Wahrnehmung ist pure zivilisatorische Kompensation, wie viel eine Art archaische Erinnerung? „Abbildungen menschlicher Vorfahren zeigen ziemlich stereotyp kernige Jäger, die ein Gnu heimbringen", beschreibt der Science-Autor A. Gibbons neueste Erkenntnisse der Anthropologie, „ein korrekteres Bild für jene Zeit könnten hingegen Fischer sein, Männer und Frauen, die in stille Seen hineinwaten und die schweigend Meeresküsten entlangpatrouillieren, auf der Suche nach Fischen, den Eiern von Meeresvögeln, Weichtieren und anderer Meeresnahrung."

Noch weiter geht in seinem kämpferischen Essay „The human Shore. Seacosts in the history" der Kulturgeschichtler John Gillies, der beweisen will, dass die Menschen in der Vergangenheit bei Weitem nicht so landzentriert lebten, wie es immer noch in unseren Geschichtsbüchern steht. Anhand archäologischer Funde, der Mittelmeer-Forschung sowie Beispielen der Kulturgeschichte schlussfolgert er, dass die frühen Menschen amphibisch lebten, d. h. sie haben Küsten, Seen, Flüsse und Meere ebenso in ihre Lebenswelt miteinbezogen wie das Festland. Das mag vielleicht etwas übertrieben sein, aber Meere, Seen und deren Küsten spielten allem Anschein nach eine weitaus größere Bedeutung als bisher angenommen. Diese Tatsache bezieht sich nicht nur auf uns Spät-Menschen, *Homo sapiens*, sondern schon auf einen unserer Vorläufer, den wichtigen *Homo erectus*.

„Out of Africa" oder: Immer an der Küste entlang!

Ab 1,6 Millionen Jahre vor unserer Zeit tauchen in Ostafrika die ersten echten Faustkeile auf, beidseitig vielfach und fein beschlagene Steingeräte. Sie werden *Homo erectus*, „dem aufgerichteten Menschen", zugeschrieben, der sich im Laufe seiner fast eineinhalb Millionen Jahren der Entwicklung bereits vollständig aufgerichtet hat. Ein besonders gut erhaltenes Skelett eines noch nicht ausgewachsenen Mannes wurde am nordkenianischen Turkanasee gefunden. Sein Alter wird auf 1,6 Millionen Jahre taxiert, er maß zu Lebzeiten 1,60 Meter und wäre erwachsen wohl 1,80 Meter groß geworden, rund 50 Zentimeter größer als sein Vorgänger.

Homo erectus fertigte Unmengen an Steinwerkzeugen an und zog in die Welt hinaus. Seine Anwesenheit konnte für die Zeit vor 1,4 Millionen Jahren in Palästina, vor 1,5 Millionen Jahren im Südkaukasus, vor 780 000 Jahren auf der Iberischen Halbinsel und schließlich vor 600 000 Jahren in Mitteleuropa nachgewiesen werden. Ob die Speere von Schöningen, die mit 400 000 Jahren die ältesten erhaltenen Waffen aus Holz sind, oder der Siedlungsplatz von Bilzingsleben südlich des Harzes – die Fundstätten liegen an den einstigen Ufern von Gewässern.

Oder sie liegen gleich direkt am Meer, wie Terra Amata. Nicht weit vom alten Hafens Nizzas entdeckten Bauarbeiter 1965 bei Ausschachtungen die Überbleibsel einer *Homo-erectus*-Gruppe, die dort vor rund 400 000 Jahren siedelte. Zu dieser Zeit lag der Fundort direkt an einer Bucht, und die ovalen Behausungen wurden stets im Frühjahr auf Sandbänken oder Dünen errichtet. Sie maßen zwischen acht und 15 Meter und bestanden im Wesentlichen aus schräg gestellten Ästen und beherbergten Feuerstellen sowie Schlaf- und Arbeitsplätze. Unter den rund 35 000 geborgenen Gegenständen befanden sich Ockerstücke, Arbeitsgeräte, die teilweise aus Strandkieseln angefertigt waren, und Knochen, Gräten und Schalen, die über die Nahrung Auskunft geben: Elefanten, Nashörner, Schildkröten, Steinböcke, Vögel, Wildrinder und Wildschweine wurden gejagt, Fische gefangen, vor allem jedoch sammelten die Bewohner Austern, Napfschnecken und Miesmuscheln.

So viel zum *Homo erectus*, aber wie sieht es mit dem *Homo sapiens* aus? Unbestritten unter Wissenschaftlern ist, dass er sich 200 000 bis 100 000 Jahre vor unserer Zeit in Ostafrika entwickelte. Doch breitete er sich wirklich erst auf dem ganzen afrikanischen Kontinent aus, bevor er vor 75 000 bis 50 000 Jahren in einer einzigen Wanderbewegung nach und nach den gesamten Planeten eroberte? Die neueste Erforschung genetischer, archäologischer und anthropologischer Faktoren stellt diese Vorstellung infrage. Ein Forscherteam um die Tübinger Paläoanthropologin Katerina Harvati untersuchte Daten anatomischer Schädelvergleiche heutiger

Vier Ansichten eines Faustkeils, den Archäologen im Turkana-Becken in Kenia entdeckt haben. Der Faustkeil gilt als das charakteristische Werkzeug des Homo erectus.

Menschen aus unterschiedlichen Regionen, neutrale genetische Daten und die zurückzulegenden Distanzen der verschiedenen möglichen Ausbreitungsrouten. „Beide Beweisketten, sowohl die anatomischen Schädelvergleiche als auch die genetischen Daten, sprechen für mehrfache Auswanderungswellen", urteilt Harvati. Eine erste Gruppe unserer Vorfahren muss vor rund 130 000 Jahren von Afrika aus aufgebrochen sein. Und zwar, darauf lassen 125 000 Jahre alte Steinwerkzeuge an der Küste Eritreas schließen, zogen sie an den Küsten entlang: von Afrika über die Arabische Halbinsel bis an den Westpazifik und fingen dabei einen entscheidenden Anteil ihrer Ernährung aus dem Meer. Während die frühen Bewohner Australiens, Papuas und Melanesiens nach dieser ersten Ausbreitung weitgehend isoliert blieben, scheinen andere asiatische Populationen einer späteren Auswanderungswelle zu entstammen, die vor etwa 50 000 Jahren von Afrika aus Richtung Eurasien führte. Wichtig für uns: Die Wanderbewegungen erfolgten zum großen Teil entlang der Küsten. Es waren vermutlich jeweils nur ein paar Hundert Menschen, die auf der Suche nach besseren Jagd- und Fischgründen jedes Jahr ein paar Kilometer weiter in die küstennahen Regionen vordrangen. So wurden im Kongo Harpunenspitzen gefunden, die 90 000 Jahre alt sind, und vor 70 000 Jahren stellten unsere Vorfahren Geräte zum Fischfang her – geborgen in der südafrikanischen Halbhöhle von Blombos.

Der Berliner Humanbiologe und Anthropologe Carsten Niemitz hat deshalb die Gegenrechnung zur kontinentalfixierten Menschheit aufgemacht: Die Menschen siedelten von der Altsteinzeit bis in die jüngste Vergangenheit überwiegend an Flussufern und Küsten. „Die Abhängigkeit des Menschen von einer Ernährung aus dem Wasser reicht lückenlos bis in die Nacheiszeit zurück", urteilt Niemitz. Er stützt sich dabei auf die Erkenntnisse eines Symposiums aus Anthropologen, Neurochemikern, Ernährungswissenschaftlern und Archäologen, die davon überzeugt sind, dass die dramatische Vergrößerung des menschlichen Gehirns auf die Ernährung durch Fisch, Meeresschnecken und Muscheln gestützt sein musste. Nur so konnten die Menschen sich mit den für die Hirnentwicklung so notwendigen Omega-Fettsäuren ausreichend ernähren. Niemitz ist sogar davon überzeugt, dass die Nutzung der Ufer- und Niedrigwasserzonen die Evolution zum aufrecht gehenden Menschen wesentlich geprägt hat. Doch wann wagte sich der Mensch das erste Mal auf dieses Meer, um die bei günstigem Wetter sichtbaren neuen Ufer zu erreichen?

Eine Meeresschnecke, die bei einer Ausgrabung in der Blombos-Höhle in Südafrika gefunden wurde. Neuesten Erkenntnissen zufolge wurden in der Schnecke schon vor 100 000 Jahren Farben angerührt und aufbewahrt.

Die Wanderungswellen des Homo sapiens *– vorwiegend entlang der Küsten:*
angegeben in Jahren vor unserer Zeit.

Erste Seefahrer

Es muss sie gegeben haben. Obwohl wir über keine direkten Beweise verfügen, sondern nur über Indizien, sind sich die Forscher im Fall der Besiedlung Australiens ganz sicher. „Die ersten Menschen, von denen man mit Sicherheit sagen kann, dass sie freiwillig über das Meer fuhren, waren die Vorfahren der australischen Aboriginies und der Papua auf Neuguinea", resümiert der Kulturhistoriker und Autor John Haywood. Denn während es bei der Besiedlung von Flores und anderer Inseln zwischen Java, Guinea und Australien gut vorstellbar ist, dass die Vorfahren des Floresmenschen durch Zufall einige Kilometer im warmen Meerwasser zur nächsten Insel abtrieben, liegen die Fälle Neuguinea und Australien anders. Zwar führte der sinkende Meeresspiegel während der Eiszeiten auch dort dazu, dass viele heutige Inselgruppen zu größeren Inselkontinenten zusammenwuchsen, doch zwischen dem Sundaschelf (Borneo-Java) und dem Sahulschelf (Neuguinea-Australien) lagen mindestens 80 Kilometer.

Nachfolgende Doppelseite: Der Nabuyatom-Krater am Turkanasee im Great Rift Valley. Das Great Rift Valley wird aufgrund der zahl-reichen paläoanthropologischen Entdeckun-gen, die hier gemacht wurden, auch „Wiege der Menschheit" genannt.

Und diese Strecke haben Menschen vor ungefähr 50 000 Jahren vermutlich mit Flößen überwunden. In zahlreichen Experimenten von Thor Heyerdahl und seinen Nachfolgern wurde die Hochseetauglichkeit solcher Wasserfahrzeuge bewiesen: Heyerdahl fuhr 1947 mit einem Floß aus Balsaholz – der „Kon-Tiki" – von der südamerikanischen Küste bis zur Inselwelt Ozeaniens, später mit dem Papyrusbooten „Ra I und II" von Nordafrika in die Neue Welt, und mit dem Schilfboot „Tigris" wollte er vom Persischen Golf in den Indischen Ozean gelangen, wurde aber von den im Krieg befindlichen Anrainerstaaten gestoppt. 1998 zeigte die Expedition der „Nale Tasih", dass früher als Ägypter und Sumerer Menschen mit einem Bambusfloß vom indonesischen Archipel aus Australien haben erreichen können. Zwei Routen scheinen den Forschern vorstellbar: Die nördliche führte von Borneo über die Molukken nach Neuguinea, die südliche von Java über Lombok und Flores nach Arnhemland im Nordwesten Australiens. Die Beweise: Die ältesten Fundstätten von menschlichen Besiedlungen auf Neuguinea sind 40 000 bis 45 000 Jahre alt, diejenigen im Süden Australien 31 000 bis 34 000 Jahre. Daraus berechnen die Forscher eine mögliche Besiedlung vor 50 000 Jahren.

Aber am Meer zu leben und es einmal zu überwinden, heißt noch lange nicht, es regelmäßig zu befahren – bis dahin war es noch ein weiter Weg. So finden sich beispielsweise am Mittelmeer für die Zeit bis zum Aufstieg der Hochkulturen in Mesopotamien und Ägypten nur vereinzelte archäologische Beweise für maritime Aktivitäten der Küstenbewohner. In der Zeit um 12 000 v. Chr. wurde Zypern besiedelt, das mindestens 50 Kilometer vom Festland entfernt liegt. Wenig später suchten Menschen die Insel Melos auf, um dort Obsidian abzubauen, das harte glasartige Vulkangestein, aus dem man unter anderem scharfe Schneiden herstellen kann. Das Leben an

den Küsten, wo mit geringem Aufwand Nahrungsmittelüberschüsse produziert werden konnten, blühte unterdessen auf, und so wurden dort auch die ersten überdauernden Monumente errichtet – Megalithanlagen.

Küstenbewohner, Erbauer der ersten Kultanlagen

Über die von Granitfelsen geprägte Bucht von Morlaix in der nordwestlichen Bretagne ragt weit sichtbar in der Landschaft der Cairn von Barnenez. Er wirkt wie eine längliche Aufschichtung noch ungebrannter Lehmziegel oder mit etwas Fantasie wie ein aus kleinen Steinen nachgebautes Krokodil. Tatsächlich jedoch konnte seine ursprüngliche Gestalt nicht rekonstruiert werden, denn er wurde von einem örtlichen Bauunternehmen freigelegt und diente bis 1954 als Materiallager für Straßensplitt. Nur mit Glück wurde der Cairn von Barnenez vor dem Untergang gerettet, der nach heutigem Kenntnisstand eines der ältesten Bauwerke Europas ist und eine Wende der Menschheitsgeschichte markiert: den Anfang der Megalithkultur.

Der trapezförmige Baukörper ist 75 Meter lang, 25 Meter breit und bis zu 8 Meter hoch. Er wurde in zwei Bauphasen zwischen 4900 und 4400 v. Chr. vollständig aus Doleritsteinplatten gefertigt, die aus einem 2 Kilometer entfernten Steinbruch herantransportiert und kunstvoll aufeinandergeschichtet wurden. Dabei wurden elf Ganggräber in das Bauwerk eingelassen, polygonale bzw. ovale Kammern, bei denen die Erbauer die Steine Schicht für Schicht nach oben hin leicht überstehen ließen. Vor den Ganggräbern wurde ein Platz, vielleicht für kultische Handlungen, eingerichtet. Auf ihm fanden die Ausgräber an einer Stelle eine große Menge an Topfscherben,

Die jungsteinzeitliche Megalithanlage von Barnenez in der Bucht von Morlaix (Frankreich).

von denen einige Gefäße vollständig rekonstruiert werden konnten: eine Art kugelförmiger Vasen oder Trinkgefäße, die in sich verbreiternden, ebenfalls hohlen Füßen auslaufen.

Die Traditionen von Langhügel und Ganggrab stießen hier aufeinander: Ganggräber wurden bereits in Vorläufergräbern des Mesolithikums (mittlere Steinzeit) in der Bretagne eingerichtet. Und die trapezartige Hügelform der ersten Megalithanlagen kann als Nachahmung des kontinentalen Langhügels betrachtet werden. Diese Grabhügelform breitete sich von Richtung Westen über das Pariser Becken bis in die Bretagne aus. In diesen Langhügeln ahmten die ersten Bauern ihre Langhäuser nach, in denen sie ihre Toten bestatteten.

Doch während in Mitteleuropa die ersten Megalithbauten tatsächlich von Bauern errichtet wurden, klafft die zeitliche Schere zwischen dem Bau von Barnenez und anderen Kultstätten und der Einführung der neolithischen Revolution in der Bretagne auseinander – das bestätigt der französische Archäologe Pierre-Roland Giot: „In der Bretagne führten die Menschen (der Megalithzeit, WK) weiterhin ein Jäger- und Fischerdasein."

Die Bucht von Sligo im Nordwesten Irlands – abrupt enden die grünen Weiden und Felder dort, wo die Meereswellen an den grauen Kalksteinplateaus nagen. An der einen Stelle hinterlassen sie steile Felswände, an der anderen fräsen sie Untiefen und kleine Buchten aus dem Gestein. Eingefasst wird diese zerklüftete Küstenlinie von sanft geschwungenen Dünenlandschaften und Wattströmen sowie steil aufsteigenden Bergen und einem Hochplateau im Hinterland. In dieser rauen Landschaft, der Heimat von William Butler Yeats, der ihr zahlreiche Gedichte widmete und sich hier begraben ließ, lebten schon vom 8. bis ins 5. Jahrtausend v. Chr. hinein Jäger und Sammler. Das beweisen nicht nur freigelegte Feuerstellen und gefundene Waffen und Werkzeuge aus Feuerstein, sondern auch Zeugnisse der damaligen Ernährungsgewohnheiten. Bei Culleenamore in der Sligo-Bucht beispielsweise türmen sich gewaltige prähistorische Abfallhaufen, die bis zu 50 Meter lang, 20 Meter breit und fünf Meter hoch sind: Muschelschalen, zumeist Austern und Miesmuscheln, die vom kulinarischen Überangebot der Natur zeugen. Solche Ansammlungen biologischer Abfallhaufen, in denen sich mitunter auch andere Tierknochen befinden, existieren nicht nur an den irischen, sondern auch an den bretonischen, den portugiesischen und an den südskandinavischen Küsten. Der dänische Biologe J. Steenstrup, der als Erster 1837 an seiner Heimatküste auf sie aufmerksam wurde, nannte sie Kjökkenmöddinger – „Haufen von Küchenabfällen".

> „JAHRTAUSENDELANG BLIEB DAS MEER LEER, ÖDER ALS SELBST DIE WÜSTE, HINDERNIS UND NICHT VERBINDUNG ZWISCHEN DEN MENSCHEN, OBSCHON DIESE BEREITS SEHR FRÜH AN SEINEN GESTADEN LEBTEN."
>
> Fernand Braudel (1902–1985)

An Irlands Küste, in der Bucht von Sligo (oben), lebten schon vom 8. bis ins 5. Jahrtausend v. Chr. Jäger und Sammler, davon zeugen nicht nur zahlreiche Funde aus Feuerstein, sondern auch eines der größten und ältesten Megalithfelder Europas: Carrowmore (unten).

Prähistorischer Abfallhaufen am Limfjord in Jütland, ein Zeugnis der sogenannten Ertebölle-Kultur. Die Abfälle bestehen hauptsächlich aus Muschelschalen und anderen Küchenabfällen. Bei den Hütten handelt es sich um Rekonstruktionen.

An den portugiesischen Küsten entstanden diese mächtigen Muschelhaufen vom Beginn des 7. bis ins 4. Jahrtausend v. Chr. hinein. In ihnen wurden auch Knochen von Haustieren sowie Keramikscherben gefunden. Und da Archäologen in diesen karstigen Regionen auch vereinzelt Siedlungsreste und Friedhöfe aus diesem Zeitraum freilegten, kam der Gedanke auf, dass es im 6. und 5. Jahrtausend v. Chr. auch sesshafte oder halb sesshafte Kulturgemeinschaften ohne Landwirtschaft gegeben haben muss, die möglicherweise die ersten Megalithbauten errichteten. Tatsächlich finden sich in allen Regionen Westeuropas, die an den Atlantik grenzen, frühe Megalithkulturen: auf der Iberischen Halbinsel, in der Bretagne, in Westfrankreich (damit ist die Atlantikküste südlich der Bretagne gemeint) und in Irland. Erstaunlicherweise fällt Südwestengland etwas heraus: Die Megalithkulturen treten hier zwar massiv, aber erst in späterer Zeit auf.

So liegt in der Bucht von Sligo auf einer Anhöhe zu Füßen des Berges Knocknarea nach heutigem Wissen Irlands größtes und ältestes, aber wenig bekanntes Megalithfeld: Carrowmore (keltisch: „Ort der vielen Steine"). Über den ganzen Kamm verstreut liegen rund 80 bis 150 Megalithgräber, die jedoch seit ihrer ersten Erkundung durch den Archäologie-Pionier George Petrie 1837 zum Teil zerstört wurden. Ausgrabungen eines schwedischen Teams zwischen 1977 und 1984 unter Leitung von Göran Burenhult unterstrichen die Bedeutung von Carrowmore. Inzwischen ist zumindest der Kernbereich des Geländes rund um ein Besucherzentrum geschützt. Die ältesten Grabkammern konnten auf die Zeit um 4600 v. Chr. datiert werden, die jüngsten um 2500 v. Chr. „Die freigelegten Siedlungen sowie die großen Mengen ungeöffneter Miesmuscheln und Austern, die großartigen Knochennadeln aus Hirschgeweih und der aus Pottwalzähnen gefertigte Schmuck, den man in den Gräbern fand, belegen, dass die Monumente von Menschen erbaut wurden, die noch das Leben von Jägern und Sammlern führten", urteilt Burenhult, der bei dieser Einschätzung sicherlich auch das Vorbild der Ertebölle-Kultur seiner Heimat vor Augen hat.

Die nach ihrem Hauptfundort am Ufer des Limfjordes in Nordjütland benannte Ertebölle-Kultur war zwischen ca. 5200 und 2000 v. Chr. vor allem in Dänemark und Südschweden, aber auch in Schleswig-Holstein, Mecklenburg und im nördlichen Niedersachsen verbreitet. Sie fußte im Wesentlichen auf Jagen mit Pfeil und Bogen, Fischen und Sammeln. Das Sammeln im Wattenmeer hinterließ eindrucksvolle, von den Archäobiologen auf diese Zeit datierte Überbleibsel: Muschelabfallhaufen, die bis zu 200 Meter lang, bis zu 20 Meter breit und zwei Meter hoch sind. In ihnen finden sich neben Schalen von Austern, Miesmuscheln, Herzmuscheln, Strandschnecken (der Sommernahrung) auch Knochen von Schwänen, Gänsen und Enten (der Winternahrung). Durch den Kontakt mit den angrenzenden Bauerngesellschaften betrieben sie jedoch auch Haustierhaltung und führten Keramikgefäße für Tranlampen und zum Kochen ein. Außerdem legten die Ertebölle-Menschen Friedhöfe an – vor allem in Küstengebieten. Diese Friedhöfe lassen sich als Mittel deuten, durch die sichtbare Anwesenheit der Vorfahren ein Territorium zu markieren, denn die Gebiete an der Küste waren wegen des Zuganges zu maritimen Nahrungsquellen begehrt. Die Küstenbewohner der Ertebölle-Kultur waren besser genährt und größer, also sicherlich auch stärker und aggressiver als die benachbarten Bauern.

Auch die ältesten erhaltenen Boote stammen nicht etwa aus Ägypten oder Mesopotamien, sondern aus Nordeuropa, aus dieser Zeit: Ein Lindenholz-Einbaum aus der Zeit um 5000 v. Chr. wurde im dänischen Lystrup und ein Kiefernholz-Einbaum aus der Zeit zwischen 8200 und 7600 v. Chr. wurde in der Region von Pesse (Niederlande) geborgen, ihr Holz wurde glücklicherweise in Mooren konserviert. Erst der Siegeszug der Neolithischen Revolution und die Verdrängung der Jäger und Sammler maritimer Nahrungsquellen führten zu einer ganz landbezogenen Lebensweise, die allmählich begann, das Meer zu dämonisieren.

Der vergleichsweise simple Einbaum bzw. seine Weiterentwicklung mit Auslegern hat sich als Erfolgsmodell erwiesen und wird bis in unsere Tage weltweit gebaut und beispielsweise zur Fischerei genutzt. Bamburi Beach nahe Mombasa, Kenia (Afrika).

EINE FRAGE DER FRAKTALE: WIE LANG SIND DIE KÜSTEN DER WELT?

Einst prahlte die Tourismus-Werbung Griechenlands damit, dass ihr Land über 4000 Kilometer atemberaubende Küste verfüge - das ist aber gar nichts im Vergleich zu anderen Ländern. Im ,Weltatlas der Ozeane' findet sich eine Auflistung der Länder mit den längsten Küsten: Russland mit 37 652 Kilometer wird noch übertroffen von Indonesien mit 54 716 Kilometern, aber an der Spitze thront einsam Kanada mit 243 791 Kilometer. Das ,Worldfactbook' der CIA, das von Wikipedia als Quelle genutzt wird, kommt dagegen auf ,nur' 202 080 Kilometer. Dennoch: Wie kommt diese immense Größe zustande?

Wie lang die Küsten einer Region sind, hängt unter anderem vom Maßstab ab, in dem die Messung vorgenommen wird. Bei einem völlig gradlinigen Küstenabschnitt, wie manche Strände oder Steilküsten ihn bilden, ist die Sache klar: 1 Kilometer auf der Karte könnte mit einem 1000 Meter langen Seil abgesteckt werden. Doch die meisten Küsten sind zerklüftet, bilden große und kleine Buchten sowie Vorsprünge. Wie engmaschig soll da gemessen werden? Kann die Ausbuchtung, die ein großer Felsbrocken bildet, übergangen werden oder nicht?

Bei Deutschland ist die Sache einfach: Wir haben einen Großteil der Küsten eingedeicht, den Rest bilden vor allem Sandstrände und Steilküsten. So wird die Küstenlänge von den norddeutschen Bundesländern mit rund 1200 Kilometer angegeben, mit Inseln rund 2390 Kilometer. Doch bei vielen Regionen bleibt unklar: Was wurde dabei berücksichtigt? Wurde jede Bucht miterfasst, auch tief in das Land einschneidende Fjorde?

Nicht von ungefähr hielt der Entdecker der Fraktalen, Benoît B. Mandelbrot, 1967 den Vortrag: ,Wie lang sind Großbritanniens Küsten?' Werden sie mit einem großen Lineal von 100 Kilometer Länge eingemessen, beträgt die Gesamtlänge 2775 Kilometer. Bei einem halb so langen Lineal sind es schon 3425 Kilometer. Mandelbrot wollte mit diesem Beispiel die Logik der Fraktale erklären: Es sind selbstähnliche Muster, die sich beim Heranzoomen in kleineren Maßstäben wiederholen. Besonders die belebte Natur nutzt diesen Mechanismus beim Wachstum, ob bei den Blumenkohlknospen oder beim Blutadersystem der Leber.

Beispiel für fraktale Küstenlinie: Die Jamaica Bay vor den New Yorker Stadtteilen Queens und Brooklyn.

Auch die Küstenlänge Kanadas lässt sich nur mit diesem fraktalen Muster erklären: Sie verfügt über viele große Buchten, in die sich wieder viele kleine Buchten hineingefressen haben, die wiederum noch kleinere Einbuchtungen aufweisen ... Aber 202080 Kilometer? Selbst im Zeitalter von Satelliten- und Lasertechnik lässt sich das nicht genau klären - wegen des fraktalen Faktors. Rund 440 000 Kilometer betrage die Länge aller Meeresküsten auf unserem Planeten - so stand es vor einiger Zeit zumindest in dem Fachmagazin ,Mare' zu lesen. Selten findet der Wissbegierige solche exakten Angaben und das mit gutem Grund.

02

VON DEN ERSTEN
PURPUR-HÄNDLERN
ZUR PAX ROMANA

MARE MEDITERRANEUM

VON DEN ERSTEN PURPUR-HÄNDLERN ZUR PAX ROMANA

MARE MEDITERRANEUM

Vorangehende Doppelseite: Badespaß mit Schiffswrack in der nur vom Meer aus zugänglichen Navagio-Bucht auf Zakynthos, der drittgrößten der Ionischen Inseln (Griechenland).

Replik eines spätbronzezeitlichen Schiffs-wracks unbekannter Herkunft, das nahe der Stadt Kaş im Süden der Türkei gefunden wurde. Wrack und Funde befinden sich heute im Museum für Unterwasserarchäologie in Bodrum.

Für Kartografen von der Antike bis in die frühe Neuzeit hinein bildete das „Mittelmeer" stets das Zentrum der Welt. Auf den Karten von Hekataios oder auch Eratosthenes wird es umgrenzt von Europa, dem westlichen Teil von Asien, der Arabischen Halbinsel, Ägypten und Nordafrika, das damals zusammenfassend Libyen genannt wurde. Die romanischen Sprachen der nördlichen Anrainer nennen es etwas genauer: „Meer zwischen den Ländern" – Mare Mediterraneo. Denn es ist das Meer, das von Anfang an viele Länder und Völker miteinander verbindet. Ohne Zweifel entstand unsere Kultur, stimuliert von den ersten Innovationen in Mesopotamien, im Mittelmeerraum. „In seiner Gesamtheit hat das Mittelmeer ein großes wirtschaftliches Potenzial", urteilt David Abulafia, britischer Historiker mit dem Schwerpunkt „Geschichte des Mittel-meer-Raums". „In Zeiten von Integration war die Summe seiner Teile stets beeindruckend." Aber warum zögerten die Völker an seinen Ufern dann so lange, hinauszufahren, warum waren weder Griechen noch Römer besonders bestrebt, Seefahrervölker zu werden?

„DREI SICHERE HÄFEN GIBT
ES AM MITTELMEER:
JUNI, JULI UND KARTHAGO."

Andrea Doria (1466–1560),
Admiral der spanischen Flotte unter Karl V.

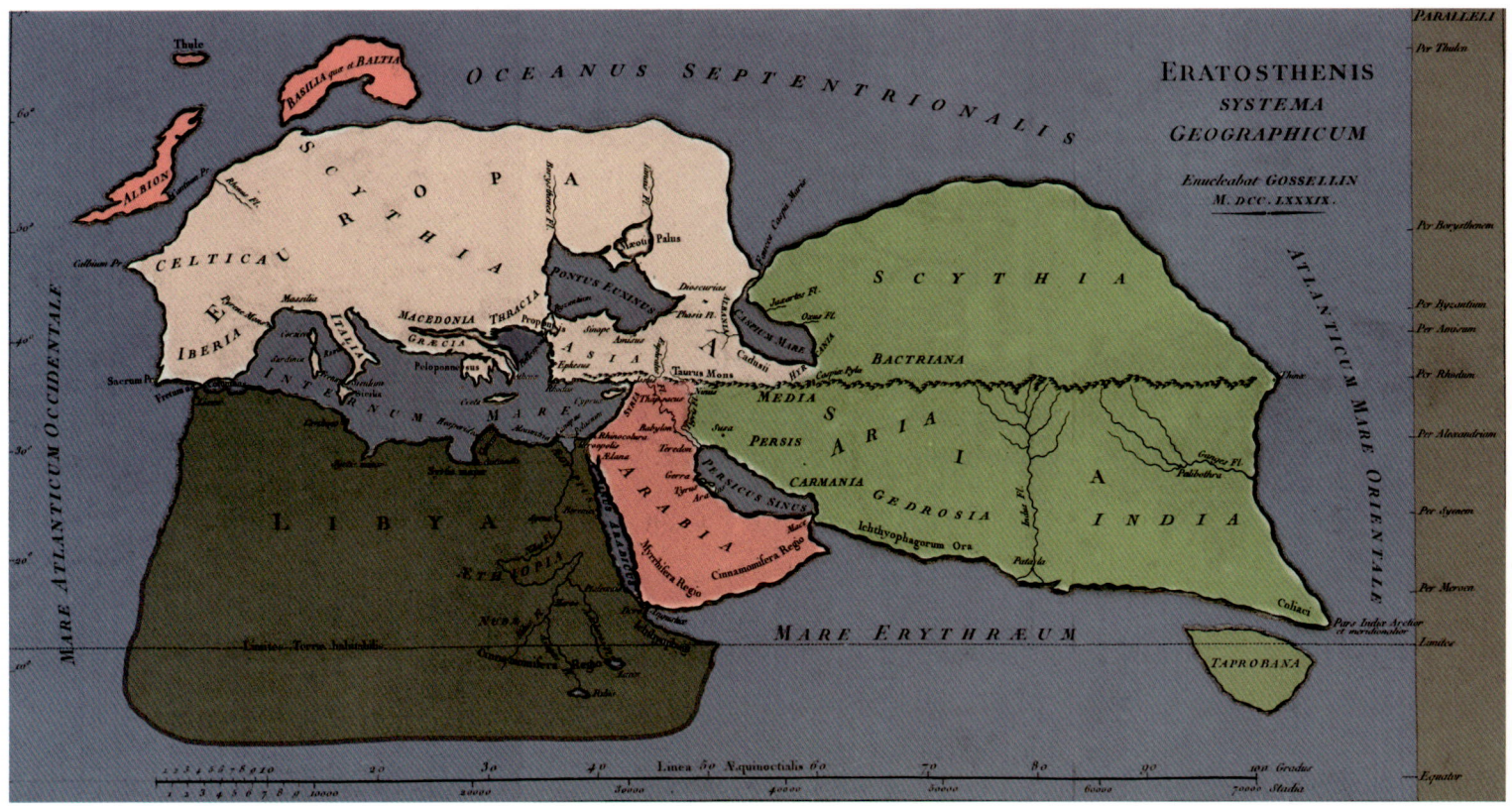

Versuch einer Rekonstruktion der Karte des griechischen Gelehrten Eratosthenes (276/273 – um 195 v. Chr.) aus dem 19. Jahrhundert.

Weil das Mittelmeer den Menschen an seinen Küsten viele Gesichter zeigt, mindestens jedoch zwei: Lieblich gibt es sich in den Sommermonaten an seinen zahllosen Küsten und Stränden von Gibraltar bis zur Levante und lässt das Thermometer zuverlässig um die 35-Grad-Marke herum pendeln. In dieser Zeit bewegt sich das Leben – gleich ob Südeuropäer, Nordafrikaner, Levantiner oder Tourist – zwischen notwendiger Siesta am Tag und legendärem Dolce Vita bei Nacht. Ein kühlendes Lüftchen wird da oft vergeblich herbeigesehnt …

Doch schon ab Oktober zeigt das Mittelmeer seine andere, abweisende Seite. In der Ägäis beispielsweise können so heftige Stürme toben, dass die Fähren nicht an den ungeschützten Kaimauern der kleineren Inseln festmachen können. Und im eigentlichen Winter entfalten sich vor allem auf der westlichen Hälfte starke Orkane, ausgelöst durch den Einbruch kalter Nordwinde wie dem Mistral. Noch tückischer sind Fallwinde, die sich beispielsweise entlang der Adriaküste regelmäßig zu den weltweit stärksten ihrer Art steigern und die Wellen auftürmen. Bis in den Mai hinein kann das Mittelmeer derart ungemütlich bleiben. Kein Wunder, dass in der Vorstellung der alten Griechen vor allem Ungetüme in den heimischen Fluten lauerten: Meeresgötter wie die Trichoten sowie zahlreiche Seeungeheuer wie Keto und die alles verschlingende Skylla herrschten dort, während an ihren gefährlichen Steilküsten die Sirenen riefen.

Die Gründe, warum die Uferbewohner ihre Scheu überwanden und sich auf das Mittelmeer hinauswagten, fallen so unterschiedlich aus wie die Beschaffenheit der angrenzenden Länder, ihrer natürlichen Ressourcen und das Naturell ihrer Bewohner.

LEBENSRAUM MITTELMEER 1 :
EIGENWILLIGES BINNENMEER

Wenn wir sehr viel Zeit hätten, dann könnten wir sehen, wie der afrikanische Kontinent sich langsam in die eurasische Festlandplatte schiebt. Das Mittelmeer ist vor Jahrmillionen aus diesem Zusammentreffen als weitgehendes Binnenmeer entstanden, das nur eine Verbindung zum Atlantik aufweist: die an ihrer engsten Stelle nur 13 Kilometer breite Straße von Gibraltar.

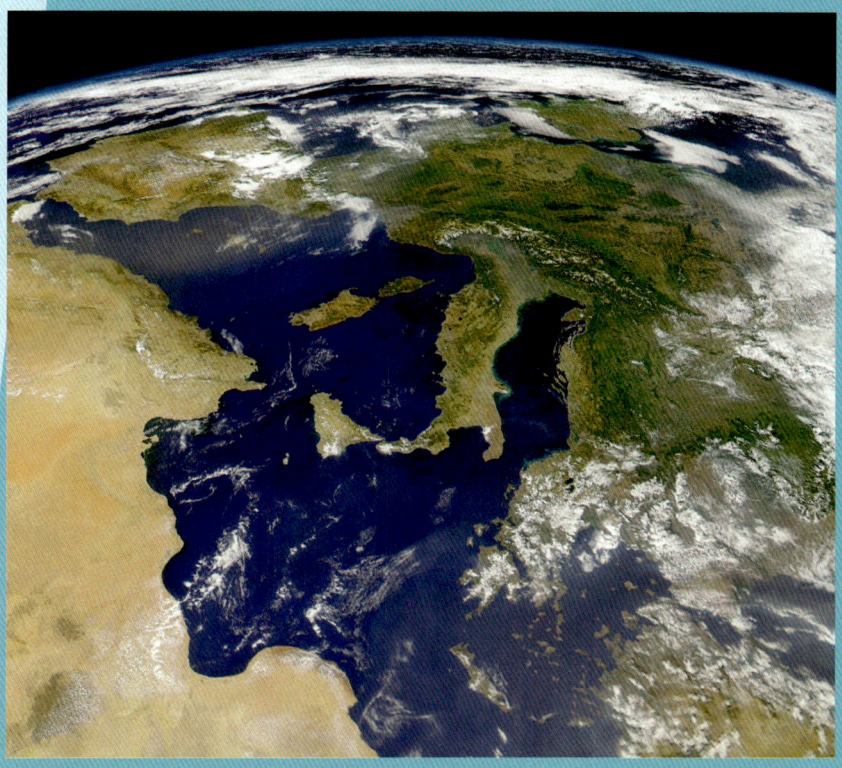

Satellitenaufnahme mit Blick auf einen Teil des Mittelmeeres mit dem italienischen Stiefel.

Doch erstreckt es sich über rund 2,5 Millionen Quadratkilometer vom Atlantik bis zur Levante und mit einer durchschnittlichen Tiefe von 1720 Metern (Tiefstpunkt: Calypsotief 5267 Meter) weist das Mittelmeer komplexe Ober- und Unterströmungen auf, die es zusammen mit den winterlichen Stürmen zu einem gefährlichen Verkehrsweg für Schiffe machen.

Zu seinen Anrainern gehören 21 Staaten, einige Militärbasen, das britische Überseegebiet Gibraltar sowie das Autonomiegebiet der Palästinenser, der Gaza-Streifen. Das Mittelmeer, das von den Türken und Arabern ‚Weißes Meer‘ und von den Ägyptern ‚Grünes Meer‘ genannt wird, kennt endlose Sandstrände genauso wie unzählige Steilküsten, einige Regionen wie die östliche Adriaküste und die Ägäis sind durch zerklüftete Küsten gekennzeichnet. Der Mittelmeerraum verfügt über ein eigenes Klima (heiße, trockene Sommer, warme, niederschlagsreiche Winter) und eine typische Flora und Fauna. Sein Hinterland weist sowohl große Ströme, fruchtbarste Böden und (einstige) Wälder wie auch Steppenlandschaften, karstige Gebirge sowie endlose Wüsten auf.

So ist der ganze griechische Raum mit Ausnahme Thessaliens von steilen Bergketten durchzogen, und seine Küste ist so zerklüftet in Inseln, Halbinseln und Buchten, dass der frühe Mittelmeerforscher Theobald Fischer ihn eine „maritime Gebirgslandschaft" nannte: Die vielen kleinen Buchten mit ihren fruchtbaren Tälern werden durch steile Bergkämme voneinander getrennt, der Kontakt untereinander war somit leichter über die See- als über die Landseite aufrechtzuerhalten.

Die Ägypter dagegen, deren Lebensader von jeher der Nil bildet, waren es vom Beginn ihrer Hochkultur an gewohnt, sich auf dem Wasser fortzubewegen. Nachweislich seit der Zeit um 5000 v. Chr. verfügten sie bereits über Schiffe mit Segeln, mit denen sie früher oder später dann auch das Mittelmeer befuhren. Ihr Antrieb war der Handel mit den wenigen, von ihnen dringend benötigten Gütern, die sie nicht aus dem Niltal beziehen konnten: Neben Gold aus Nubien war dies Zedernholz, das in schier endlosen Wäldern im Hinterland der Levante wuchs. Pharao Snofur (4. Dynastie, um 2630 v. Chr.) berichtet vom Handel mit den dortigen Bewohnern.

Das lenkt unseren Blick auf ein Seefahrervolk, von dem wir gar nicht wissen, ob es aus einem oder mehreren nacheinander eingewanderten Völkern bestand. Ja, selbst der Name, unter dem es bekannt ist, wurde ihm später von den Griechen, ihren stärksten Konkurrenten im östlichen Mittelmeer, gegeben: Phönizier.

Die Purpurroten – frühe Seefahrer von der Levante

An den Küsten der Levante hatten sich bereits in der frühen Bronzezeit Nomaden der semitischen Völkerfamilie niedergelassen, die anfangs den Kanaanäern zugerechnet wurden, von den Griechen spätestens seit Homer jedoch „Phoinikes" genannt wurden, abgeleitet von dem Wort „phoinix" (purpurrot). Dies verweist darauf, dass die Phönizier vor allem bekannt waren als Produzenten geschätzter Purpurstoffe, deren Farbe sie mühsam aus der Schale der Stachelschnecke Murex gewannen. Denn ansonsten war ihre Heimat, der Küstenstreifen, der östlich vom Libanongebirge begrenzt wird und den westlichen Zipfel des „fruchtbaren Halbmondes" streift, durch Rohstoffarmut gekennzeichnet.

Die Chance der Levantiner lag in Handwerk und Handel, wobei sich Letzterer nur Richtung Westen betreiben ließ: Aufs Mittelmeer zog es die Phönizier schon in der ersten Hälfte des 2. Jahrtausends v. Chr. hinaus, so der Archäologe und Karthago-Ausgräber Hans-Georg Niemeyer: „Früh in ihrer Geschichte haben sich die Phönizier zu mediterranen Menschen entwickelt." Hafenstädte wie Ebla und Gubla, besser bekannt als Byblos und Ugarit, entstanden, die sich zu Umschlagplätzen für begehrte Waren aus Asien, Ägypten und der Ägäis entwickelten. Die Phönizier selbst bezeichneten sich nach den Städten, aus denen sie stammten, ihre Sozialstruktur war mehr ein Netzwerk von Händlern und Seefahrern als von machtorientierten Staaten. Gemeinsam waren ihnen unter anderem ihre religiösen Vorstellungen:

Unter den vielen Göttern, die sie verehrten, stach Baal hervor, der zu ihrem Hauptgott wurde. Denn er war nicht nur für die Fruchtbarkeit verantwortlich, sondern auch für das Wetter und die Witterung draußen auf dem großen Wasser. Er brachte die günstigen Winde, aber auch die verheerenden Stürme. Anscheinend gelang es den Phöniziern besser als anderen Völkern, sich mit ihm gut zu stellen. Denn ihre Schifffahrt entfaltete sich während der gesamten Bronzezeit; und für diese Epoche gilt unter Historikern die „Pi mal Daumen"-Regel: Rund 1000 Kilometer Transport brachten ungefähr 100 Prozent Gewinn. Wer dann noch seine eigenen Handelshäfen entlang der Mittelmeerküste unterhielt, konnte hohen Zöllen und Abgaben an lokale Herrscher entgehen. Die Phönizier wurden reich, das weckte Neid – und so verließen sich die Phönizier gemeinsam nicht nur auf Baal, sondern auch auf eine Marine aus einer ersten Form von Galeeren, die sie gemeinsam unterhielten. Dies war nötig, denn für Küstenbewohner, die über keine Tauschgüter verfügten, stellten stattdessen Raub und Wegegeld Möglichkeiten dar, an begehrte Waren zu kommen.

Marmorrelief mit der Darstellung eines phönizischen Zweimasters aus Karthago, um 200 v. Chr. (links).

Purpur- oder Stachelschnecke (Hexaplex trunculus, Murex trunculus)*. Die Schnecke liefert den Farbstoff Purpur, den teuersten Farbstoff der Welt. Die Entdeckung der Färbewirkung des Purpurs wird den Phöniziern zugeschrieben (rechts).*

Von Piraten und Seevölkern, Meerengen und Zollstationen

Schon eine der ältesten griechischen Sagen handelt von Seefahrt und Raub. Dem Königssohn Iason wurde von seinem Stiefonkel Pelias die Thronfolge verweigert. Um sie zu erlangen, sollte Iason das Goldene Vlies aus Kolchis stehlen, das einst einem Widder gehörte, den die Götter geschickt hatten, damit die Adelssprösslinge Helle und Phrixos vor dem Zorn ihrer Stiefmutter Richtung Schwarzes Meer fliehen konnten. Doch Helle verlor den Halt, stürzte und ertrank in der Meerenge, die seitdem „Hellespont" genannt wird. Phrixos erreichte das Land Kolchis, opferte den Widder und schenkte das Goldene Vlies dem dortigen Herrscher.

Mit dieser schwierigen Rückbeschaffung hoffte Pelias, den rechtmäßigen Erben Iason loszuwerden. Doch zur Besatzung der „Argo" gehörten auch Helden wie Herakles, und so gelangten die „Argonauten" nach einigen Inselabenteuern durch den Hellespont und Bosporus, entlang der Schwarzmeerküste zum Königreich Kolchis. Natürlich verweigerte König Aietes die Herausgabe des Vlieses, dessen Zauber den Wohlstand des Landes wahrte. Iason gelang es jedoch, mithilfe der magischen Kräfte der Königstochter Medea, das Vlies zu stehlen. Auf der Flucht über die See soll Medea ihren Bruder getötet und Stück für Stück über Bord geworfen haben und so Aietes zur Einsammlung der Leichenteile gezwungen haben. Viel wurde in diese Episode hineininterpretiert, Historiker jedoch sehen im Goldenen Vlies ein Sinnbild für die begehrten Waren, die der Osten bot: Gold, Seide, Gewürze und Metalle. Schon kurz nach ihrer Abfahrt aus einem nordgriechischen Hafen erwartet die Seefahrer ihr erstes Abenteuer: die Einfahrt in den Hellespont. Dieser natürliche Engpass, der heute Dardanellen-Meerenge genannt wird, erstreckt sich über eine Länge von rund 62 Kilometern, erreicht die größte Breite von acht Kilometern an der Mündung zum Marmarismeer und verengt sich auf nur 1,25 Kilometer bei Çanakkale.

„Gegenwind und starke Strömung machten die Dardanelleneinfahrt zu einem der schwierigsten Probleme der antiken Seefahrt", erklärte der Tübinger Frühgeschichtler und Troja-Ausgräber Manfred Korfmann seinen Besuchern, wenn er ihnen die einmalige geopolitische Bedeutung seiner Grabungsstätte vor Augen führen wollte und mit ihnen einen der antiken Grabhügel an der Meerenge aufsuchte. Der stetige Wind pfeift den Besuchern um die Ohren, und kleine Boote, die in die Meerenge einlaufen, kämpfen hart gegen die starke Strömung und den Wind. Antike Segelschiffe hatten hier auf dem Weg zum Schwarzen Meer bei Gegenwind keine Chance. Sie mussten ankern und auf die wenigen Tage mit günstigem Wind warten – doch oberhalb des einzigen geschützten Liegeplatzes hatte sich eine kleine Trutzburg positioniert.

Die Wartenden hatten sicher einen Tribut an ihre Bewohner zu entrichten; so wuchs Troja, weckte Neid, wurde zerstört und wenig später wiederaufgebaut. Nicht nur einmal! In 3500 Jahren Siedlungsgeschichte verwandelte sich das „umwindete Ilion", wie Homer Troja auch nannte, von einem anfänglichen Piratennest zu einem bedeutenden Handelsposten im Ost-West-Verkehr. Mit den Waren gelangten auch viele Ideen aus dem anatolischen Raum in die Ägäis: von der Töpferscheibe bis zu den Göttergestalten des Apoll und Dionysos. Doch im 13. Jahrhundert v. Chr. hatte Troja sich mit den Hethitern verbündet – und das wollten die Griechen auf Dauer nicht akzeptieren. Von der entscheidenden Vernichtungsschlacht erzählen die „Ilias" und Teile der „Odyssee".

Der natürliche Engpass der Dardanellen war seit jeher befestigt. Miniatur aus dem „Codice Cicogna" zu den Reisebeschreibungen des venezianischen Gesandten Jacopo Soranzo aus dem Jahre 1581 (Venedig, Museo Civico Correr).

Der Angriff der Seevölker

Aber nicht nur Troja wurde zerstört, auch die mykenischen Burgen zerfielen, das Reich der Hethiter in Zentralanatolien ging unter und riss die angrenzenden Länder mit ins Chaos. Dieser um ca. 1200 v. Chr. sich abspielende spätbronzezeitliche Showdown wird von Wissenschaftlern mit Erd- und Seebeben, Vulkanausbrüchen, Klimaveränderungen, vor allem jedoch mit Überfällen unbekannter Völker erklärt.

Inschriften am Totentempel des Pharaos Ramses II. berichten von den „Seevölkern", Scherden und Peleset, die um 1200 v. Chr. über die Ägäis und Kleinasien herfielen und auf Ägypten zusteuerten: „ (...) niemand hatte gewusst, wie er den widerspenstigen Scherden entgegentreten sollte; sie kamen kühn segelnd in ihren Kriegsschiffen vom hohen Meer her (...)." Während die Peleset den Landweg durch die Levante wählten, näherten sich die Scherden mit ihren Schiffen dem Nildelta, dort wurden sie jedoch von ägyptischen Galeeren mit Rammsporn aufgerieben.

„Odysseus blendet den Polyphem". Griechische schwarzfigurige Schale (Innenseite), aus dem 6. Jahrhundert v. Chr.

Und so entgingen nur zwei Kulturen im östlichen Mittelmeerraum dem Untergang: die ägyptische und die der Phönizier. Für beide gilt die Theorie vom „Dunklen Zeitalter", das auf den Untergang von Mykene, Troja und Hattuša folgte, nicht. Ob viele phönizische Städte der Zerstörung entgingen oder ob sie durch die Eroberer neu belegt wurden, kann die Forschung nicht ergründen, doch der phönizische Handel, dessen griechische Konkurrenten verschwunden waren, erlebte einen Aufschwung. Das beweisen unter anderem die technischen Innovationen in der Schifffahrt, die in den folgenden Jahrhunderten gemacht wurden. So erweiterten die Phönizier im 10. und 9. Jahrhundert v. Chr. ihre Häfen um große Molen-Anlagen, und mithilfe von ausgeklügelten Tauwerken lernten sie mit ihren einfachen Rahsegeln gegen den Wind zu kreuzen. So konnten sie die großen Laderäume ihrer dickbäuchigen Handelsschiffe, die als Antrieb nur ihre Segel nutzten, mit Kostbarkeiten wie Gold, Waffen und Kunstwerke oder auch mit Massenwaren wie Getreide, Holz, Wein, Metalle oder billige Keramikwaren füllen. Als Kriegsschiffe dagegen dienten ihnen schlanke Galeeren, die durch geballte Ruderkraft zu erstaunlichen Geschwindigkeiten getrieben wurden. Gesegelt und gerudert wurde tagsüber, denn die Navigation erfolgte überwiegend durch Landmarken – unverwechselbare Zeichen an den Küsten. Doch schon bei Homer findet sich der Hinweis, dass der Troja-Held Odys-

> „UND NUN SETZT' ER SICH HIN ANS RUDER UND STEUERTE KÜNSTLICH ÜBER DIE FLUT. IHM SCHLOSS KEIN SCHLUMMER DIE WACHSAMEN AUGEN, AUF DIE PLEJADEN GERICHTET UND AUF BOOTES, DER LANGSAM UNTERGEHT, UND AUF DEN BÄREN, DEN ANDERE AUCH DEN WAGEN BENENNEN, WELCHER IM KREIS SICH DREHT, DEN BLICK AUF ORION GEWENDET, UND ALLEIN VON ALLEN SICH NIMMER IM OZEAN BADET."
>
> (Odyssee 5, 271–275) ·

seus bei seinen langen Irrfahrten auch nach den Sternen zu navigieren verstand: Und damit sind wir bei der Seefahrer-Dichtung der Antike schlechthin.

Die „Odyssee" – oder die Angst vor der Fremde

Die Helden Homers wollten eigentlich keine Abenteurer werden und unbekannte Länder oder Völker entdecken. Sie zogen mit ihren Schiffen nur aus, um schnell Reichtümer zu erbeuten und Ruhm zu erlangen. Und erst recht nach dem ungewohnt langen Trojanischen Krieg wollte auch Odysseus möglichst schnell zurück zu seiner Insel Ithaka. Doch Odysseus, so schildert es uns Homer, wurde zum Abenteurer wider Willen, weil er sich den Meeresgott Poseidon zum Feind gemacht hatte, der wiederum seine Kräfte nutzte, um mit Stürmen und widrigen Winden Odysseus' Schiff immer weiter vom Heimatkurs abzubringen. Man kann die „Odyssee" auf mindestens drei Ebenen lesen: auf der mythischen, auf der geografischen und auf der psychologischen.

Ihr Schiff, so wird ihre Route heute geografisch rekonstruiert, wurde über die offene See nach Nordafrika (Insel Djerba) umgelenkt, dann irrte es lange Zeit zwischen den Küsten Korsikas/Sardiniens, dem italienischen Festland und Sizilien umher; dabei gelangten die Helden einmal sogar weit nach Westen bis an die Meerenge von Gibraltar. Erst als das Schicksal erneut eingriff, fanden sie den Weg zurück an die griechischen Gestade. Weil Odysseus anders als der schicksalsergebene Achill sich gegen das ihm zugedachte Los mit Verstand, Einfallsreichtum und Durchhaltevermögen wehrt, verkörpert er psychologisch den neuen Typ Mensch: Odysseus heckt nicht nur den Plan mit dem hölzernen Pferd aus, sein Verstand wird auf dieser langen Irrfahrt durch die mythische Welt der Ungeheuer, Halbgötter und magischen Gestalten immer wieder herausgefordert. Als sie auf einer Insel der Kyklopen, der einäugigen Riesen von Polyphem, gefangen wurden und dieser sie nacheinander verspeisen wollte, raubte Odysseus ihm nicht nur das Augenlicht, er verriet dem Opfer auch: „Ich heiße Niemand!" Als Polyphem schließlich seine Kyklopen-Freunde mit den Worten „Niemand hat mich geblendet!" zu Hilfe rief, da blieben sie daheim. Odysseus kann sich verleugnen, ohne sich zu verlieren. Und als die Zauberin Kirke auf der Insel Aiaia seine Gefährten in Schweine verwandelte und Odysseus in Liebeswahn versetzte, gelang es ihm nach einem Jahr, seinen Verstand zurückzugewinnen und seine Heimreise fortzusetzen.

Er überstand sogar einen Abstieg in den Hades, die griechische Unterwelt, wo er seine inzwischen verstorbene Mutter und seine toten Kameraden traf und von ihnen Ratschläge für die Weiterfahrt erhielt. Schließlich konnte er mit List die Insel der Sirenen passieren, die mit ihrem unwiderstehlichen Gesang Seefahrer auf die todbringenden Klippen lockten. Seine Kameraden mussten sich Wachs in die Ohren stopfen. Er selbst ließ sich an den Mast des Schiffes fesseln, damit er dem Gesang lauschen konnte, ohne ihm zu verfallen. So führten ihn seine List und gelegentlich die Hilfe der Götter in zehn Jahren zurück nach Ithaka, wo er seine Widersacher erschlug und glücklich weiterlebte.

„Gott des Meeres" wird diese griechische Bronzestatue aus dem 5. vorchristlichen Jahrhundert auch genannt, die 1926 am Kap Artemision, nahe der Insel Euböa, aus dem Meer gefischt wurde. Ob es sich dabei um ein Abbild des Meeresgottes Poseidon oder gar des Göttervaters Zeus selbst handelt, darüber streitet die Wissenschaft noch.

Der Bann des Schicksals kann gebrochen, das gefahrvolle Meer und die dunklen Kräfte können besiegt werden, eine wichtige Botschaft für die griechische Welt des 8. Jahrhunderts v. Chr., die gerade begann, die östlichen Mittelmeerküsten systematisch zu kolonisieren, so entstanden Milet, Ephesos und Izmir. Dabei konkurrierten die Griechen wieder mit den Phöniziern – bis die Perser auftauchten. Diese wollten auch am Handel teilhaben und eroberten Mitte des 6. Jahrhunderts v. Chr. den östlichen Mittelmeerraum mit den phönizischen und griechischen Handelshäfen. 480 v. Chr. versuchte ihr König Xerxes auch das griechische Stammland zu erobern. Er ließ eine Pontonbrücke errichten, auf der die gewaltige Perser-Armee die Dardanellen-Meerenge trockenen Fußes überqueren konnte, berichtet Herodot.

Die Griechen, die noch in meist untereinander zerstrittenen Stadtstaaten lebten, konnten ihre Freiheit nur verteidigen, wenn sie bereit waren, sich zusammenzuschließen. Während sie sich selbst auf der Seite von

Kultur und Freiheit sahen, stempelten sie ihren mächtigen Feind einfach als Barbaren ab. Mit dieser Strategie und der Einführung der Triere, Galeeren mit drei Ruderreihen, hatten die Griechen Erfolg. Völlig überraschend schlugen sie sowohl das persische Heer in der Schlacht bei Marathon (490 v. Chr.) als auch die persische Kriegsflotte bei Salamis (480 v. Chr.).

Xerxes trat schließlich den Rückzug an, Kleinasien blieb jedoch in persischer Hand. Nun hätten die Griechen die Herrschaft über den Mittelmeerraum erringen können, doch die alten Bruderzwiste brachen wieder hervor: Der Kampf Polis gegen Polis erreichte im Peloponnesischen Krieg seinen Höhepunkt.

Erst Alexander der Große konnte die Griechen einen, als despotischer Kriegsherr, der 334 v. Chr. mit rund 37 500 Mann Kampftruppen über die Dardanellen-Meerenge setzte, bei Troja den griechischen Göttern opferte und begann, Asien bis an den Indus zu erobern. Zu den phönizischen Handelsstädten, die nicht von den Persern erobert worden waren, gehörte im westlichen Mittelmeerraum Karthago, das der Legende nach 814 v. Chr. durch die phönizische Königstochter Elissa-Dido von Tyros gegründet worden sein soll. Es blieb unabhängig und entwickelte sich in den folgenden Jahrhunderten zur beherrschenden Seemacht im Mittelmeerraum. Und so sollte Karthago einem anderen aufstrebenden Stadtstaat auf dem gegenüberliegenden europäischen Festland zu einem Dorn im Auge werden: Rom.

Karthagische (punische) und römische Relikte nebeneinander sind heute dort zu besichtigen, wo einst die blühende phönizische Handelsstadt Karthago gestanden hat (östlich von Tunis). Die Forderung des alten Cato, Karthago sei zu zerstören, erfüllte sich zweimal gründlich: 146 v. Chr. vernichteten sie die Römer, 698 ging die römisch wiederaufgebaute Stadt im Ansturm der Araber unter.

Unfreiwillige Seemacht – die „Römer"

Rom, das rund 25 Kilometer von der Küste entfernt liegt, hatte seinen Aufstieg um 500 v. Chr. als Landmacht angetreten. Nach rund 100 Jahren bildete es eine Republik, die von einer Adelsschicht regiert wurde, die auch Roms Soldaten stellte. Als die eroberten Gebiete sowie die Zahl der gegnerischen Krieger größer wurden, zog der Staat auch die ärmeren Bauern zum Militärdienst heran. Als auch das nicht mehr reichte, wurden Hilfstruppen aus den besetzten Gebieten und Söldnerheere angeworben. Um 275 v. Chr. hatte Rom Unteritalien und zehn Jahre später auch Oberitalien fest in seinem Griff. Die Ausgaben für die Armee und das luxuriöse Leben in der Hauptstadt Rom explodierten, Eroberungen und Einverleibungen wurden zum festen Bestandteil des römischen Systems, neue lukrative Regionen waren jedoch bald nur noch auf dem Seeweg zu erreichen. Aber dort herrschten andere: Karthago dominierte mit seiner starken Kriegs- und Handelsflotte im 7. und 6. Jahrhundert v. Chr. das westliche Mittelmeer und hatte Kolonien in Marokko, auf Sizilien und der Iberischen Halbinsel gegründet.

Wenngleich die Römer erst spät zur See-macht wurden, den Bikini scheinen sie erfun-den zu haben, darauf lassen zumindest diese spätrömischen Mosaiken aus dem sizilian-ischen Piazza Armerina schließen.

Trotz vierer Freundschaftsverträge zwischen 509 und 278 v. Chr. ka-men sich die beiden expandierenden Mächte Rom und Karthago im-mer häufiger in die Quere, bis 264 v. Chr. der erste Punische Krieg aus-brach. Er dauerte 20 Jahre und endete mit einem entscheidenden Sieg der römischen Flotte im Jahre 241 v. Chr. Der 218 v. Chr. ausgebrochene zweite Punische Krieg wäre beinahe an Land entschieden worden: Nach Überquerung der Alpen und mehreren gewonnenen Schlachten mar-schierte im Jahre 216 v. Chr. Hannibal mit seinem punischen Heer auf die Tore Roms zu. Doch auf dem Höhepunkt seiner militärischen Er-folge wurde Hannibal nicht mehr von seiner Heimatstadt unterstützt. In den folgenden Jahren wandelte sich das Kriegsglück wieder, die Pu-nier wurden 202 v. Chr. in einer Entscheidungsschlacht vom Feldherrn Publius Cornelius Scipio geschlagen.

Mit dem Sieg über Hannibals Armee 202 v. Chr. wurde Rom zur stärksten Macht im Mittelmeer-raum, doch da Karthago sich wieder erholte, belagerten die Römer die punische Hauptstadt in einem dritten Krieg drei Jahre lang und eroberten sie schließlich 146 v. Chr. Die Mauern und Gebäu-de Karthagos wurden zerstört, der Boden mit Salz unfruchtbar gemacht und das gesamte Areal mit einem Bann belegt – kein Wunder also, dass vom punischen Karthago nicht viel übrig blieb.

Heutige Besucher reisen nach „Carthage-Hannibal", das einen Villenvorort von Tunesiens Hauptstadt Tunis bildet. Sie kennen vor allem Hannibal und Flauberts Roman „Salammbô", aber zu sehen bekommen sie vor allem den Archäologischen Park, in dessen Zentrum die gewaltigen Ruinen der Thermen des Antonius zu besichtigen sind, sowie das Aquädukt und ein Theater aus römischer Zeit. Auch bei den Grabungen auf dem zentral gelegenen Byrsa-Hügel bestand wenig Hoffnung, auf punische Bebauungsreste zu stoßen. Denn die Römer hatten, um eine größere

Bebauungsfläche zu gewinnen, die einstige Architektur auf dem Hügel vollständig einge-ebnet. Doch in acht Metern Tiefe legten die Archäologen Grundmauern der punischen Bebauung frei, die heute besichtigt werden können: Wohnblöcke, für eine homogene Bevölkerungsgruppe wie Angehörige der Beamten-, Offiziers- oder Priesterschicht. Von hier, im Schatten der überragenden Kathedrale St. Louis, hat der Besucher einen guten Blick auf die Bucht mit dem Areal des einstigen großen karthagischen Doppelhafens. Karthagos Reichtum gründete sich auf den Seehandel, der durch eine mächtige Kriegsflotte geschützt wurde. Der Hafen dokumentiert diese Bedeutung noch heute. Während der Handelshafen in einem Rechteck angelegt war, bestand der Kriegshafen aus einem ringförmigen Hafenbecken, das an den Ufern vollständig von Wartungs- und Unterbringungshallen umgeben war. Den Mittelpunkt bildet eine Rundinsel – hier lassen sich auch freigelegte punische Rampen besichtigen. Der Hafen und das fruchtbare Hinterland waren die Gründe dafür, dass Caesar im Jahre 44 v. Chr. die Gründung von „Colonia Iulia Concordia Carthago" veranlasste, und später wurde dieses Carthago zur Hauptstadt der neuen römischen Provinz „Africa".

Damit hatten die meerbeherrschenden Punier nicht gerechnet: Die Landmacht Rom holte in der Seerüstung rapide auf und errang schließlich dank ihrer modernen Flotte und neuer Kriegstechnik den Sieg im ersten Punischen Krieg. Römische Bireme, Relief vom Tempel der Fortuna Primigenia aus Palestrina.

Die Römer herrschten um 100 n. Chr. über das ganze Mittelmeer, das sie kurzerhand „Mare nostrum – Unser Meer" nannten. Das römische Erfolgsgeheimnis: Nach der Eroberung versuchten sie Feinde in Freunde zu verwandeln. Die eroberten Länder durften sich weitgehend selbstständig regieren, gleichzeitig konnte ihre Bevölkerung das römische Bürgerrecht erwerben. Die Römer ihrerseits übernahmen gern Kunst und religiöse Kulte von den überwältigten Völkern – sie waren das erste Volk, das multikulturell lebte. So verehrten sie den ägyptischen Gott Osiris und ließen sich einbalsamieren, importierten Schiffsladungen voller griechischer Kunstgegenstände und verwandelten

manch früher bedeutenden Ort wie etwa Troja in einen Bade- und Kultort für Touristen. Die einst mächtige Trutzburg an der Dardanellen-Meerenge hatte ihre strategische Sonderstellung eingebüßt, als die Seefahrer begannen mit ihren Segelschiffen gegen den Wind zu kreuzen und ohne erzwungenen Zwischenstopp an Troja vorbeisteuerten. Das Piratentum dagegen konnten selbst die Römer nicht ausrotten – es lebte in den folgenden eineinhalb Jahrtausenden immer wieder neu auf.

Händler und Kreuzfahrer, Touristen und Flüchtlinge – wie es weiterging

Nach den Römern schaffte es nie wieder ein Reich, sämtliche Mittelmeeranrainer unter seinen Fittichen zu versammeln. Stattdessen teilte sich die Mittelmeerregion immer wieder in Reiche, Mächte oder auch kulturelle Ideen, die gegeneinander antraten.

Schon während der Antike kündigte sich der West-Ost-Konflikt an, denn die Griechen hatten die Auseinandersetzungen mit ihren Konkurrenten ideologisiert. Sie stempelten ihre Feinde einfach zu Barbaren: Die Perser repräsentierten alles kultur- und moralose Nichtgriechische. Alexander der Große sprang mit voller Rüstung an den Strand von Kleinasien und opferte in Troja für Athena, so suchte er Anschluss an die Heldentaten des Trojanischen Krieges. „Damit aber wurde nun auch dieser Krieg in den grundsätzlichen Konflikt zwischen Hellenen und Barbaren, zwischen Europa und Asien hineingestellt", urteilt der Alexander-Biograf Hans-Joachim Gehrke. Ganz Asien wurde nach und nach zum Gegenpol des zivilisierten Okzidents, sämtliche Konflikte wurden zu einem weltanschaulichen „Orient gegen Okzident"-Kampf stilisiert: Griechen gegen Perser, Römer gegen Seleukiden und Attaliden, Araber gegen Byzantiner, Byzantiner gegen Osmanen, Osmanen gegen Venezianer, Kreuzfahrer gegen Muslime, schließlich Russen, dann Griechen gegen Türken.

Außerdem setzten die seit der Antike anhaltenden Umweltzerstörungen und ein schleichender Klimawandel den Mittelmeeranrainern zu: In der Ägäis verschwanden die Eichenwälder im Hinterland, Hafenstädte wie Ephesos verlandeten. Doch am schwersten traf es die nordafrikanische Küstenregion und die Levante. Libanons in der ganzen Antike berühmte Zedernwälder schrumpften auf einen kläglichen Rest, und Karthagos Hinterland wandelte sich von der Kornkammer Roms zur nackten Wüste.

„WIR SIND WEIT ENTFERNT VON DER EINZIGARTIGEN WIRTSCHAFTLICHEN, KULTURELLEN UND POLITISCHEN EINHEIT DER ANTIKEN RÖMER AM MITTELMEER. STATTDESSEN STEHEN WIR HEUTE, ZU BEGINN DES 21. JAHRHUNDERTS, VOR EINEM AUSEINANDER-DRIFTENDEN UND FRAGILEN RAUM."

David Abulafia (*1949)

Vor diesem Hintergrund sank schließlich im Laufe des 16. Jahrhunderts die Bedeutung des Mittelmeeres als wirtschaftlicher, politischer und kultureller Mittler zwischen den Kontinenten zugunsten der transatlantischen Vernetzung. Selbst mit der Vollendung des Suezkanals Ende des 19. Jahrhunderts erhielt das Mittelmeer mit der neuen Verbindung nach Indien und in den Fernen Osten nur einen kleinen Teil seiner einstigen Bedeutung zurück.

Die vom Menschen durch intensive Nutzung stark in Mitleidenschaft gezogenen Küstenräume geraten auch durch den Klima-wandel immer mehr unter Stress. Es stellt sich die Frage, ob oder inwieweit diese auch in den kommenden Jahrzehnten bis Jahrhunderten ihre elementare Bedeutung als Lebens- und Wirtschaftsraum behalten können. Hotelburgen am Playa de Levante in Benidorum an der Costa Blanca, Spanien (oben), und die Cinque Terre an der ligurischen Küste, Italien (unten).

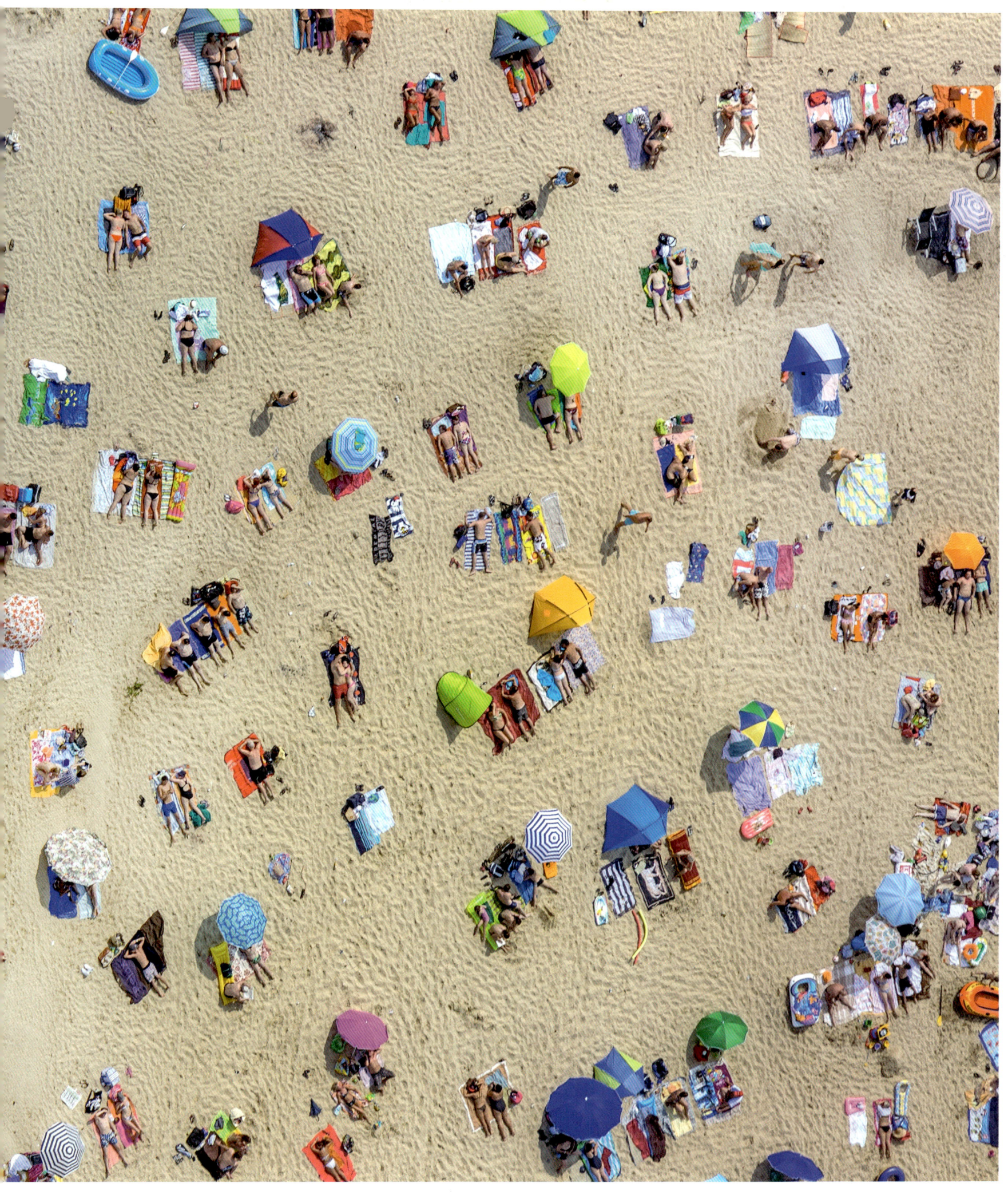

Nach dem Zweiten Weltkrieg bildete der Mittelmeerraum eine relativ homogene Zone: Fischfang, ein wenig Industrie und überall Spuren des Untergangs prägten die Regionen von Marokko über Südspanien, Sizilien, den Peloponnes bis in die Levante.

Man hatte viel Geschichte und wenig Gegenwart – bis Touristen aus dem Norden die Strände und das Dolce Vita entdeckten! Erst Italien, dann Spanien, Griechenland, später dann auch Kroatien, die Türkei und Tunesien, sie alle wiederholten den gleichen Fehler: Sie bauten an ihren schönsten Küsten so viele Hotelbunker, dass der Anblick die Touristen vertrieb zur nächsten unbebauten Küste, bis diese wieder verbaut wurde …

Die Touristenströme von Nord- nach Südeuropa und die Gastarbeiterströme von Süd- nach Nordeuropa ließen ein Gefälle zwischen den europäischen und den asiatischen und afrikanischen Küstenanrainern entstehen. Ein Gefälle, das sich heute nur noch auf eine Weise überwinden lässt: auf einfachsten Fischerbooten, manchmal auch nur mit großen Schlauchbooten. Schleuserbanden stopfen so viele Flüchtlinge wie möglich auf diese „Seelenverkäufer" wie es geht und schicken sie möglichst bei Nacht und schlechtem Wetter auf den Weg. Wer es an die nordafrikanische Küste geschafft hat, den trennt nur noch das Mittelmeer von der anderen Seite, auf der – so Medien und die Geschichten Bekannter und Verwandter – paradiesische Zustände herrschen. Doch das Meer, das mal vereint und häufig trennt, verlangt seine Opfer, und dasselbe Wasser, das in der Nacht unzähligen Flüchtlingen den Tod bringt, umspielt am folgenden Morgen wieder die gebräunten Beine sonnenhungriger Touristen.

Trennt oder eint das Mittelmeer die Welten an seinen Ufern?

Auf der einen Seite verbindet und vermischt das Mittelmeer Menschen und Kulturen an seinen Küsten seit gut 5000 Jahren, das beweisen nicht zuletzt aktuelle Untersuchungen über phönizische Genanteile bei der heutigen Bevölkerung der Mittelmeerländer. Auf der anderen Seite gab es immer wieder Bestrebungen, eine Trennlinie mitten durch das Mittelmeer zu ziehen, um den Westen vom Osten oder auch den Norden vom Süden abzugrenzen. Doch die zahlreichen Kriege, die um diese Abgrenzungen geführt werden, schweißen die sehr heterogenen Zonen des Mittelmeeres noch mehr zusammen.

Vorangehende Doppelseite: Der Ursprung allen Lebens liegt im Wasser. Vielleicht ein Grund dafür, dass wir uns so sehr zu ihm hingezogen fühlen.

Die Leuchtqualle (Pelagia noctiluca) lebt in allen wärmeren Meeren, so zum Beispiel neben dem Mittelmeer im Roten Meer oder dem Golf von Mexiko.

Ist es nicht verwunderlich, dass es noch so stille, scheinbar unschuldige Stellen an den Küsten des Mittelmeeres gibt? Vielleicht entsteht diese Ruhe aber gerade nur dort, wo sich Menschen und Götter ausgetobt haben. Das würde erklären, warum Orte wie die Dardanellen-Einfahrt, wo sich die Menschen vom Trojanischen bis zum Ersten Weltkrieg gegenseitig abschlachteten, einen so friedfertigen Eindruck beim Besucher hinterlassen. „Eigentlich trägt die Meerenge beide Möglichkeiten in sich: Sie kann Orient und Okzident trennen, aber auch verbinden", wurde der Troja-Ausgräber Manfred Korfmann nicht müde zu wiederholen. „Nach mehr als dreitausend Jahren ständiger Konflikte sollte sie symbolisch dahingehend verstanden werden, dass Trennendes überwunden werden kann."

„DER OZEAN BEDECKT ÜBER
70 PROZENT DER ERDOBERFLÄCHE,
MACHT ABER 99 PROZENT DES RAUMES AUS,
DER BEKANNTERMASSEN LEBEN ERMÖGLICHT;
DAS MEISTE DAVON KENNT MAN NOCH NICHT."

Elisabeth Mann Borgese (1918–2002)

LEBENSRAUM MITTELMEER 2: EIGENTLICH RECHT ARTENREICH!

Touristen sind von küstennahen Tauchgängen meist enttäuscht: Es gibt zwar eine reiche Flora zu bestaunen - allem voran das weitverbreitete Neptungras. Doch aus dem Reich der Fauna begegnen ihnen nur vereinzelte Meeresbewohner, manche Regionen wirken gespenstisch leer!

Dabei ist das Mittelmeer mit rund 700 Fischarten, aber auch verschiedensten Schwämmen, Nessel- und Weichtieren sowie Stachelhäutern im Prinzip erstaunlich artenreich. Delfine sind im ganzen Mittelmeer beheimatet, und selbst Finn- und Pottwale finden den Weg durch die Straße von Gibraltar ins westliche Mittelmeer. Doch das Ökosystem des Mittelmeers ist durch Überfischung bedroht: Zu viele Fischer zu vieler Nationen machen es zu einer der am stärksten ausgebeuteten Meeresregionen der Welt. Thunfische und Schwertfische gelten als arg bedroht. Wegen des schmalen Kontinentalschelfs wird hauptsächlich in Küstennähe gefischt, dort jedoch befindet sich die Kinderstube zahlreicher Fischarten. Und dort werden gleichzeitig die so wichtigen Seegraswiesen von der eingeschleppten Tangart Caulerpa taxifolia überwuchert.

Im Uhrzeigersinn von links nach rechts: Schneckenhaus der Stachelschnecke (Murex triremis), Mittelmeer-Kalmar (Loligo vulgaris), Große Orangerote Fadenschnecke (Godiva banyulensis),

03

WIKINGER, EISBERGE UND WARME MEERESSTRÖMUNGEN

ENTDECKUNG UND EROBERUNG DES NORDATLANTIKS

WIKINGER, EISBERGE UND WARME MEERESSTRÖMUNGEN

ENTDECKUNG UND EROBERUNG
DES NORDATLANTIKS

Vorangehende Doppelseite: Ilulissat-Eisfjord in Grönland.

Nachbau eines Wikinger-Langbootes. Mit dem sogenannten Isländer segelte Gunnar Marel Eggertsson im Jahr 2000 auf den Spuren Leif Erikssons über den Atlantik bis nach New York.

„Niemals zuvor wurde in diesem Land eine solche Grausamkeit gesehen, wie wir sie nun durch die Hand heidnischer Männer erlitten haben", klagt der König des nordenglischen Northumbrien im Jahre 793. „Besprützt mit dem Blut der Priester Gottes, aller Einrichtungen beraubt – so haben die Heiden unsere Kirchen entweiht."

Die Heiden, die im späten 8. und ganzen 9. Jahrhundert auf den Britischen Inseln Angst und Schrecken verbreiteten, waren Wikinger. Auf sommerlichen Raubzügen zogen lose Stoßtrupps mit ihren Schiffen die gesamte Küste der Britischen Inseln entlang und ruderten die großen Flüsse hoch auf der Suche nach lohnender Beute. Vor allem hielten sie sich an den irischen und britischen Klöstern, die in ganz Europa bekannt waren, schadlos. „Sie lagen direkt am Ufer, und man wusste, dass sie unbefestigt waren", beschreibt der Kieler Ur- und Frühgeschichtler Müller-Wille. „Das stellte für die heidnischen Wikinger eine Art Einladung dar wie heute der ‚McDonalds' an der Autobahnausfahrt." Ihre Taktik dabei, von den Wikingern ‚strandhagg' genannt: Sie landeten überraschend, schlugen gewalttätig zu und waren verschwunden, bevor Abwehrmaßnahmen eingeleitet werden konnten.

„DIE WIKINGER BESCHERTEN UNS MIT IHREN BOOTEN DIE ERSTE WÄHRUNGSUNION — HACKSILBER, ZU DEM SIE EINEN GROSSTEIL IHRER BEUTE ZERKLEINERTEN, WAR DAS ERSTE IN GANZ NORDEUROPA GELTENDE TAUSCHMITTEL."

Michael Müller-Wille (*1938)

Doch das ist nur die eine Seite der Geschichte jener tollkühnen Seefahrer, die uns als Wikinger bekannt sind, die andere Seite zeigt sie als wagemutige Entdecker. Sie starteten Expeditionen, die sie weiter in den Nordwesten des Atlantiks führten als jemals zuvor. So besiedelten sie Island, Vinland (Nordamerika) und eine große Insel, die so grün schien, dass sie diese Grönland (Grünland) nannten. Während sich die Skandinavier, denen Sprache und Kultur gemeinsam war, im frühen Mittelalter selbst vor allem über ihre Sippe und ihr Land definierten, unterteilten Zeitgenossen sie nach den geografischen Gegebenheiten in Danen, Götar, Nordmänner und Svea. Der französische Wikingerforscher Regis Boyer glaubt sogar, anhand der Quellen den einzelnen Volksgruppen typische Charaktereigenschaften zuordnen zu können: „Die Dänen waren durchtriebene Händler und stets Vorreiter des Modernisierungsschocks dieser Epoche, operierten mit Vorliebe in kleinen Gruppen, die unter dem Kommando eines Anführers standen." Die Schweden scheinen ihm die friedfertigsten von allen und zugleich die tüchtigsten Kaufleute gewesen zu sein. Die Norweger, Nordmänner genannt, waren seiner Meinung nach dagegen weniger straff organisiert, dafür jedoch abenteuerlustiger. War es ihnen vorbehalten, die Weiten des Nordatlantiks zu erkunden – und zu nutzen? Dieser Meinung ist jedenfalls der Seefahrt-Experte Juha Nurminen: „Fahrten westwärts über den Atlantik dürfen die Nordmänner für sich allein beanspruchen."

Mare incognito

Für europäische Kartografen von der Antike bis in die frühe Neuzeit hinein galt eine Dreigliederung: Das zentrale Mittelmeer wird umgrenzt von Europa, dem westlichen Teil von Asien, der Arabischen Halbinsel und Nordafrika. Dieser viergliedrige Großkontinent wiederum wird auf den Karten von einem Ozean umgrenzt, der gleichzeitig das Ende der Welt markiert: dem Atlantik. Was hinter den Britischen Inseln lag, war nur in Ansätzen bekannt – so soll schon der griechische Entdecker Pytheas im 4. Jahrhundert v. Chr. berichtet haben, dass sechs Tagesfahrten nördlich von Britannien das Land von Thule liege. Dann waren es erst wieder unerschrockene, irische Mönche, die in recht zerbrechlichen Booten ab der Zeit um das Jahr 700 die Inselwelt nördlich Britanniens bis zu den Färöern erkundeten – davon berichtet uns der irische Mönch Dicuil in seinem 825 verfassten „Buch von der Vermessung des Erdkreises". Ansonsten blieben die Weiten des Nordatlantiks „mare incognito" – unbekanntes Meer. Doch seit der Zeit um das Jahr 815 begannen Wikinger, nordwestlich an den Britischen Inseln vorbei aufs offene Meer hinauszufahren und erreichten so bis dahin unbekannte Gefilde: von den Shetland-Inseln über die Färöer bis nach Island und weiter. Da die Eroberer aber weder Land- bzw. Seekarten noch längere Niederschriften kannten, wissen wir von den Ereignissen nur aus ihren Sagas. Diese wurden über Generationen mündlich überliefert und erweitert, bis sie dann im 13. und 14. Jahrhundert schriftlich fixiert wurden. Ähnlich wie Homers „Ilias" und „Odyssee" stellen sie eine Mischung aus Heldensagen, Clan-Chroniken, Landschafts- und Reisebeschreibungen dar.

„Ein Mann namens Grim kamban ließ sich als Erster auf den Färöern nieder. Doch in den Tagen Harald Schönhaars (Norwegischer König, W.K.) floh wegen seiner Gewaltherrschaft eine große Zahl von Menschen", berichtet die Färingersaga (Færeyinga Saga). „Einige ließen sich auf den Färöern nieder und siedelten dort, andere wiederum suchten andere unbewohnte Länder

Die Erde als Scheibe – eine sogenannte T-O-Karte (Zonenkarte) mit den drei vom Meer umspülten Kontinenten Asien, Afrika und Europa. Französische Buchmalerei aus dem 15. Jahrhundert.

auf." Færeyjar, Schafsinseln, wurden die Eilande wohl genannt, weil schon vor der Besiedlung durch die Wikinger Einsiedler aus Irland Schafe ausgesetzt hatten, die sich dort präch-
tig vermehrten. Die Neuankömmlinge besiedelten vor allem die schmalen Küstenstreifen;
Die Färingersaga nennt zahlreiche Namen von einzelnen Siedlern und Orten, an denen sie
sich niedergelassen haben sollen, doch Beweise gibt es dafür nicht. Denn von den 16 nordischen Siedlungen, die auf den Färöern ausgegraben wurden, reicht keine bis in
die Besiedlungszeit zurück. Wie zuverlässig ist die Saga?

So widersprechen sich Namen und Herkunft des ersten Siedlers,
urteilt die Historikerin Colleen Batey: „Trotz der Behauptung des
Sagaverfassers, dass Grim ein Norweger war, deutet der kelti-
sche Beiname kamban darauf hin, dass er ein skandinavischer
Siedler von den Hebriden oder aus Irland gewesen sein kann."
Ähnliche Ungereimtheiten gelten für das Auswanderungsmo-
tiv „Unzufriedenheit mit dem norwegischen König", wie es in
der Landnahme-Saga steht – doch das scheint ein späteres
Motiv zu sein. „Im frühen 12. Jahrhundert hielten die isländi-
schen Häuptlinge das norwegische Königtum für politisch und
moralisch ungerecht", urteilt der Isländer Historiker Sveinbjörn
Rafnsson. „Dennoch gibt es keinen Grund anzunehmen, dass die is-
ländischen Siedler des 9. Jahrhunderts derselben Meinung waren."

Warum waren die Wikinger so risikofreudig?

Warum ein Teil der Skandinavier plötzlich, gegen Ende des 8. Jahrhunderts, mit ihren kleinen
Schiffen die sicheren Küstenregionen, die sie seit Urzeiten befuhren, verließ, um zu Raubzü-
gen, kaltblütigem Mord und Totschlag sowie verwegenen Expeditionen aufzubrechen – darüber herrscht Uneinigkeit unter Chronisten, Historikern und modernen Wikingerforschern.
Tatsache ist: In dieser Zeit hielt sich die große Mehrheit der auf ca. zwei Millionen Menschen
geschätzten Einwohner mit Fischen und karger Landwirtschaft mühsam über Wasser. Es gibt
Hinweise aus normannischen Chroniken auf eine Überbevölkerung der besiedelten Gebiete
Skandinaviens, die zu Auswanderungen veranlasst haben kann. Als Ursachen werden aber
auch Seuchen genannt sowie eine allgemeine Klimaverschlechterung, die zu noch geringeren
Ernten führten. Viel wahrscheinlicher jedoch können soziale Faktoren die Auslöser für die
Eroberungszüge gewesen sein. Das Erbrecht wies allein dem erstgeborenen Sohn das Land zu.
Die Fahrten können auch als eine Art Initiationsritus gedient haben. Als Beweis dafür führt
der Skandinavist Rudolf Simek das Wort „heimskr" an: Es bezeichnet sowohl einen „Daheim-
gebliebenen" als auch die Eigenschaft „dumm" zu sein – nur Weitgereiste brachten es zu so-
zialer Anerkennung. Diese Welt-Erfahrung drückte sich in der Dichtung in einer regelrechten
Hochstimmung aus: „Angeberisch wurden vergangene und zukünftige Heldentaten, halsbre-
cherische körperliche Großtaten und todesverachtende Tapferkeit verkündet."

Um 870 erreichten die Nordmänner Island. Laut „Landnámabók" (Landnahmebuch) war der erste skandinavische Siedler dort ein Mann namens Ingolf. Er vollzog das Inbesitznahme-Ritual, indem er einen verzierten Holzpfeiler, der zu einem Hochsitz in seiner Heimat gehört hatte, ein Stück vor der Küste über Bord warf. Wo das Holz anstrandete, sollte er sein Haus errichten. Es dauerte allerdings über ein Jahr, bis er den Pfeiler in der „Rauchbucht" (Reykjavik), benannt nach den heißen Quellen dort, wiederfand. Ein halbes Jahrhundert nach den ersten Siedlern gab es dort 20 000 Einwohner, die hauptsächlich von der Weidewirtschaft, dem Fischfang und der Jagd auf Robben und Walrösser lebten. Doch warum beteiligten sich die Nordmänner nicht an den Plünderungszügen, sondern suchten ihr Glück lieber in der Emigration? Für den Isländer Rafnsson liegt das auf der Hand: „In den Augen norwegischer Viehzüchter-Bauern boten diese frisch entdeckten Länder anscheinend ungeheure Möglichkeiten, die mit wenig Anstrengungen genutzt werden konnten." Damit sind nicht so sehr Ackerbau und Viehzucht gemeint, sondern vor allem Jagdleidenschaft und Beute machen.

Nachfolgende Doppelseite: Island, Land der Vulkane, Geysire und Elfen.

Ein aus Edelstahl nachgebildetes Wikingerschiff schuf Jón Gunnar Árnason für die isländische Hauptstadt Reykjavik. Die „Sonnenfahrt" genannte Skulptur zeigt nach Norden, zum Sonnenuntergang, wodurch sich ihr Name erklärt.

Vor allem die auf Island beheimateten Walrosse und der Toralk, der Pinguin des Nordens, wurden unbarmherzig gejagt. Doch die „Egils-Saga" berichtet auch von noch größerer Beute: „Es kamen auch oft Wale an die Küste dort, und man konnte sie schießen nach Belieben. Alle diese Tiere waren zahm an den Jagdplätzen, denn sie waren den Menschen nicht gewohnt."

Intensiver Kontakt zum norwegischen Festland sorgte dafür, dass die Isländer ihre Felle und Stoßzähne gegen benötigte Güter eintauschen konnten. Es gab sogar genaue Gesetzesabkommen zwischen den beiden Ländern. Die Isländer galten weiter als freie Männer, die auch in Norwegen beispielsweise Land erben konnten. Sagas überlieferten uns auch die weitere Entdeckungsgeschichte im Nordatlantik. Demnach musste Erik der Rote Norwegen wegen eines Totschlagdeliktes verlassen, kam nach Island, wo er bald darauf erneut einen Menschen tötete und auch hier geächtet wurde. Nun machte er sich mit einem Schiff auf Richtung Westen, um das Land zu suchen „das Gunnbjörn einmal sah". So erreichte er Grönland im Jahr 981 oder 982, kehrte bald darauf nach Island zurück, um für die Besiedlung des neuen Landes zu werben: „Er nannte es Grünland, denn er glaubte, dass die Leute mehr dorthin streben würden, wenn das Land einen schönen Namen habe ..." Tatsächlich konnte er im Jahre 985 mit einer Flotte von 25 Schiffen starten, um das neue Land zu besiedeln. Das Landnahmebuch schildert, dass „25 Schiffe von Breiðafjörður und Borgartfjörður aus nach Grönland segelten, 14 dort ankamen, einige zurückgetrieben wurden und einige verloren gingen." An den Rändern der südwestlichen Fjorde Grönlands wurden zwei Siedlungen errichtet. Zwei Siedlungsgebiete wurden mithilfe von Ausgrabungen und Surveys archäologisch erforscht, 450 Bauernhöfe wurden dabei registriert. Die wirtschaftliche Basis der Siedlung stieg und fiel mit der Verbindung nach Norwegen, nur regelmäßiger Schiffsverkehr konnte kostbare Felle in die eine und überlebenswichtige Güter in die andere Richtung schaffen.

Glänzendes Strandgut aus der Wikingerzeit. Der Hiddenseer Goldschmuck, ein aus 16 Teilen bestehender Goldschmuck herausragender Handwerksarbeit der Wikingerzeit, wurde zwischen 1872 und 1874 nach und nach an den Strand von Hiddensee gespült (Kulturhistorisches Museum Stralsund).

Wie navigierten die Wikinger?

In den Sagas finden sich auch etliche Segelanweisungen, im Landnahmebuch stehen sogar zwei präzise Anweisungen für das Segeln von Norwegen nach Grönland (wir zitieren die präziseste Fassung aus dem „Hausbók"): „Erfahrene Männer sagen, dass es von Stad in Norwegen westwärts bis Horn im östlichen Island sieben Tage zu segeln sei und von Snæfellsnes, von wo es am nächsten ist, vier Tage Seefahrt westwärts bis Hvarf auf Grön-

Grundmauern eines Wikinger-Langhauses aus dem 10. Jahrhundert (oben) in Lervig auf den Färöern und ein rekonstruiertes Wikingerhaus der Wikingerburg Fyrkat (unten) in der Nähe von Hobro (beides Dänemark).

*Nachbildung eines hochseetauglichen Wi-
kingerschiffs. Dieser Typ wurde weniger für
Raubzüge, sondern vor allem für Besiedlungs-
und Handelsfahrten genutzt.*

land." Dies ist die sicherste Route – Inselhopping sozusagen, doch der verwegene Nord-
mann wählte lieber die schnellere, aber auch gefährlichere Strecke: „Von Hernar (Südnor-
wegen) in Norwegen bis Hvarf in Grönland soll man immer nach Westen segeln; dabei
segelt man soweit nördlich an Shetland vorbei, dass dies nur bei ganz ruhiger See sichtbar
ist, und so weit südlich von den Färöern, dass die See in halber Höhe der Bergküste liegt,
und so weit von Island, dass Vögel und Wale von dort herkommen." Die ersten rund 350
Seemeilen mit mehrmaliger Landsicht dienten sozusagen als Eichung eines Nordwest-Kur-
ses, der die Schiffe dann die folgenden rund 1450 Meilen über offenes Meer an die Südspitze Grönlands bringen sollte.

Doch warum wählten die Nordmänner nicht den kürzeren, direkten Weg über die Färöer-Inseln und Island? Weil nur auf den südlicheren Breiten (unterhalb des 60. nördlichen Breitengrades, wie wir heute wissen) ein stetiger Westwind herrschte, und auch das nur im Frühjahr. Nur solch ein Passat – eine vorherrschende Windrichtung – erlaubte es ihnen, mit ihren primitiven Mitteln auf dem offenen Meer über lange Strecken einen bestimmten Kurs beizubehalten. Außerdem sparten die Nordmänner bei dieser Direktfahrt die Steuer, die sonst bei der Landung auf Island und bei anderen Zwischenstopps fällig gewesen wäre. Westwind heißt: ein Wind Richtung Osten, gegen den sie kreuzen konnten. Deshalb benötigten sie dabei ein zuverlässiges Orientierungsmittel, das ihnen anzeigte, wann sie zu stark von ihrem Westkurs abwichen und sich vom Wind zurücktreiben ließen, schließlich segelten die Nordmänner ja ohne Kompass und Karten. Viel wird in letzter Zeit über den sogenannten „Sonnenkompass" der Wikinger spekuliert, eine gekerbte Scheibe, in deren Mitte ein nach der Jahreszeit zu verstellender Zeiger zur Mittagszeit seinen Schatten warf und damit angab, ob sich das Schiff südlich oder nördlich der angepeilten Breite befand. Doch ob die Wikinger schon solche technische Navigationshilfen nutzten, darüber streiten

Aus einem Grabhügel bei Oseberg am norwegischen Oslofjord bargen Archäologen 1904 ein ganzes Wikingerschiff, die Beigabe für ein dort bestattetes Häuptlingspaar.

die Experten. Der Meeresarchäologe Jan Bill ist sich sicher: „In Wirklichkeit gibt es keine zuverlässigen schriftlichen oder archäologischen Belege dafür, dass die Wikinger über das Lot hinaus irgendwelche anderen navigatorischen Hilfen benutzten." Auf jeden Fall waren sie exzellente Beobachter von Sonne und Sternen sowie der Windrichtung, der Bewegung der Wellen und der Strömung des Meeres – und sie verließen sich auf ihre Schiffe. Doch wie groß mussten diese sein, um den mächtigen Wellen des Nordatlantiks zu trotzen?

Mit ihren schlanken Kriegsschiffen erkundeten die Wikinger die ganze damals bekannte Küstenwelt und erreichten Städte entlang der Küsten der Iberischen Halbinsel, am Mittelmeer, der Ostsee und entlang der großen Flüsse, das wissen wir aus zahlreichen mittelalterlichen Quellen. Doch selbst die vielen besonders in den letzten Jahrzehnten geborgenen und ausgestellten Wracks verraten wenig darüber, was diese Schiffe wirklich leisten konnten. Die Archäologen mussten sie erst zusammen mit Schiffsbauern und Ingenieuren nachbauen und auf dem Meer testen. Die Ergebnisse der Probefahrten mit Messgeräten an Bord: Schlanke Kriegsschiffe wie die „Helge Ask" erreichten mit Segeln vor Wind eine Höchstgeschwindigkeit von 14 Knoten und können die offene See überqueren, sind jedoch kaum hochseetüchtig. Anders der Knorr-Typ: Er nutzt mit tieferem Kiel, breiterem Rumpf und höheren Bordwänden das Potenzial von Mast und Segel wesentlich besser. Mit einer Kopie dieses Meeresschiffes gelang einem Norweger in zwei Jahren eine Weltumsegelung; besser als mit jedem wissenschaftlichen Experiment wurde somit die Seetüchtigkeit dieser Schiffe unter Beweis gestellt. Es waren solche Schiffe, mit denen die Wikinger hinaus auf den Atlantik fuhren und als erste Europäer Amerika entdeckten.

Die Entdeckung des Weinlandes

Bjarni Herjúlfsson wollte, so erzählen es uns wiederum die Sagas, von Norwegen über Island nach Grönland reisen, als sein Schiff weit vom Kurs abkam und nach Süden trieb, wo er wahrscheinlich Labrador entdeckte und erkundete. Leif Eriksson, Sohn des gewalttätigen Grönland-Besiedlers Erik dem Roten, begab sich 15 Jahre später auf die Spuren von Bjarni. Das erste neue Land, das er dabei fand, nannte er Helluland (Flachsteinland), das zweite Markland (Waldland). Und nach einer größeren Segelpassage stieß er südwestlich auf Land, in dem wild Weintrauben wuchsen. Er nannte es „Vinland" (Weinland) und ließ dort Häuser errichten. Die meisten Wissenschaftler setzen diese drei Länder mit Baffinland, Labrador und Neufundland gleich. Einige Jahre nach Leif Eriksson soll der Händler Thorfinn Karlsefni eine Expedition nach Vinland geführt und eine Kolonie gegründet haben. Ausgehend von diesen Sagas suchten Archäologen seit dem 19. Jahrhundert in Nordamerika nach Spuren der Wikinger. Im Jahr 1961 fand der Archäologe Helge Ingstad dann tatsächlich Reste einer Wikingersiedlung auf Neufundland.

Die gesamte Wikingerära endete Mitte des 10. Jahrhunderts ebenso plötzlich, wie sie zweieinhalb Jahrhunderte zuvor begonnen hatte, denn die einheitliche Wikingerkultur wurde abgelöst von einer christlich-europäischen Kultur. „Mit der Taufe hörten die Wikinger einfach auf, Wikinger zu sein", erklärt Regis Boyer. Und in den neuen nordatlantischen Siedlungen betrieben die Skandinavier von Anfang an durch ihre Weidewirtschaft Raubbau an der kargen Natur. Als sich dann das Klima wieder verschlechterte, passten sie ihre Lebensweise zu wenig an die einsetzende Kälte an – vor allem auf Grönland und Neufundland, wo außerdem Krankheiten und die Folgen von Inzucht hinzukamen. Langfristig erfolgreicher waren die Expeditionen Richtung Osten, welche die Wikinger entlang der großen russischen Ströme Woldow-Lowat, Dnjepr und Wolga führten. Dort errichteten sie auf ihrer Fahrt zum Schwarzmeer dauerhafte Siedlungen wie beispielsweise das heutige Nowgorod. Männlichkeits-

Glückliches Miteinander von überkommener Glaubenswelt und übernommenen christlichen Inhalten: Das Schnitzwerk an der Stabkirche von Urnes (um 1150) zeugt von dem Wandel der Zeit. Verschlungenes Tier- und Pflanzenwerk steht in einem spannenden Kontrast zu dem christlichen Dekor des Altars und der über der Choröffnung zum Gebet mahnenden Kalvariengruppe (Jesus mit Maria und Johannes). In den Figuren verbindet sich traditionelle Holzkunst der Wikinger mit kontinental-kirchlichen Schmuckelementen und biblisch-legendären Darstellungen.

rituale und Raub ließen sie zum Mythos werden, doch ihr historischer Verdienst bleibt zum einen die Vernetzung des Handels Nordeuropas im frühen Mittelalter und zum anderen die Erkundung und Besiedlung der Weiten des Nordatlantiks.

Schneckenpost zur See

Die Wikinger auf Vinland gerieten bei den Europäern für Jahrhunderte in Vergessenheit, und so musste Amerika noch einmal neu entdeckt werden. Unter den Männern, die Kolumbus auf seiner zweiten Reise begleiteten, war auch Juan Ponce de León. Er wollte eigentlich den Jungbrunnen finden, um die schwindende Manneskraft zu besiegen, entdeckte stattdessen Florida und ein merkwürdiges Phänomen. Immer wenn sich seine Schiffe der Küste der neu entdeckten Welt näherten, wurden sie massiv von ihrem Südkurs abgelenkt. Diese an der amerikanischen Ostküste zwischen Florida und North Carolina bis zu fünf Knoten schnelle und nach Osten abdriftende Strömung wurde noch im 16. Jahrhundert in die Segelanweisungen der spanischen Flotte aufgenommen. Und gut 100 Jahre nach de León fand Marc Lescarbot heraus, dass er sich auf der Fahrt entlang der Küsten von Neufundland in einem Strom warmen Wassers bewegte, der nach drei Tagen plötzlich verschwand.

Doch systematisch auf den Grund gingen offizielle Stellen dieser Erscheinung erst aus kommerziellen Gründen. Im Jahr 1769/70 beschwerte sich das Bostoner Zollamt, dass Lieferungen per Postschiff zwischen Falmouth und New York zwei Wochen länger benötigten, um den Atlantik zu überqueren, als einfache amerikanische Handelsschiffe von London nach Rhode Island. Die Behörden nahmen an, die Beschwerde sei nur eine Ausrede, um die Postdienste in New York abzuschaffen, und suchten Rat – und zwar bei dem bedeutendsten amerikanischen Gelehrten dieser Zeit, der auch noch eine Postmeisterei in Philadelphia betrieb – bei Benjamin Franklin. Dieser dachte zunächst auch, die Beschwerde sei unbegründet. New York und Rhode Island liegen kaum einen Tag mit dem Schiff voneinander entfernt, sodass ein Unterschied von zwei Wochen bei der Überfahrt von England nach Amerika eher unwahrscheinlich erschien. Außerdem waren Handelsschiffe unter normalen Umständen schwerer beladen, hatten weniger Mannschaft als Postschiffe an Bord, und da sie von London ausliefen, hatten sie auch noch eine längere Strecke zurückzulegen. Franklin wandte sich zur Klärung des Problems an einen entfernten Verwandten, der Kapitän auf einem Walfänger war. „Wir sind gut vertraut mit dem Strom durch das Verfolgen der Wale, die sich an seinen Seiten, aber niemals in seiner Mitte halten", so wird Timothy Folgers Antwort überliefert. „So halten auch wir uns an seiner Seite, kreuzen ihn manchmal an seinen Seiten, um auf die andere Seite zu gelangen, wobei wir von Zeit zu Zeit die Postschiffe treffen, wie sie in der Mitte des Stromes sich ihm entgegenstemmen. Wir haben sie informiert, dass sie gegen einen Strom segeln, der mit drei Meilen pro Stunde gegen sie läuft, doch waren sie so weise, sich von einfachen amerikanischen Fischern raten zu lassen."

Dies reichte Franklin aber nicht, und so ließ er Folger diese Strömung untersuchen, überquerte auch selbst dreimal auf Schiffen den Atlantik und entwickelte dabei Messinstrumente, um die

DER
ATLANTIK

*Kap Agulhas an der
Südspitze Afrikas.*

Seinen Namen erhielt der zweitgrößte Ozean nach der sagenumwo-
benen im Meer versunkenen Stadt
Atlantis. Denn in der Antike gingen
die Gelehrten davon aus, dass diese
Stadt jenseits der Säulen des Herakles (Meerenge von Gibraltar) gelegen
haben muss, in jenem Meer, das das
Ende ihrer Welt darstellte.

Erdgeschichtlich gesehen jedoch ist der Atlantik mit einem Alter von ungefähr 180
Millionen Jahren ein recht junger Ozean, und er steckt noch in seiner Wachstums-
phase: Jahr für Jahr spreizt sich der Meeresboden um weitere 2,5 Zentimeter auseinander, weil die amerikanische und die afrikanisch-eurasische Festlandsplatte
auseinanderdriften. Aus dieser Spalte dringt Gesteinsschmelze aus dem Erd-
inneren an die Oberfläche und bildet den Mittelatlantischen Rücken; das längste
Gebirge unseres Planeten teilt den Atlantik in zwei tektonische Mulden.

Als seine Grenzen gelten die Polarkreise im Norden und Süden sowie Kap Agulhas (Südspitze Afrikas) im Westen – der Atlantik erstreckt sich damit von Grönland bis zum Südpolarmeer; bildet die Ostküste von Nord- und Südamerika sowie
die Westküste von Europa und Afrika. Er umfasst rund 79,78 Millionen Quadratkilometer, mit seinen Nebenmeeren (Nord- und Ostsee, Mittel- und Schwarzes Meer)
sogar über 89,76 Millionen Quadratkilometer, und somit mehr als ein Viertel der
Meeresfläche auf unserem Planeten.

Bis in die Mitte des 20. Jahrhunderts zogen sich durch den Nordatlantik die häufigst
befahrenen Schifffahrtsrouten der Hochsee.

Wassertemperatur in unterschiedlichen Tiefen ermitteln zu können. Heraus kam am Ende eine Karte des Golfstroms, die auch mit moderner Technik nur um Kleinigkeiten korrigiert werden musste. Nur die Fragen, wo und warum der Golfstrom entsteht, blieben zunächst noch unbeantwortet. Doch sowohl Franklin als auch rund ein halbes Jahrhundert später dem amerikanischen Marineoffizier Matthew Fontaine Maury wurde schnell klar, dass der Ursprung in der Karibik und im Mexikanischen Golf zu suchen ist: Dort wird das Meerwasser von der das ganze Jahr über kräftig scheinenden Sonne aufgeheizt. „Der mexikanische Golf und das caribische Meer sind die Kessel und der Golfstrom ist das Leitungsrohr", so schlussfolgerte Maury. Sein Wirken verglich er mit einer Art Pendelbewegung oder einer Pumpe wie beispielsweise dem menschlichen Herzen, d.h. es musste ein Vor und Zurück geben. Diese Zirkulation gilt jedoch nicht nur für die Wassermassen, sondern auch für die sich darüber ausbreitenden Luftmassen.

Passatwinde ermöglichen den Dreieckshandel

„Stetiger Nordost-Passat. Im Osten des Atlantiks mehr Nord und schwächer. Im Westen mehr Ost und stärker", ließ die deutsche Seewarte 1910 in einer der letzten Ausgaben des „Segelhandbuch der Kaiserlichen Marine für den atlantischen Ozean" schreiben. „Die Nordostpassat-Strecke ist unter allen Umständen leicht zurückzulegen." Wegen seiner Beständigkeit und seiner Windrichtung, nämlich Richtung Südwest, wurde und wird der Nordost-Passat von Segelschiffen zur Überquerung des Atlantiks genutzt, obwohl sie zu seiner Nutzung erst ein ganzes

Schematische Darstellung der globalen Zirkulation: Luftströmungen in Zellenform sind für die wichtigen Passatwinde verantwortlich.

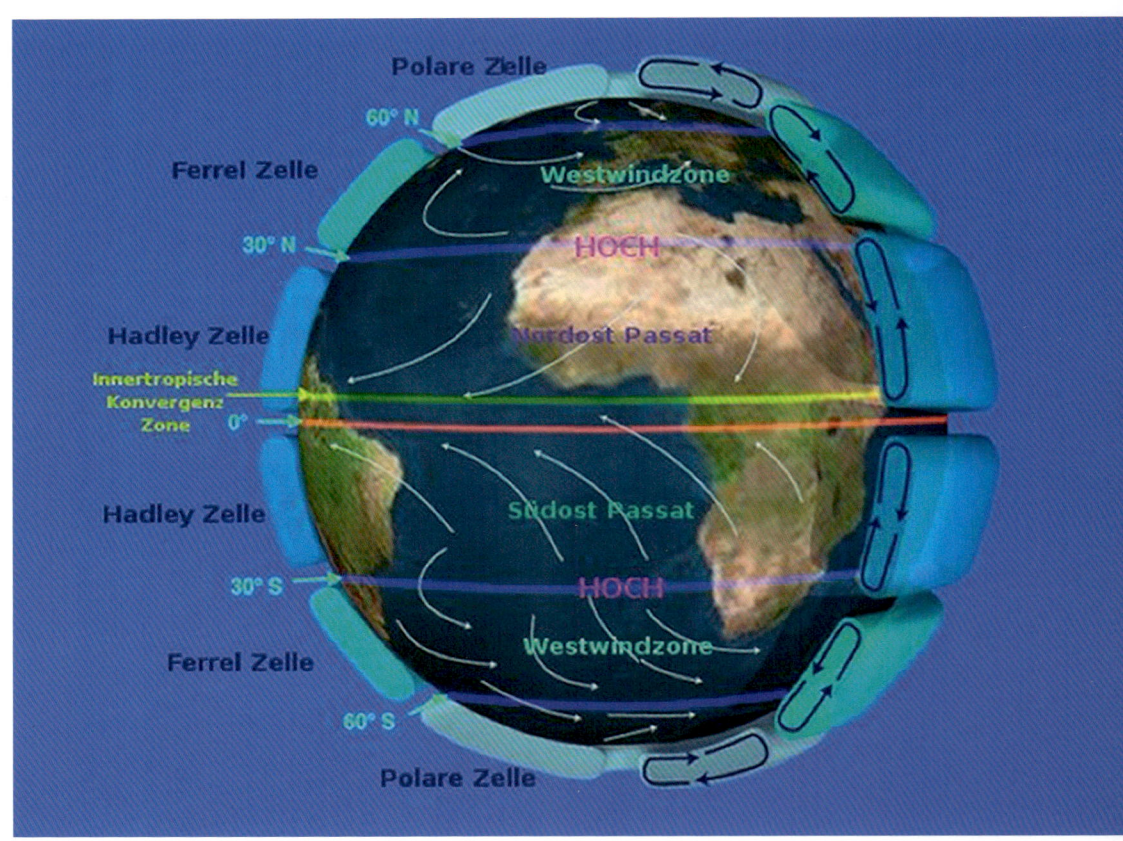

Stück in südlicher statt in westlicher Richtung segeln müssen. Von Europa aus geht es deshalb erst einmal entlang der nordwestafrikanischen Küste bis zu den Kanarischen Inseln. Von dort treibt der Nordost-Passat die Segler unterhalb des 30. Breitengrades vor sich her Richtung Karibik und Florida. Auf dem Rückweg folgen die Segler erst dem Golfstrom, um dann südlich des 60. Breitengrades die Westwinde Richtung Europa zu nutzen – im Sommer und Herbst etwas weiter nördlich als im Winter und Frühjahr. Diese Winde und Meeresströmungen haben den transatlantischen Dreieckshandel regelrecht vor sich her getrieben (mehr dazu im Kapitel, „One Size fits all", S. 228). Doch wenn sich Wasser- und Luftmassen im und über dem Atlantik ähnlich verhalten, warum weht der berühmte Nordost-Passat wie sein Name schon sagt vom kälteren Nord-Osten Richtung wärmeren Süd-Westen? Weil sich die Luftmassen in sogenannten Strömungszellen bewegen.

Es war der englische Anwalt und Hobby-Meteorologe George Hadley, der Mitte des 18. Jahrhunderts schließlich die erdumspannenden Luftströmungen der Passatwinde entdeckte und die Passatzirkulation zutreffend beschrieb. Deshalb wird die Zelle, die für den Nordost-Passat verantwortlich ist, die Hadley-Zelle genannt: Die Luft steigt in Äquatornähe in hohe Schichten von bis zu 16 Kilometer auf und fließt nach Norden, kühlt sich ab und sinkt um den 30. Breitengrad herum wieder ab. Nun fließt sie nach Süden zurück und wird dabei auf Südwest-Kurs abgelenkt. Im Norden dagegen wird die bodennahe Luft stark abgekühlt und die dortige Strömungszelle verläuft in umgekehrter Richtung: Die Luft strömt in Bodennähe nördlich und wird

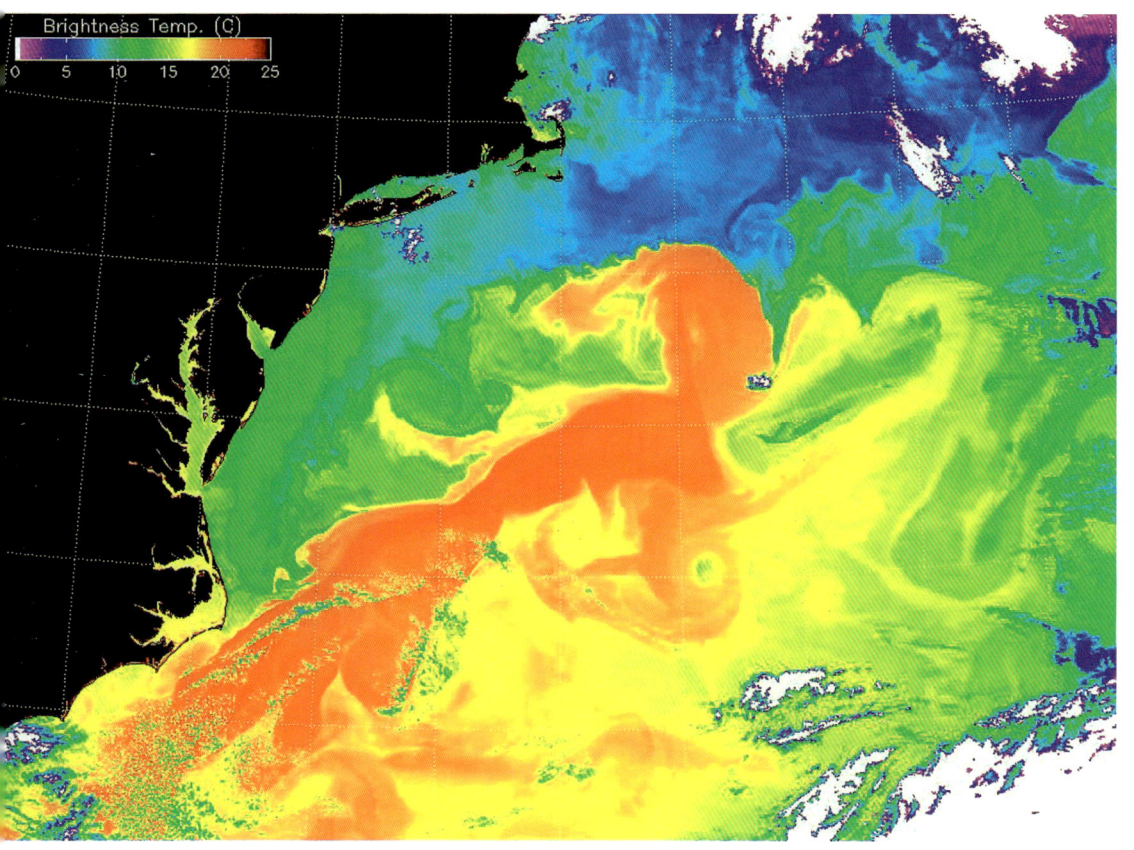

Der atlantische Golfstrom in einer MODIS-Aufnahme (Moderate-resolution Imaging Spectroradiometer) der NASA aus dem Jahr 2001. MODIS ist ein wissenschaftliches Instrument zur Messung elektromagnetischer Strahlung. Zu sehen ist die Ostküste der USA (schwarz, am linken oberen Bildrand). Die Falschfarben ergeben sich aus einer Kombination der Oberflächentemperatur des Meeres sowie der überlagernden feuchten Atmosphäre: rot (ca. 25 °C), grün (ca. 12–13 °C), blau (unter 10 °C).

Nachfolgende Doppelseite: Die faszinierende Eislandschaft Islands.

„WENN ES ERLAUBT IST, AUF DEN GOLFSTROM UND DIE WARMEN, AUS DEM INDISCHEN OCEAN HERVORBRECHENDEN WASSERFLUTHEN EIN DEN FUNKTIONEN DES HERZENS ALS BLUTBEWEGERS ENTLEHNTES BILD ANZUWENDEN, SO KOMMEN WIR ZU DER VERMUTHUNG, DASS DIE PULSSCHLÄGE SOLCHER GROSSEN ‚MEERESHERZEN' DIE CIRCULATION DER OCEANISCHEN GEWÄSSER DURCH ALLE DIE UNZÄHLIGEN VENEN UND ATERIEN, DIE SICH ZWISCHEN DEM AEQUATOR UND POL AUSBREITEN, BEFÖRDERN MÖGEN."

Matthew Fontaine Maury (1806–1873)

LEBENSRAUM
NORDATLANTIK

Der Nordatlantik umfasst so unterschiedliche Lebensräume wie die tropische Karibik im Südwesten, die gemäßigten Küstenareale der amerikanischen Ostküste und der Britischen Inseln sowie die von Kälte und Eisbergen dominierte Islandsee im Nordosten. Viele große Flüsse wie der Amazonas, Mississippi, St-Lorenz-Strom, Niger, Kongo, Rhein und die Elbe münden in den Atlantik oder in eines seiner Nebenmeere und führen dem Ozean gewaltige Nährstoffmengen zu. Diese bilden zusammen mit sauerstoffreichen Meeresströmungen die Grundlage für den außerordentlichen Fischreichtum. Tatsächlich bestach der Atlantik bis zum Beginn des 20. Jahrhunderts nicht nur durch seine Vielfalt maritimen Lebens sondern auch durch gewaltige Bestände vieler vom Menschen begehrter Fischarten, was dazu führte, dass viele von ihnen überfischt wurden. So wanderten riesige Schwärme des Roten Thuns jedes Jahr bis hoch in die nordischen Gewässer, bis diese in den 1950er-Jahren durch industriellen Fang und Verarbeitung in diesen Breiten vollständig verschwanden.

Manche Fischarten kamen häufiger auch in älteren, für heutige Verhältnisse ungewohnt großen Exemplaren vor: Ein Heilbutt von 2,5 Metern Länge, Kabeljau-Exemplare groß wie heranwachsende Menschen wurden von Anglern zu Beginn des 20. Jahrhunderts fotografiert. Doch mit den neuen Netzfang-Methoden wurden ganze Schwärme immer jüngerer und kleinerer Fische gefangen. Diese Ausbeutung hielt an, bis beispielsweise im einst fischreichen St-Lorenz-Golf in den 1990er-Jahren die Kabeljau- und Heilbutt-Bestän-

Sardinenschwarm (Sardina pilchardus) vor der Halbinsel Yúcatan (Mexiko).

de vollkommen einbrachen. Zwar gibt es auch heute noch äußerst fischreiche Gebiete wie das vor der südwestafrikanischen Küste oder die Region um Island herum. Doch Letzteres nur, weil die isländische Regierung durch die schrittweise Ausweitung ihres Hoheitsgebietes auf letztlich 200 Seemeilen vor der Küste sowie eine strenge Fangkontrolle die Fischbestände gesichert hat.

Das Überleben vieler maritimer Arten wird zusätzlich dadurch erschwert, dass beständig zunehmende Areale des Atlantiks von einem durch den Klimawandel begünstigten Sauerstoffmangel betroffen sind.

dabei Richtung Osten abgelenkt. Doch ein wichtiges Erklärungsmoment – die gerade genannte „Ablenkung" – fehlt uns noch. Die Ursache hierfür erkannte erst rund ein Jahrhundert nach Hadley der französische Mathematiker und Physiker Gaspard Gustave de Coriolis – die nach ihm benannte Corioliskraft: Es ist die Erdrotation, die dafür sorgt, dass Bewegungen größerer Massen auf unserem Planeten in westliche Richtung abgelenkt werden.

Doch viel verzweigter und geheimnisvoller als gedacht

Benjamin Franklins Karte wurde zu einem Meilenstein in der Erforschung des Golfstroms, manche Einzelheiten jedoch wie beispielsweise seine Verzweigungen, der weitere Verlauf im Norden und sein möglicher Rückfluss blieben zunächst unbekannt. Fürst Albert I. von Monaco, leidenschaftlicher Meeresforscher, startete im Jahr 1885 zusammen mit dem französischen Naturforscher und Anatomen George Pouchet ein großes Projekt: Während einer Schiffspassage von Neufundland zu den Azoren ließen sie in regelmäßigen Abständen 1675 Flaschen und Fässer ins Meer werfen, die alle in zehn Sprachen eine kurze Erklärung und die Bitte enthielten, die Nachricht mit der Angabe des Fundorts an die Absenderadresse zu schicken. 227 fanden in den nächsten Jahren auf diese Weise tatsächlich ihren Weg zurück zu den Forschern. Die Auswertung ihrer Routen lieferte ganz neue Einsichten in den Verlauf des Golfstroms, vor allem jedoch seiner Fortsetzung: Er teilt sich mitten im Atlantik etwa auf der Höhe des Ärmelkanals in den in südliche Richtung verlaufenden Kanarenstrom und in den Nordatlantischen Strom, der an der nördlichen Grenze der Nordsee als Norwegischer Strom weiter Richtung Norden zieht.

Doch erst Mitte des 20. Jahrhunderts hatten die Wissenschaftler alle entscheidenden Faktoren für die komplexe Wind- und Wasserzirkulation im Atlantik zusammengetragen. Die wichtigste Kraft dabei bilden die Luftströmungen über dem Atlantik – so erklärt es der Deutsche Wetterdienst: „Die atmosphärische Zirkulation mit Nordost-Passat und Westwinden in mittleren Breiten und der damit verbundene Windstress auf die Wasseroberfläche erzeugen einen nach Norden gerichteten Massentransport in den Ozeanen." Dieser Strom wird gleichzeitig von der Corioliskraft nach Osten abgelenkt. Doch der Wind allein reicht als Ursache nicht aus für diesen Massentransport, wie Hochrechnungen zeigen: 55 Millionen Kubikmeter Wasser werden pro Sekunde im Durchschnitt bewegt. Hinzu kommen das Gefälle der Temperaturen zwischen Nordpol und Äquator sowie der unterschiedliche Salzgehalt des Meerwassers zwischen Süd und Nord – die Bedeutung dieses Salzgefälles in einzelnen Atlantikarealen ist in den letzten Jahrzehnten in den Fokus der Forschung geraten. Auf dem Weg in den Norden geben die Meeresströmungen durch Verdunstung ständig Wärme an die Umgebung ab, Verdunstung und sinkende Temperatur führen zu einem derartigen Anstieg des Salzgehaltes, dass das Oberflächenwasser in der Grönlandsee wie ein Wasserfall in die Tiefe rauscht.

Der Golfstrom wird von vielen komplexen Mechanismen angetrieben. Als Matthew Fontaine Maury von einem pumpenden „Meeresherzen" sprach, war das eine gut gewählte Metapher. Übrigens: Welche Gefahr die Herabsetzung des Salzgehaltes im Nordatlantik durch das Schmelzen des Eises rund um den Nordpol für den Golfstrom bedeutet, darüber wird heftigst diskutiert. Eines steht jedoch unzweifelbar fest: Dieses umfassende Naturphänomen, das wir mit Golfstrom und Passatwinden meinen, hat den transatlantischen Kontakt zwischen Europa und Nordafrika auf der einen und Nord- und Südamerika auf der anderen Seite erst in seiner Intensität ermöglicht.

Fest steht jedoch auch: Der Golfstrom wird hinsichtlich seiner Klimawirkung überschätzt. Murrays Darlegungen des Golfstroms als das Herz eines Kreislaufes haben auch den Grundstein gelegt für die immer weiter ausgeschmückte Vorstellung, der Golfstrom sei die Zentralheizung Nordeuropas und ihr Schwächeln könne hier eine neue Eiszeit auslösen. Das ist nun doch zu viel der Ehre. Es gibt zwar, wie so oft in der Wissenschaft, verschiedenste, voneinander abweichende Modellrechnungen über den transatlantischen Wärmetransport, doch klar scheint heute: Der Einfluss des Golfstroms ist kleiner als derjenige der Luftströmungen über dem Atlantik und der Wärmespeicherung aller lokalen Meere wie beispielsweise der Nordsee. Sonst wäre auch nicht erklärbar, warum die Wikinger gerade in der Zeit um das Jahr 800 mit ihren Expeditionen begannen. Denn nach neuen Erkenntnissen der Klimaforschung begann um diese Zeit in Nordeuropa eine klimatisch günstige Warmphase, die Gletscher auf Island, Grönland und in Nordamerika zogen sich zurück. Hätten die Wikinger mit ihren Schiffen auch dann Westkurs gewählt, wenn sie gegen einen noch stärkeren Golfstrom hätten ankreuzen müssen? So aber stießen sie auf ihren langen Seereisen kaum auf wandernde Eisberge, dafür aber auf unentdeckte Küsten mit grünstem Hinterland.

04

„DIE ENTDECKER VON GEGENÜBER"

DER PAZIFISCHE OZEAN

„DIE ENTDECKER VON GEGENÜBER"

DER PAZIFISCHE OZEAN

Auch Nadeln im Heuhaufen kann man finden. Aber sind durch solche Zufälle die winzigen Inseln im Pazifik besiedelt worden? Von Menschen auf verdrifteten Booten, die ihre Heimat verlassen mussten oder wollten, aus welchen Gründen auch immer, und von denen dann ein Bruchteil irgendwo anlandete, aus purem Glück, während die Mehrzahl in den Weiten des Meeres verloren ging?

Lange Zeit hatten sich Historiker und Geografen das so gedacht. Nachvollziehbar für den, der sich auf der Karte den riesigen Ozean anschaut. Fast ein Drittel der Erdoberfläche macht er aus. Seine unzähligen Inseln aber weisen nur eine Landfläche auf, die geringer ist als die von Deutschland, mal abgesehen von den Randgrößen Neuguinea und Neuseeland. Viele Hundert Meilen sind häufig von einer zur nächsten zu überwinden, auf einem Schiff über viele Tage oder Wochen ohne Landsicht. Wie sollte man da Inseln finden hinter dem Horizont, wenn die meisten nur wenige Meter aus dem Wasser ragen und gerade mal so groß sind wie heute ein paar Fußballfelder? Oder sind die Inseln Polynesiens, Mikronesiens und Melanesiens nur die Reste eines versunkenen Kontinents, dessen höchste Gipfel sozusagen, auf die sich die Menschen nach und nach retten mussten? Auch darin, im Prinzip Atlantis, sahen in den vergangenen Jahrhunderten manche eine Erklärung für die wundersame Besiedlung der kleinen Inseln.

„MAN LERNT DAS MATROSENLEBEN NICHT DURCH ÜBUNGEN IN EINER PFÜTZE."

Franz Kafka (1883–1924)

Langhäuser und Einbäume vor Tahiti. Illustration zu James Cooks erster Reise.

Einen Kompass oder Sextanten oder gar Aufzeichnungen über frühere Seereisen fanden sich nicht bei den Bewohnern der Inseln, als die ersten Europäer wie Samuel Wallis, Louis Antoine de Bougainville oder James Cook die weitläufigen Archipele auf der anderen Seite der Welt besuchten. Wie also sollten sie ohne all die Navigationshilfen, mit denen die Franzosen, Engländer und Spanier sich orientierten, ihren Weg gefunden haben. Immerhin stießen sie hier und da auf stattliche Kanus, vor allem auf den hohen Inseln der größeren Archipele, wie den Gesellschaftsinseln mit Tahiti, oder auf Rarotonga, dem Zentrum der Cook-Inseln. Mit Auslegern konstruiert, darunter auch Doppelrumpfboote, den Katamaranen ähnlich. Bis zu 100 Menschen konnten auf ihnen unterwegs sein. Dass die Bewohner Ozeaniens ein seefahrendes Volk waren, ließ sich nicht übersehen. Aber wo kamen sie her? Die Häuptlinge und die Alten auf den Inseln erzählten den Europäern von anderen Inseln, weit im Westen, viele Wochen entfernt, von denen ihre Ahnen einst hergesegelt waren.

Tollkühne Seefahrer: Die Polynesier erobern die Südsee

Bis heute sind die genauen Wege der Besiedlung des Pazifiks umstritten. Nach und nach erst, bis in die zweite Hälfte des 20. Jahrhunderts, zeichneten Archäologen, Sprachwissenschaftler und Molekularbiologen, die das Erbgut untersuchten, die groben Linien nach. Bald auch konnten Ethnologen und Experten für traditionelle Navigation in den 1970er-Jahren aufzeigen, wie präzise die Polynesier auf Fernreisen ihre Ziele fanden, ausschließlich durch ihre eigene Technik, ganz ohne die nautischen Instrumente der Europäer. Den Kompass ersetzten tagsüber die Sonne und nachts die Sterne: das Kreuz des Südens, oder, in Mikronesien und dem nördlichen Polynesien, auch der Polarstern sowie eine Reihe weiterer markanter Sternbilder. Deren Verlauf und die Reihenfolge ihres Auf- und Untergangs am Horizont dienten als Ankerpunkte in der Navigation.

Der wichtigste Zeitpunkt für die Piloten der Kanus war der Sonnenaufgang, der ihnen den Kurs angab und bei dem sie die Richtung von Dünung und kleinerem Wellengang genau beobachteten, um den Kurs tagsüber auch dann beibehalten zu können, wenn die Sonne hoch stand oder von Wolken verborgen war. Auch verfügten die Polynesier durchaus über Seekarten, wenn auch von ganz anderer Art als die uns bekannten. Sie bestanden aus langen und kurzen Stäben, die, teils luftig, teils dicht aneinandergereiht, gerade und gebogen Inseln und Strömungen angeben. Auch die Richtung sowie die „Kreuzungen" von Wellen, an denen sich Treibholz oder Tang ansammelt, sind daran abzulesen.

Es war viel kitschiger Hula-Hula, US-Showkultur und TV dabei, als am 8. März 1975 am Sans Souci Beach von Honolulu in Hawaii ein gewaltiger Katamaran vom Stapel gelassen und getauft wurde. Die 19 Meter lange „Hokulea", der erste Neubau eines traditionellen polynesischen Kanus seit vielen Jahrzehnten, wurde zwar nicht ohne die Werkzeuge und das Knowhow des 20. Jahrhunderts gebaut.

Ein wichtiges Navigationsinstrument der Polynesier: die Stabkarte (Majuro-Atoll, Marshallinseln, Ozeanien).

Doch das Entscheidende: Das Schiff hat keinen Motor, die Konstruktion entspricht den alten Entwürfen — und es gibt keinerlei Navigationsgeräte an Bord. Die „Polynesian Voyaging Society", die den Bau betrieben hatte, wollte damit demonstrieren, dass die Besiedlung des Raumes zwischen Guam, Neuseeland bis hinauf nach Hawaii kein Ergebnis zufälliger Verdriftungen war, sondern dass sehr wohl nautisches Geschick und erstaunliche Weitsicht im Spiel wa-

ren. 16 Mann Besatzung fanden Platz auf der Hokulea, fünf Tonnen Zuladung erlaubte die Konstruktion, doch für einen gerade ein Kilo schweren Kompass war kein Raum.

Die Hokulea vor Hawaii (links).

Weißbauchtölpel beim Fischfang vor dem Bikini-Atoll in Mikronesien (rechts).

Das Vorhaben der Gesellschaft war anspruchsvoll. Das zeigte sich schon daran, dass es in ganz Polynesien, der pazifischen Region mit den einst wagemutigsten Seefahrern, niemanden mehr gab, der die traditionelle Navigation beherrschte, sodass er die Verantwortung für das Steuer der Hokulea hätte übernehmen können. Dennoch wurde man fündig. In Mikronesien, weit im Westen, auf der Insel Pulap, besteht bis heute eine Schule, aus der Navigatoren hervorgehen, die Fernreisen ohne moderne Hilfsmittel bewältigen. Pius Mau Piailug, einer der Lehrer dort, erklärte sich bereit, auf der Hokulea anzuheuern. Sechs Männer von den Karolinen hatte die Schule damals fertig ausgebildet, doch außer Mau wollte keiner der Mikronesier seine Fähigkeiten mit den Polynesiern teilen.

Insgesamt neunmal stach man gemeinsam in See, mit Mau am Steuer, kreuz und quer durch den Pazifik, zwischen Japan, Kanada, Tahiti, Melanesien und Mikronesien. Nach den Sternen richtete sich Mau in der Nacht, nach der Sonne am Tag und nach den großen Strömungen, um die Richtung zu finden zu Inseln und Ländern, deren Position ihm bekannt war. Das war kein Problem. Aber hätte ihm oder seinen Vorfahren vor Hunderten oder Tausenden Jahren alle Orientierungsgabe helfen können, neue Inseln oder Inselgruppen aufzuspüren, von denen noch nie jemand gehört hatte, die noch gänzlich unbekannt waren? Darum ging es ja, wenn sich mal wieder die Bevölkerung auf einer der pazifischen Inseln zu sehr vermehrt hatte, sodass einige Familien auswandern mussten. Aber wohin?

Alle Sternenkenntnis konnte da nicht weiterhelfen, dennoch vermochten sie, neue Inseln zu finden. Dafür hatten sich die Südseevölker über Jahrhunderte noch eine ganze Reihe weiterer Navigationshilfen antrainiert, sich eine Art Radarsystem von Generation zu Generation überliefert. Es war unschärfer als das, was sich uns auf einem modernen Monitor darstellt. Doch anhand der Dünung zum Beispiel, den langen Wellen, erhielten sie eine Ahnung von Inseln oder Inselgruppen hinter dem Horizont. Und kamen sie näher heran, konnten sie an den kürzeren Wellen, ihren verschiedenen Bahnen und deren Kreuzungen das nahe Land genauer lokalisieren. Noch in 50 Kilometer Entfernung wirken sich auch kleinere Landmassen auf die Struktur der Wellen aus. Für einen Navigator also, dessen Augen nur Zentimeter über dem Meeresspiegel in die Ferne schauen, bedeutet das die Erweiterung des Horizontes auf das Dreifache. Dabei geht es nicht nur um die Augen, um die Optik. Der Wellenschlag, seine Frequenz und Stärke werden auch akustisch analysiert. Dafür drückt der Navigator sein Ohr auch mal von innen an die Bordwand, wie der Tramp im Wilden Westen, der mit dem Kopf auf dem Bahngleis den Zug schon aus vielen Kilometern ausmachen konnte. Für die Interpretation der kleinsten Kräuselwellen, der feinsten Bewegungen des Meeres, hielt mancher polynesische Pilot, wenn es darauf ankam, auch schon mal sein allersensibelstes Körperteil ins Wasser, das Genital.

Land hinter dem Horizont!?

Natürlich standen auch profanere Hinweise zur Verfügung. Schwärme bestimmter Fischarten etwa, ihre Richtungen, der Zug von Vögeln oder auch driftendes Treibholz, all das kann die Existenz und die Richtung von Land hinter dem Horizont signalisieren. Auch europäische Seefahrer bedienten sich solcher Zeichen. Kolumbus etwa, dem sich jene Insel Guanahani schon Tage zuvor hinter dem Horizont angekündigt hatte, auf der er damals dann das erste Mal Land in der Karibik betrat. Das wohl simpelste Zeichen: Haufenwolken, die den Winden trotzen und stabil am Ort verharren, deuten meist auf bergige Inseln hin. Flache Atolle sind naturgemäß schwerer auszumachen, doch auch sie verraten sich bisweilen: durch flimmernde Luftspiegelungen, eine Art Fata Morgana, die etwas erhöht am Himmel hängen. Polynesier berichten, dass ihre früheren Navigatoren nachts von einer Art Lichtblitz wenige Meter unter dem Wasserspiegel auf Inseln hingewiesen wurden, ein Naturphänomen, für das Meeresforscher allerdings noch nach Erklärungen suchen.

Der mikronesische Navigator Mau jedenfalls fand bei all den Fahrten der Hokulea seine Ziele ohne Probleme. Dass diese Art der Navigation auch von Menschen geleistet werden kann, denen diese Fähigkeit nicht seit Generationen im Blut liegt, bewies der englische Arzt David Lewis, der 1964 seine Praxis verkaufte, mit seiner Familie die Welt umsegelte und dabei bald die polynesische Art der Orientierung übernahm. Anfangs, als der Autodidakt sich noch nicht sicher war, segelte man noch „zweigleisig". Eine Bekannte, mit an Bord, verfolgte zur Sicherheit die Kursfindung immer noch mit Kompass, Sextant und Funk, behielt aber ihre Erkenntnisse und Instrumente unter Verschluss, korrigierte erst kurz vor dem Ziel. Schließlich beherrschte Lewis die Wegfindung, schrieb den Bestseller „We, the Navigators" und war gleich bei der ersten Fahrt der Hokulea Ehrengast. Wie man hörte, gab es allerdings Streit oder sogar Handgreiflichkeiten an Bord zwischen ihm und den Meistern der alten Schule aus Mikronesien. Lewis und ein paar weitere Weiße wollten an Bord Wissenschaft betreiben, die Navigationsgeschichte erforschen, während die Polynesier den Turn als heilige Reise ansahen, die sie sich nicht von profanem Erkenntnisinteresse verweltlichen lassen wollten.

Nur wenige Meter über der Wasseroberfläche ragt dieses Atoll in Französisch-Polynesien.

Das Wissen war gegeben, um die größte, aber auch denkbar verstreute Inselwelt zu besiedeln. Natürlich bedurfte es dafür viele Jahrhunderte Erfahrung, Überlieferung, Verfeinerung. Es fing allerdings auch früh genug an, vielleicht vor 3000 Jahren. Wobei noch weit früher, vor etwa 50 000 Jahren, als sogar die Neandertaler noch lebten, bereits eine der – angesichts des Entwicklungsstandes – größten navigatorischen Leistungen der Seefahrt erzielt

„IRGENDWO INS GRÜNE MEER
HAT EIN GOTT MIT LEICHTEM PINSEL
LÄCHELND, WIE VON UNGEFÄHR,
EINEN FLECK GETUPFT: DIE INSEL.“

James Krüss (1926–1997)

worden sein muss. Niemand weiß, wie und mit welchen Verlusten es geschah, aber bei der Besiedlung Australiens zu jener Zeit müssen etwa 100 Kilometer offene See überwunden worden sein, selbst wenn wir berücksichtigen, dass der Meeresspiegel damals viele Meter niedriger lag und deshalb weite Teile des heutigen Indonesiens zum Festland gehörten. 100 Kilometer – das heißt Segeln ohne Landsicht. Die späteren Seefahrer, die den Pazifik eroberten, konnten die Erfahrung dieser wahren Pioniere nicht nutzen. Australien war für

Traditionelles Segelboot auf Rarotonga (Cook-Inseln).

seine ersten Siedler eine Sackgasse, in die Südsee stießen andere vor, quasi an ihnen vorbei. Aber dann ging es Zug um Zug.

Es waren Keramikteile, die man fand und die moderne Anthropologen die Wege der Besiedlung Ozeaniens nachvollziehen ließen. Doch die Scherben mussten erst noch zusammengefügt werden, über vier Jahrzehnte und 4000 Kilometer Entfernung. Als der deutsche Pater Otto Meyer im Jahr 1908 auf dem Bismarck-Archipel, damals ein deutsches Schutzgebiet, sehr alte, verzierte Töpferware fand, konnte er noch nichts damit anfangen, die Funde landeten im Lagerraum eines Pariser Museums. Ein US-Forscher, der 1920 im entfernten Tonga Stücke mit sehr ähnlicher Musterung fand, hatte davon keine Kenntnis, also blieb auch dieses Wissen isoliert. Erst dessen Assistent, der 1947 in Fidschi und in Neukaledonien, am Lapita-Strand, wiederum auf ähnliche Scherben stieß, brachte alle Stücke zusammen. Durch eine Isotopenuntersuchung winziger organischer Anhaftungen stellte sich heraus, dass die Keramik etwa aus der Mitte des ersten vorchristlichen Jahrhunderts stammte. Nun fügten sich schnell weitere Funde zusammen zu einer umfassenden, weit verstreuten Kultur, „Lapita-Kultur" genannt, nach jenem Ausgrabungsort in Neukaledonien. Sie wurden zum Schlüssel für die erste Etappe der Besiedlung des Pazifiks, die ihren Ausgangspunkt auf dem chinesischen Festland nahm und sich von dort über Taiwan und Neuguinea fortsetzte.

Thor Heyerdahl: mit dem Floß von Südamerika nach Polynesien

Es ist ein kurioser Zufall, dass die Besiedlung des Pazifiks durch die Lapita-Kultur ihre wissenschaftliche Basis ausgerechnet im Jahr 1947 erfuhr. In jenem Jahr war der norwegische Abenteurer und Anthropologe Thor Heyerdahl von Peru aus mit seinem primitiven Balsa-Floß „Kon-Tiki" zu seiner legendären Reise aufgebrochen. Er ließ sich mit fünf Kameraden über knapp 7000 Kilometer bis zu den Tuamotus bei Tahiti treiben, um zu beweisen, dass die vorkolumbischen Amerikaner zu Hochseefahrten in der Lage gewesen sind – und dass, so Heyerdahls Theorie, der Pazifik aus östlicher Richtung besiedelt wurde. Nicht zuletzt aufgrund der Lapita-Funde gilt die Ansicht des Norwegers in der Wissenschaft inzwischen als widerlegt. Historiker wollen aber nicht ausschließen, dass es vor Kolumbus Kontakte zwischen Amerika und den Pazifikinseln gegeben haben könnte, worauf es durchaus Hinweise gibt. Etwa das Phänomen, dass auch vor der Ankunft der Europäer die Süßkartoffel im Pazifik und eben auch in Südamerika als Kulturpflanze heimisch war – sonst aber nirgendwo auf der Welt. Oder auch archäologische Funde in Südamerika, die Besiedlungen vermuten lassen, die nicht mit der großen Einwanderung aus Sibirien über die Beringstraße in Verbindung stehen.

Wanderungen, Besiedlungen von West nach Ost in den Pazifik hinein, sind dagegen heute unumstritten. Die Menschen, die da vor 4000 bis 5000 Jahren begannen, das größte Meer für sich zu gewinnen, wohnten auf Pfahlbauten, ernährten sich von Fischen, Krusten- und Schalentieren und betrieben Landwirtschaft. Sie bauten Bananen, Yams- und Tarowurzeln sowie die Süßkartoffel an und ernteten in ihren Gärten Nüsse und Früchte. Auch hatten sie sich aus Asien Hühner und Schweine auf ihren sehr tragfähigen Kanus mitgebracht, doch wuchsen auf den Atollen mit ihren kargen Kiesböden nur begrenzte Futtermengen für die Viehzucht. Immer wieder mussten deshalb auch Familien auswandern, wenn auf einzelnen Inseln die Bevölkerung zu sehr angewachsen war. Hinweise auf größere Insel- oder gar archipelübergreifende Gemeinwesen konnten die Historiker nicht finden. Die Bewohner der Eilande waren politisch weitgehend unabhängig voneinander, betrieben aber durchaus Fernhandel über weite Ozeanstrecken.

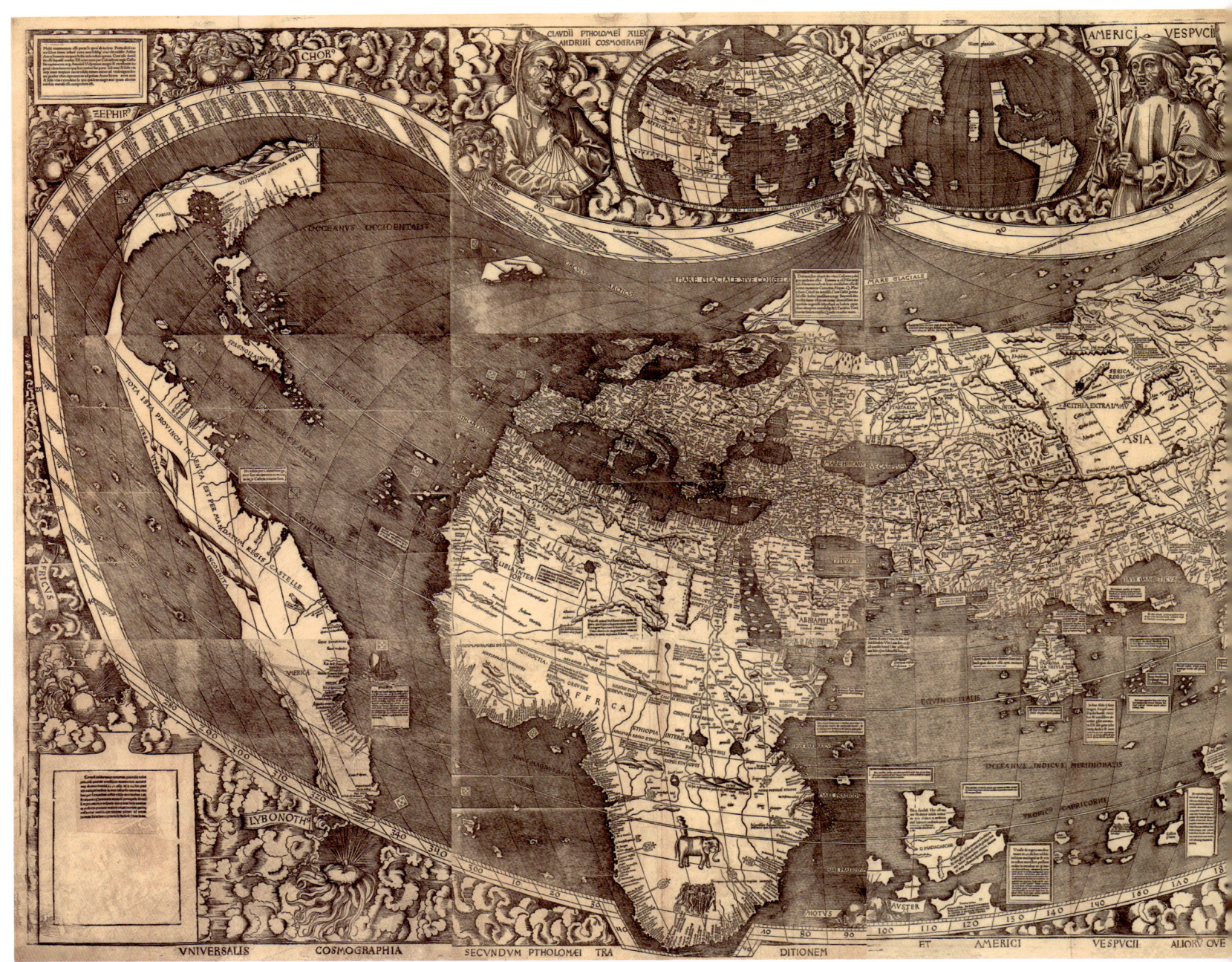

Die Polynesier erreichen Neuseeland

Um 1000 v. Chr. war Fidschi erreicht, der Übergang von Melanesien zu Polynesien. Im 3. und 4. nachchristlichen Jahrhundert besiedelte man das Inselreich rund um Tahiti und die Marquesas. Im 5. Jahrhundert legten die ersten Schiffe vor Hawaii an, dem nördlichen Vorposten der Südseeinsulaner, wenig später wohl auch an der Osterinsel weit im Südosten, deren Geschichte den Anthropologen nach wie vor die meisten Rätsel aufgibt. Die Bewohner von Rarotonga, der Hauptinsel der Cook-Inseln zwischen Fidschi und Tahiti, halten das Gelände ihres alten Hafens, „Ngatangiia", heilig, von wo aus die Polynesier dann zu ihrem ultimativen Sprung über den Ozean ansetzten: über 3000 Kilometer durch die offene See, bis nach Neuseeland, den beiden zuletzt besiedelten größeren Inseln im weiten Pazifik. Dieser Turn erfolgte erst im 12. oder 13. Jahrhundert, weltgeschichtlich gesehen nur wenige Augenblicke, bevor europäische Schiffe erstmals im Pazifik aufkreuzten und dessen zweite Entdeckungsphase einläuteten.

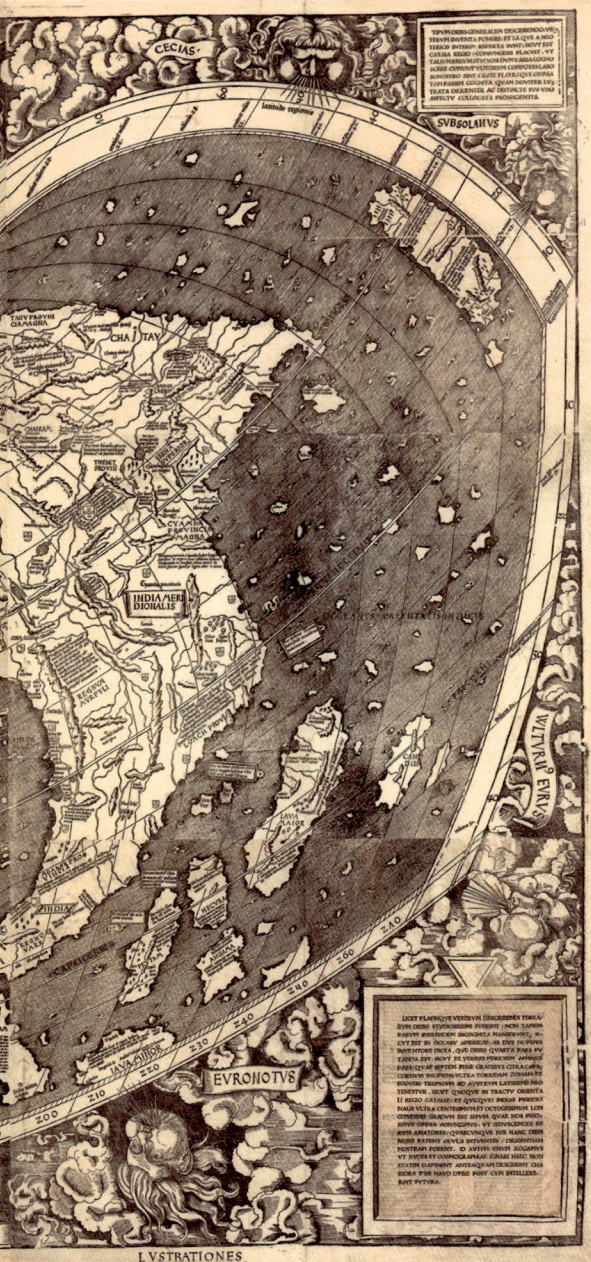

Dass es den Pazifik überhaupt gibt, wurde den Europäern erst nach der Entdeckung Amerikas bewusst. Kolumbus fuhr noch in dem Glauben aus, dass er auf Westkurs über den Atlantik direkt nach Ostasien komme. Erst im Jahr 1507 tauchte der Ozean zum ersten Mal als eigenständiges Meer auf einer Weltkarte auf. Der Elsässer Martin Waldseemüller hatte sie gezeichnet, darauf erstmals auch die Neue Welt abgebildet und sie mit dem Etikett „America" versehen. Links davon, wie auch am rechten Bildrand, lag nun die neue, große Wasserfläche: „Oceanus Orientalis Indicus" (der Name des Indischen Ozeans lautete auf der Karte „Oceanus Indicus Meridionalis").

Da Amerika als eigenständiger Kontinent erkannt war, wussten die Europäer nun vom Pazifik — theoretisch, gesehen hatte ihn von ihnen aber noch keiner. Erst 1512, vier Jahre später, erreichten die Portugie-

Geburtsurkunde Amerikas: Weltkarte des Kartografen Martin Waldseemüller. Durch einen Irrtum von Waldseemüller erhielt Amerika seinen Namen. Der Kartograf meinte, der Seefahrer Amerigo Vespucci sei der wahre Entdecker Amerikas, da er es abgesegelt, erforscht und größtenteils entdeckt habe. Und so taufte er den neuen Kontinent „Amerika".

sen an seinem Westrand die Gewürzinseln (heute: Molukken, siehe Kapitel 05), und 1513 erblickte der Spanier Vasco Núñez de Balboa den neuen Ozean als erster Europäer von Osten, aus Amerika, nachdem er mit seinem Trupp von Desperados in einem mörderischen Marsch durch Panama die pazifische Seite erreicht hatte. Da die Landenge zwischen Nord- und Südamerika an dieser Stelle verdreht ist (so liegt die pazifische Einfahrt in den heutigen Kanal deutlich östlicher als die atlantische) und Balboa deshalb auf das Wasser in Richtung Süden und nicht nach Westen blickte, nannte er das Meer: „Mar del Sud" – Südsee. Ein Begriff, der bis heute gilt und zum Beispiel auch Hawaii umschließt, obwohl die Inselgruppe bis zum 28. Breitengrad Nord reicht.

Jetzt dauerte es nicht mehr lange, bis die Europäer den Pazifik auch durchfuhren. Der Portugiese Ferdinand Magellan war der Kommandant von drei Schiffen, die von der Südspitze Südamerikas bis zu den Philippinen im Frühjahr 1521 fast vier Monate brauchten. Unterwegs waren sie denkbar elenden Umständen ausgeliefert, Hunger, Durst, Hitze und Skorbut. Ihre Fahrt zeigt, wie klein die Chance ist, dabei rein zufällig auf Land zu treffen. Bis auf zwei unbewohnte, winzige Inseln sichteten sie keines, ihr Kurs nahe der Äquatorlinie setzte sie auch noch einer gegenläufigen Strömung von West nach Ost aus. Immer wieder wurden sie von Flauten gestoppt, auch die See war eher ruhig, sodass acht Jahre nach Balboa jetzt der zweite bekannte Name für das größte Meer des Globus entstand: Mar Pacifico, der Stille Ozean. Dabei kann der Pazifik durchaus auch stürmisch sein, begleitet von heftigem Seegang. Die dortigen Zyklone sind kaum seltener als die Hurrikane im Atlantik. Balboas Südsee, Magellans Stiller Ozean – binnen Kurzem hatten sich zwei idyllische Begrifffe durchgesetzt, die nichts von den Strapazen ahnen lassen, die ihre Schöpfer zu erleiden hatten.

Magellan wurde schließlich auf den Philippinen ermordet, weshalb er auch nicht der erste Weltumsegler war, obwohl dies häufig behauptet wird. Den Rest seiner Expedition rieben wenig später die Portugiesen auf den Molukken auf, nur ein Schiff mit einer Handvoll übrig gebliebener Halbtoter erreichte anschließend Spanien.

Seefahrer, Forschungsreisender, Entdecker: Ferdinand Magellan (1480-1521).

FERNAND, MAGELLAN,

Ein gutes Dutzend Expeditionen machte sich in den nächsten zwei Jahrhunderten auf, den Pazifik zu durchqueren, an der Inselwelt unterwegs hatten sie wenig Interesse. Das änderte sich erst – dann allerdings schlagartig –, nachdem kurz hintereinander der Brite Samuel Wallis 1767 und anschließend der Franzose Louis Antoine de Bougainville 1768 fantastische Berichte vom neu entdeckten Tahiti nach Europa mitbrachten, die den Anfang vom lang anhaltenden Mythos eines Paradieses auf der anderen Seite der Welt markierten. Nicht nur, dass Bougainvilles Tagebuch für damalige Verhältnisse recht erotische Passagen über die Tahitianerinnen und ihr aufreizendes Verhalten enthielt, er prägte auch den Begriff „Nouvelle Cythère", in Anspielung auf das altgriechische Reich der Liebesgöttin Aphrodite Kythira, der römischen Venus.

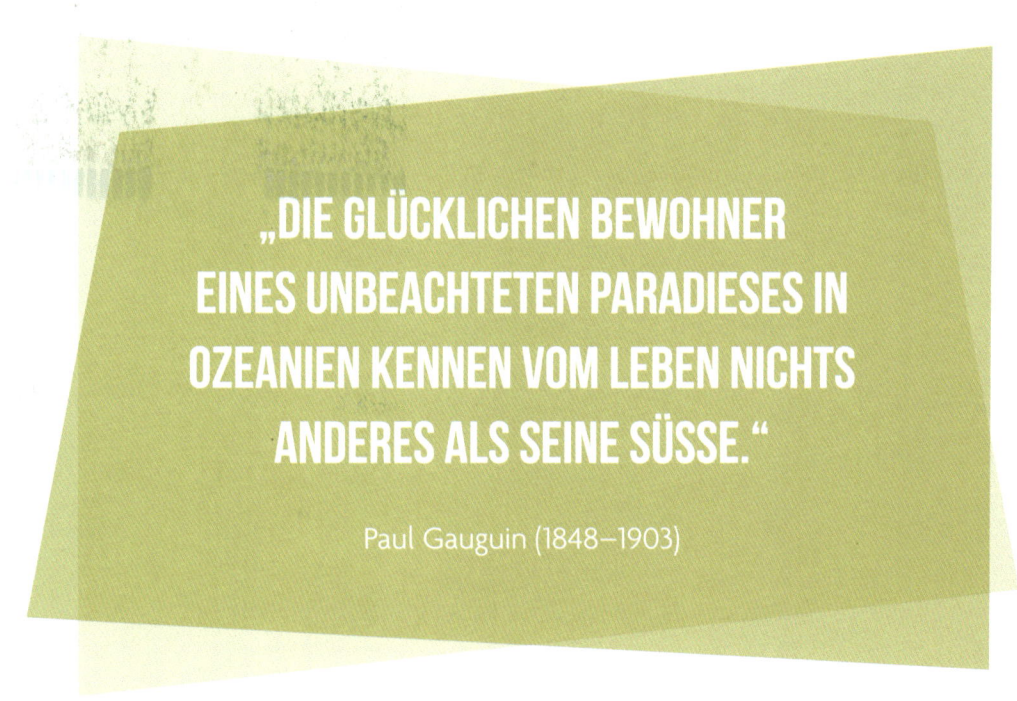

„DIE GLÜCKLICHEN BEWOHNER EINES UNBEACHTETEN PARADIESES IN OZEANIEN KENNEN VOM LEBEN NICHTS ANDERES ALS SEINE SÜSSE."

Paul Gauguin (1848–1903)

Sehnsuchtsort Südsee

Am 5. April 1768 hatte Bougainville in sein Logbuch notiert: „Aller Vorsicht ungeachtet, kam ein junges Mädchen vor eine der Luken über dem Gangspill. Diese Luke stand offen, damit die Leute am Spill frische Luft bekamen. Sie ließ ungeniert ihre Bedeckung fallen und stand vor den Augen aller da, wie Venus sich dem phrygischen Hirten gezeigt. Sie hatte einen göttlichen Körper." Auch verherrlichte Bougainville das Leben der Insulaner, es zeigte sich friedlich, ohne größere Anstrengungen, Tahiti war als „hohe Insel" obendrein weitaus fruchtbarer als die häufigste Art von Inseln im Pazifik, das Atoll. Die Idealwelt, wie sie sich dem Besuch aus Europa zumindest darstellte, die späteren Erzählungen über das Zusammentreffen der zivilisierten Europäer mit dem angeblich unverfälscht natürlichen Zustand der Südseegesellschaften – all das brachte Bougainvilles Landsmann Jean-Jacques Rousseau später als das Bild des „edlen Wilden" in den Diskurs der Aufklärung ein.

Nur ein Jahr nach Bougainville schon legte James Cook zur ersten seiner Weltumsegelungen ab, die die Sehnsüchte schließlich über Europa verbreiteten. Sein Auftrag 1769 lautete – ausgerechnet, könnte man sagen –, den Durchgang der Venus durch die Sonne astronomisch von Tahiti, vom anderen Ende der Welt, zu vermessen. Was er heimbrachte, waren Nachrichten von der irdischen Venus und ihren Schwestern in der Südsee. Die Berichte Cooks und seiner Begleitungen fanden ungleich größere Verbreitung als die aller vorherigen Pazifikfahrer. Spätestens nach seiner zweiten Weltumsegelung, an der der Deutsche Reinhold Forster und sein Sohn Georg teilnahmen, hatte die Südsee ihren Ruf als Paradies gesichert. Georg, dessen Reisebücher hohe Auflagen erreichten, war daran nicht unbeteiligt, aber auch der ebenfalls mitgereiste Maler William Hodges, der in seinen Südseeschinken das natürliche Menschenbild wie auch die Landschaften idealisierte. Es war die Zeit, als wenig später der jüngere der beiden Forsters den aufbegehrenden Alexander von Humboldt auf dessen Reisen durch Europa begleitete, die Ära der Französischen Revolution, als der Sturm und Drang sich in vielerlei Hinsicht Raum schaffte. Als dann noch manch einem in Europa die Berichte aus dem Pazifik über die Meuterei von der Bounty zu Ohren kamen, bei der der Freiheitsdrang nun auch im Paradies Fuß gefasst zu haben schien, hatte der Südseezauber seinen ersten Höhepunkt erreicht.

Sehr viele träumten, aber nur wenige machten wirklich Anstalten, aufzubrechen. In Deutschland, in Schwaben, wollte man es dann aber wissen. Und nahm es ganz genau. Im Februar 1806 gründeten in Stuttgart, im „Gasthof zum Roten Haus", drei Jünglinge aus bürgerlichem Hause die Keimzelle eines Auswanderungsvereins. Alleiniger Vereinszweck:

seinen Mitgliedern die Auswanderung in die natürliche, ursprüngliche Gesellschaft Tahitis zu ermöglichen. 60 bis 100 Gleichgesinnte wollte man anwerben. Geheim natürlich, die Obrigkeit sollte davon nichts erfahren.

Die drei waren die Keimzelle einer der skurrilsten Blüten der deutschen Vereinsgeschichte, inspiriert von unbändigem Freiheitswillen und Fernweh in die Südsee, aber gegründet nach allen Regeln der deutschen Vereinsmeierei, später geführt mit allen denkbaren Amtsposten, Vorsitzender, Kassenwart, Schriftführer, mit allen Ritualen – und mit viel Trollingerwein. Zweieinhalb Jahre lebte die verschworene Gemeinschaft. Bis die Staatsmacht dann doch Wind davon bekam. Der Tatbestand der Geheimgesellschaft allein reichte für die Verhaftung der Mitglieder. Statt nach Tahiti ging es dann in den Festungskerker. Der Württembergische König, nicht ohne Respekt für die Sehnsüchte der Jungspunde, wahrscheinlich selbst voller Drang nach dem Paradies, sorgte dann für Milde in der Haft und baldige Freilassung. Nach Tahiti kam kein Vereinsmitglied. Der Sehnsuchtsort Südsee aber blieb.

Bora Bora mit den Spitzen des Mount Otemanu und des Mount Pahia (Tahiti).

DIE NACHFAHREN DER
BOUNTY-MEUTERER

Wenn sie nicht gestorben sind, dann leben sie noch heute. So könnte man eine der märchenhaftesten Begebenheiten aus der Geschichte der Seefahrt überschreiben - die der Meuterer von der Bounty. Wer hat nicht von ihnen gehört, von Fletcher Christian, John Adams, Matthew Quintal, William McCoy und wie sie alle hießen, die am 28. April 1789 den Bounty-Käpt'n William Bligh in der Nähe der Insel Tofua mitten im Pazifik mit 18 getreuen Begleitern in einem offenen Boot aussetzten und anschließend das Weite suchten. Sie leben heute tatsächlich noch, die Namen derer, die damals das Kapitalverbrechen ausübten. In fünfter, sechster und siebter Generation, auf zwei weit voneinander entfernt liegenden Inseln im Pazifik. Obwohl die Häscher ihrer Majestät in London ausgesandt waren, sie zu verfolgen und dem Galgen zuzuführen.

Weltbekannt sind die fünf Spielfilme sowie die Romane über die Meuterei und ihre Vorgeschichte, aber wer weiß schon, was aus den Desperados anschließend wurde? Im Dezember 1787 war der britische Dreimaster ‚Bounty' aufgebrochen, um in Tahiti Brotfruchtpflanzen abzuholen und in die Kolonien in der Karibik zu verbringen, wo sie die Ernährung der Sklaven auf den Zuckerrohrplantagen sichern sollten. Fünf Monate musste man dann auf der Insel warten, bis neue Schößlinge herangewachsen waren. Lange genug für die Seeleute der Bounty, um enge Beziehungen zu einheimischen Frauen anzuknüpfen. Entsprechend schwer fiel der Abschied von dem paradiesischen Eiland, auf dem sie auch - ganz im Gegenteil zum heimischen England - ein privilegiertes Dasein genossen. So genügte nach der Abreise von Tahiti ein kleiner Funke im Streit auf dem Schiff, um die Rebellion zu entfachen. Bligh wurde im offenen Boot mit seinen Begleitern dem fast sicheren Tod überlassen, doch sie konnten sich nach England durchschlagen. Die 25 anderen irrten einige Monate durch den Südpazifik, trennten sich in Tahiti, wo später einige von ihnen aufgegriffen wurden. Drei endeten in England am Galgen.

Der harte Kern um den Anführer Fletcher Christian machte sich mit einigen tahitischen Frauen und Männern auf die Suche nach einem sicheren Versteck. Sie stießen auf die unbewohnte Insel Pitcairn, bauten dort Häuser, legten Felder an und versenkten die Bounty, damit die Masten sie nicht an andere Schiffe verrieten – und damit auch keiner von ihnen fortsegeln und den Aufenthaltsort bekanntmachen könnte.

Sie blieben unentdeckt - bis 1808, als ein amerikanisches Walfangschiff zufällig auf Pitcairn stieß. Da lebte von den Meuterern und den männlichen Tahitianern allerdings nur noch ein Einziger: John Adams. Alle anderen hatten sich gegenseitig umgebracht, warum genau war da nicht mehr zu rekonstruieren. Die meisten Frauen hatten die Meuchelei überlebt, und es waren in den Anfangsjahren so viele Kinder geboren worden, dass sich eine überlebensfähige Population bilden konnte. Adams, der sich zu einem frommen, gottesfürchtigen Patriarchen gemausert hatte, wurde von den britischen Strafverfolgungsbehörden nicht mehr behelligt.

Die Nachrichten von der Meuterei fielen in eine Zeit, in der die breiten Massen in Europa überhaupt erst langsam von der Existenz des Pazifiks, des größten Meeres der Erde, Kenntnis erhielten. Zwar hatte der Portugiese Ferdinand Magellan ihn bereits 1521 als erster Europäer durchfahren, doch nahm davon wie auch von den wenigen weiteren Fahrten bis ins späte 18. Jahrhundert in der Alten Welt kaum jemand Notiz. Erst die drei Weltumsegelungen der Flotten des James Cook in den 1770er Jahren brachten nennenswerte literarische Ausbeute über den Ozean (auch „Stiller Ozean" genannt), der ein gutes Drittel der ganzen Erdoberfläche bedeckt und von Nord- und Südamerika, der Beringstraße, von Ostasien und Australien sowie entlang des 60 südlichen Breitengrades vom Antarktischen Ozean begrenzt wird.

Im Jahr 1838 wurde Pitcairn britische Kolonie. Schnell wuchs die Bevölkerung der nur 4,5 Quadratkilometer großen Insel auf über zweihundert an. Zweimal versuchte London, die Menschen zu evakuieren, einmal nach Tahiti und einmal nach Norfolk Island bei Australien. Beide Male kehrten ausreichend viele Bewohner wieder zurück, um die Siedlung über weitere Generationen fortzuführen. Heute sind es Pitcairn und Norfolk, die von den Nachfahren der Meuterer geprägt blieben. Pitcairn, die Urheimat der Meuterer-Familien, ist dabei das eigentümlichere Gemeinwesen mit einer seit Jahrzehnten mehr oder weniger stabilen Bevölkerung von lediglich 50 Einwohnern, mit Adamstown als einzigem Ort, einem der abgelegensten der Welt.

Das Versorgungsschiff kommt nur noch dreimal pro Jahr; alles andere ist Glückssache. Über eigene Boote, mit denen andere Länder besucht werden könnten, verfügen die Bewohner nicht. Die Anlage eines Flughafens zwischen den Bergen ist nicht möglich. Grundsätzlich wäre Pitcairn - wie einst - autark zu bewirtschaften, allerdings wollen die Menschen nicht auf die Annehmlichkeiten der modernen Zivilisation verzichten: Kühltruhe, Videoanlagen, Strom, Motorradbuggys (Autos gibt es nicht) und vieles mehr.

Über Internet verfügen die Pitcairner erst seit wenigen Jahren. Anlass für die Einführung war ein einschneidendes Ereignis für die Gemeinde. Die britischen Behörden führten auf Pitcairn, das sich seit über 200 Jahren selbst verwaltet hatte, einen Strafprozess durch. Insgesamt sechs Männer waren angeklagt, über viele Jahre hindurch Frauen und Mädchen auf der Insel sexuell genötigt oder vergewaltigt zu haben. Fünf wurden verurteilt und mussten in ein eigens gebautes Gefängnis einziehen - erhielten aber öfters Freigang, weil bei vielen Arbeiten alle Kräfte der Insel anpacken müssen. Der Prozess hat die Inselgesellschaft gespalten, der Riss ging mitten hindurch, sowohl durch den männlichen wie durch den weiblichen Teil. Erst langsam glätten sich die Wogen auf der brandungsumtosten Felseninsel wieder.

NACH OST UND
NACH WEST, EUROPAS
WETTRENNEN ZU DEN
GEWÜRZINSELN

ABENDLÄNDISCHE
ENTDECKER AUF
PAZIFIKKURS

05

NACH OST UND NACH WEST, EUROPAS WETTRENNEN ZU DEN GEWÜRZINSELN

ABENDLÄNDISCHE ENTDECKER AUF PAZIFIKKURS

Vorangehende Doppelseite: Das Kap der Guten Hoffnung an der Küste Südafrikas.

Gewürze und getrocknete Bohnen auf einem Marktstand auf Ambon, einer Insel in den indonesischen Molukken.

Wie zwei übergroße Maulwurfshügel, nur dicht begrünt, ragen die beiden Inseln aus der Molukkensee heraus: Ternate und Tidore. Steile Vulkankegel, fast kreisrund, keine zehn Kilometer im Durchmesser. Dafür erreichen sie eine erstaunliche Höhe, 1750 oder 1850 Meter, so genau kann man das nicht sagen, es schwankt, wegen der gelegentlichen Eruptionen. Einen guten Kilometer liegen die Inseln auseinander. Zwischen ihnen muss sich die Maschine der indonesischen Garuda Airlines hindurchzwängen, bevor sie auf dem Flughafen von Ternate City aufsetzt. Man ist angekommen auf einer der beiden Zwillingsinseln, die heute zu den abgelegensten Orten des indonesischen Archipels zählen. Gut 500 Jahre ist es her, dass sie – und drei Nachbarinseln mit ähnlicher Topografie – die größten Begehrlichkeiten weckten im entfernten Europa, auf der anderen Seite des Globus. Die Herrscherhäuser Spaniens und Portugals hatten im Ausgang des Mittelalters, der aufkommenden Neuzeit, eine Idee von diesen Inseln – vom Hörensagen. Aber sie hatten keine Ahnung, wo genau sie sein könnten, nicht im Entferntesten. Weit geöffnet hätten sie ihre Schatullen für jeden, der ihnen Näheres mitteilen würde, einen Hinweis geben auf den Weg, der ihre Segelschiffe dorthin führte.

„WER AN DER SEE KEINEN ANTEIL HAT, DER IST AUSGESCHLOSSEN VON DEN GUTEN DINGEN DER WELT UND UNSERES HERRGOTTS STIEFKIND."

Friedrich List (1789–1846)

„Spezereien" leiten das Zeitalter der Entdeckungen ein

Jeder, der sich nach Ternate verirrt, wird dort einmal die Küstenstraße entlangfahren. Auf der einen Seite der Gamalama, jener steile Vulkan, auf der anderen Seite das Meer. Zum Abbiegen keine Chance, immer geradeaus geht es – und dennoch wird er nach etwa 40 Kilometern wieder dort ankommen, wo er losgefahren ist. Obwohl er seine Richtung nirgendwo merklich geändert hat, so ist er doch im Kreis gefahren. Und damit hat er im Kleinen genau das nachvollzogen, was die Europäer damals, vor einem halben Jahrtausend, im Großen vormachten. Als sie nämlich zu diesen Inseln aufbrachen, den sagenhaften Gewürzinseln, die unglaublichen Profit versprachen, auf der gegenüberliegenden Seite des Globus. Loszusegeln galt es, immer in die eine Richtung, und doch kam man wieder im Heimathafen an. Nicht nach 40 Kilometern wie im Fall von Ternates Küstenstraße, sondern nach dem Tausendfachen, nach 40 000 Kilometern. Einmal um die Welt. Die einen, die Portugiesen rechts herum, nach Osten, die anderen, die Spanier, links herum, nach Westen. Auf halber Strecke, in Ternate und Tidore, traf man sich. Ruinen von Forts aus dem 16. und 17. Jahrhundert zeugen heute noch davon, dass die Begegnung dort nicht friedlich verlief.

Weltkarte des italienischen Kartografen Battista Agnese aus dem Jahr 1540 mit der eingezeichneten Weltumsegelung der Flotte Magellans (1480–1521).

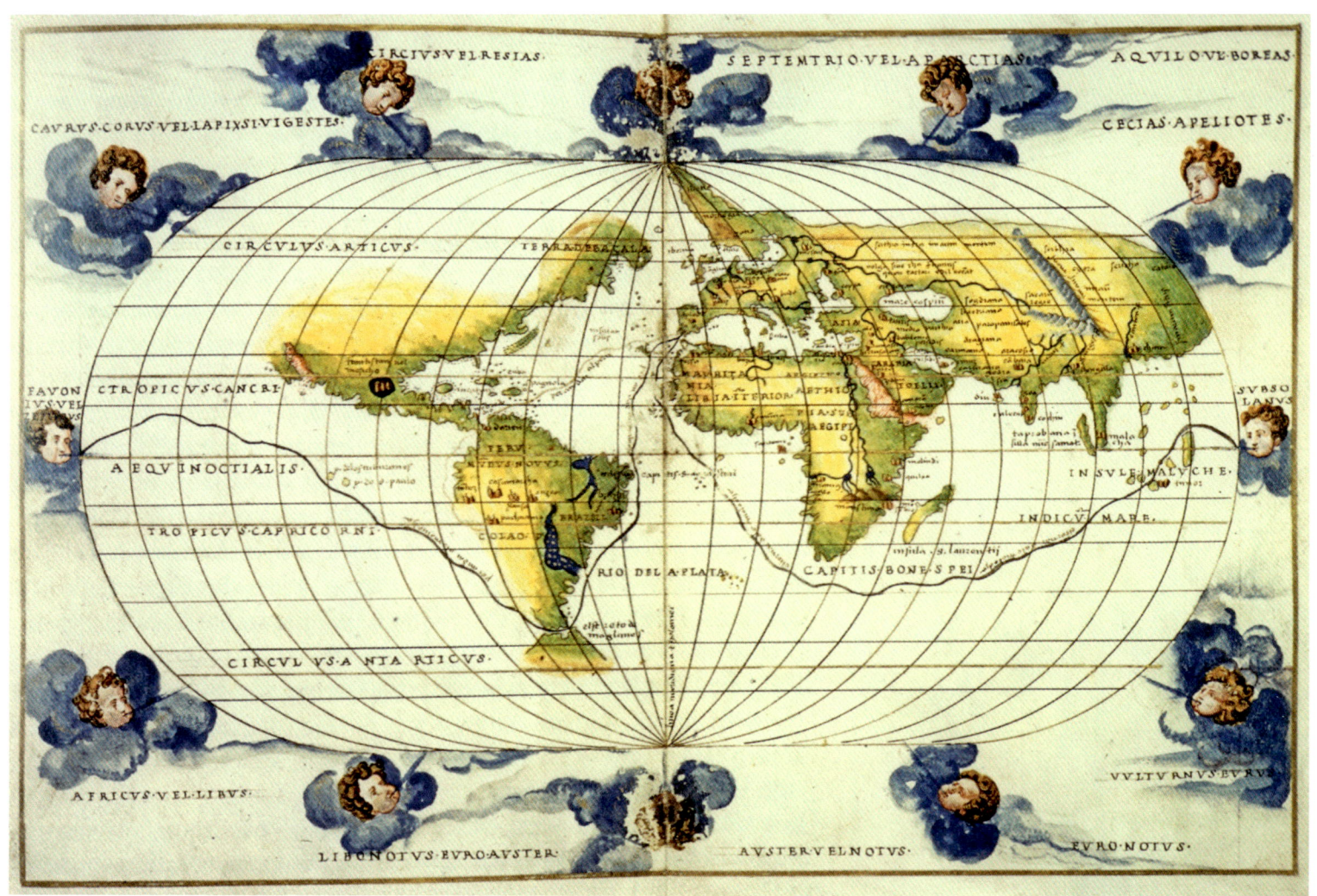

„Im Anfang war das Gewürz." Mit diesem Satz beginnt Stefan Zweig seine schwärmerisch gehaltene Biografie über Ferdinand Magellan, jenen Portugiesen, der in Spaniens Diensten aufgebrochen war, die Welt zu umrunden. Allerdings schaffte er es dann nicht, nicht einmal bis zu den Gewürzinseln, seinem erklärten Etappenziel. Er wurde vorher, auf den Philippinen, ermordet. Immerhin zwei seiner Schiffe kamen weiter. Zweig meinte mit jenem Satz aber nicht nur, dass Magellan von der Suche nach den Gewürzinseln getrieben war, sondern alle großen Ausfahrten der beiden iberischen Mächte damals, nach Ost und nach West. Gewiss, auch Gold, Seide und anderer Luxus spielten eine Rolle, aber die „Spezereien" waren besonders begehrt, versprachen den meisten Profit, werden immer wieder erwähnt in den Logbüchern von Kolumbus, Vasco da Gama und den anderen.

Illustration Ternates aus François Valentijns (1666–1727) „Beschreibungen der niederländischen Besitzungen sowie zahlreicher Regionen in Asien" („Oud en Nieuw Oost-Indiën").

Es ist der 8. November 1521. Auf den beiden spanischen Dreimastern „Victoria" und „Trinidad", von denen an jenem Nachmittag an der Küste vor Tidore die Anker fielen, zählt man jedenfalls dieses Datum. Eigentlich ist es schon der 9. November, aber das kann, obwohl die Logbücher korrekt und vollständig geführt waren, keiner der Seeleute wissen. Die Menschen auf der Insel schon gar nicht, sie haben ihre eigene Zeitrechnung. Warmer Nordwestwind umfährt Tidore, kommt herübergeweht auf die Schiffe. Mit ihm ein etwas scharfer, süßlicher Hauch von Gewürznelken, so behaupten jedenfalls zwei Offiziere an Bord. Als das Flaggschiff, die Victoria, Salut schießt, schicken die dicht bewaldeten Bergwände, die in der Hitze flirren, den Knall zurück. Sonst kommt nichts von dort. Obwohl, wie von den Schiffen aus gut erkennbar, durchaus reges Leben herrscht an der Küste. Von Bord der Karacken aus beobachten die Seeleute die Geschäftigkeit an Land, bevor die Sonne hinter der Insel zügig auf den Horizont fällt und sich innerhalb weniger Minuten Dunkelheit ausbreitet. Erst eins, dann zwei, schließlich viele Feuer lodern nun drüben auf.

Am nächsten Morgen legt ein längliches Boot von der Küste ab, mit hochgezogenem Bug, eine Prau. Sie kommt näher, geht längsseits zur Victoria. Unter dem Baldachin erhebt sich ein Würdenträger. Er heißt die Männer um Sebastian del Cano willkommen. Del Cano hatte nach Magellans Ermordung das Kommando der spanischen Flotte übernommen. Spanisch spricht er nicht, der Mann von Tidore, aber portugiesisch, wenn auch etwas unbeholfen. Das überrascht manchen der Seeleute, hier, auf dieser so entlegenen Insel, die auf keiner der skizzenartigen Karten aus der Bordbibliothek eingezeichnet ist. Schließlich ist noch niemand aus Europa so weit nach Westen gefahren. Nicht so weit wie sie, die übrig gebliebenen Angehörigen von Ferdinand Magellans Flotte: erst über den Atlantik, um die Südspitze Südamerikas, dann die mörderische Strecke über den Pazifik, monatelang ohne Landsicht, ohne frisches Wasser und Nahrung, um dann im äußersten Osten Asiens wieder auf festen Boden zu stoßen. Für Sebastian del Cano kommt es dennoch nicht vollkommen unerwartet. Er hat damit gerechnet, hier, am Ende der Welt, auf Spuren von Europa zu treffen.

Das Torhaus (Porta de Santiago) der früheren portugiesischen Festung „A Famosa" in Malakka an der Westküste Malaysias zeugt noch heute von der Kolonialzeit. Malakka stand von 1511 bis 1641 unter portugiesischer Herrschaft.

Der Wortführer auf der Prau stellt sich als „Al Mansur" vor. Ohne viele Umschweife macht er den Europäern schnell klar, was er von ihnen erwartet. Er brauche sie dringend, vor allem ihre Kanonen. Um sich endlich gegen den Herrscher der Nachbarinsel wehren zu können. Die Sultane beider Inseln stehen sich feindlich gegenüber, immer wieder gebe es Scharmützel. Al Mansur sei dabei im Nachteil. Der andere Sultan nämlich, der von Ternate, erfreue sich seit vielen Jahren schon der Unterstützung einer anderen europäischen Macht, die dort ange-kommen war. Admiral Francisco Serrão, so heiße ihr Anführer, er sei ein Portugiese. Del Cano, der gerade angekommene Spanier, hatte schon auf den letzten Seemeilen eine Ahnung, dass er sich einem Archipel nähere, in dem die Portugiesen, die Konkurrenten, ja Feinde, sich fest-gesetzt hatten. Jetzt hatte er Gewissheit.

Magellan, Kommandant der spanischen Flot-te bis zu seiner Ermordung auf den Philippinen, war selbst ein Portugiese. Er war schon einmal hier, ganz in der Nähe jedenfalls, damals noch als Mannschaftsangehöriger, aber unter portugiesi-scher Flagge. Das war zehn Jahre zuvor, 1512, und damals waren sie in die andere Richtung aufge-brochen, in die östliche. Gemeinsam mit Serrão. Ganz so weit wie dieser, also bis auf die Moluk-ken, war Magellan dabei wahrscheinlich nicht ge-kommen – ausschließen wollen die Historiker es nicht. Mindestens aber habe er es bis nach Mal-akka geschafft, auf der malaiischen Halbinsel, seit Jahrhunderten die Drehscheibe des Gewürzhan-dels. Später, als Magellan sich von Serrão getrennt habe und zurück nach Europa gesegelt sei, haben sich beide Briefe geschrieben. Serrão hat ihn, sei-

> **„ ... ER IST REICH AN PFEFFER, GEWÜRZNELKEN UND VIELEN SPEZEREIEN, WESHALB ER VON VIELEN SCHIFFEN ANGESTEUERT WIRD, DEREN LADUNGEN DEN EIGENTÜMERN GROSSEN GEWINN BRINGEN."**
>
> Marco Polo (um 1254–1324)
> über einen Archipel im Süden Chinas

nen Freund, dabei immer wieder von Ternate aus, wo er inzwischen zu einem Halbgott avan-ciert war, gebeten, doch auch zu den Molukken zu kommen. Er führe dort ein schönes Leben. Die Antworten Magellans sind nicht überliefert, es gab aber wohl welche. Jedenfalls soll Serrão davon erfahren haben, dass Magellan dann die Seite gewechselt und sich in spanische Dienste begeben hatte.

Die Aufteilung der (neuen) Welt

Zurück zu jenem Nachmittag des 21. November 1521, als nach den Portugiesen, nach Serrão, nun auch die Spanier die Molukken erreicht hatten, die Insel Tidore. Auf der westlichen Rou-te, um Amerika herum. Es war genau der Moment, als man den Globus von Europa aus in die Zange genommen hatte. Die beiden Supermächte, beide von der Iberischen Halbinsel, hatten das große Ziel erreicht, die Gewürzinseln. Beide waren in die entgegengesetzte Richtung auf-

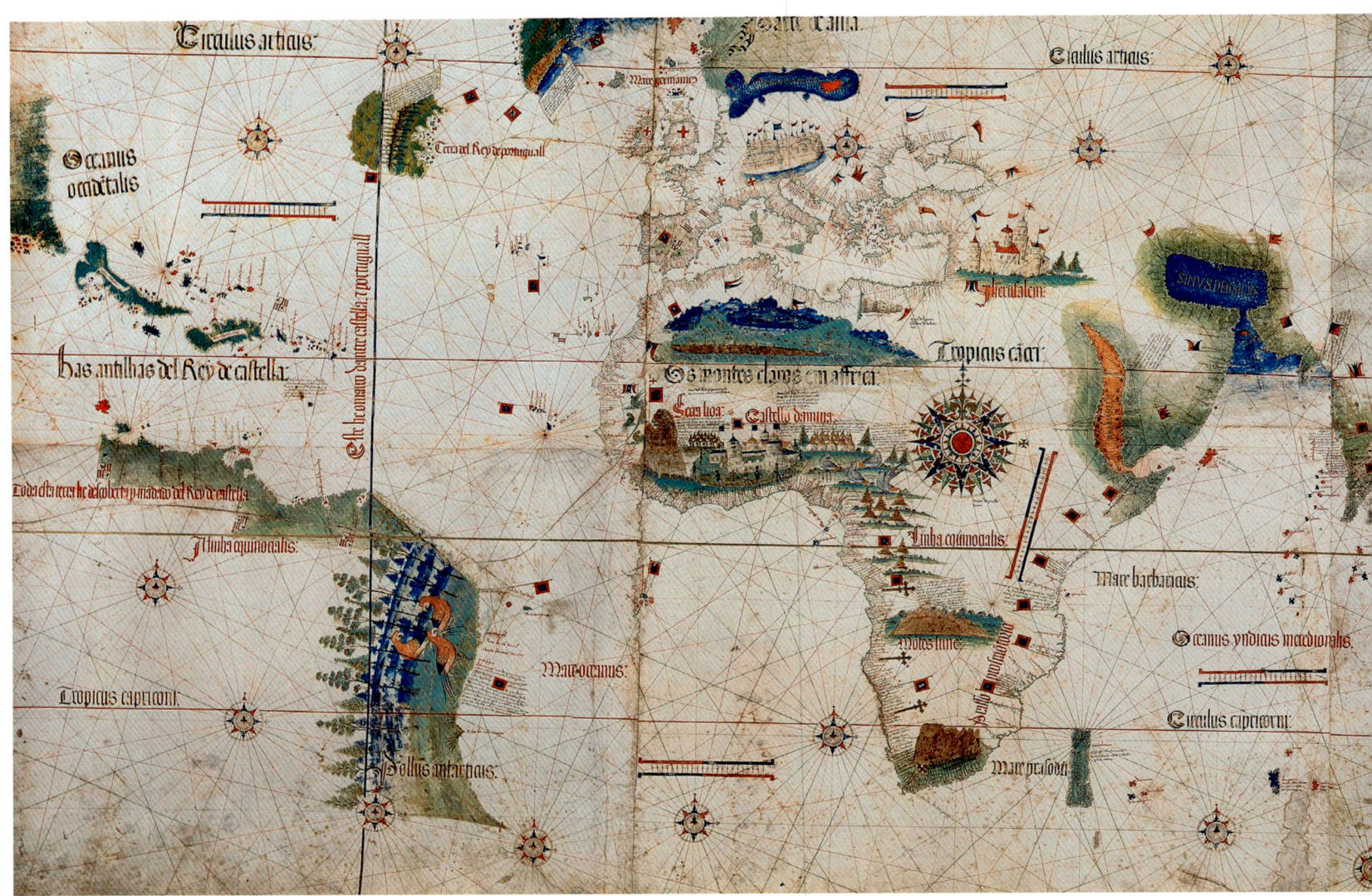

Circulus artiais.

Oceanus occidtalis.

Terra del Rey de portugall

Mare germanicu

SINVS PERSICVS

Has antilhas del Rey de castella.

Esta he a marcao Sentre castella e portugall

Tropicus cācri.

Os montes claros em affrica.

Iherusalem:

Serra lioa. Castella damina.

Toda esta he a descoberta p̄ mãdado del Rey de castella

Linha equinocialis.

Linha equinocialis.

Mare barbaricus.

Mare oceanus.

Oceanus yndicus meridionalis.

Moles lune.

Tropicus capricorni.

Mare prasodu

Oceanus antarticus.

Circulus capricorni.

Circulus artiais.

Circulus artiais.

Sogenannte Cantino-Planisphäre aus dem Jahr 1502. Ihr Namensgeber, Alberto Cantino (15./16. Jh.), hat die Karte allerdings nicht selbst gezeichnet, vielmehr ließ er diese (Raub-) Kopie von einem portugiesischen Zeichner anfertigen. Auch die im Vertrag von Tordesillas 1494 festgelegte Demarkationslinie zwischen der portugiesischen und der spanischen Interessenssphäre ist eingezeichnet (senkrechte blaue Linie im linken Drittel).

gebrochen, und beide waren an derselben Stelle, auf der anderen Seite der Erde, angekommen. Auf den ersten Blick könnte man dies als einen geordneten, quasi erdgeometrisch korrekten Vorgang bezeichnen. Hatte doch Papst Alexander VI. die Welt mal eben in zwei Teile geteilt, im Jahr 1494, als er zwischen den widerstreitenden Interessen der ausschwärmenden Mächte Spanien und Portugal vermittelte. Längs durch den Atlantik, von Nord nach Süd hatte er im Vertrag von Tordesillas eine Linie gezogen, ungefähr auf dem heutigen 46. Längengrad West. Die Länder westlich davon hatte er den Spaniern und die östlichen den Portugiesen zugesprochen. Darauf einigten sich die beiden Länder. Eine Frage aber konnte damals noch niemand beantworten: Wo lief die Linie von Tordesillas auf der anderen Seite des Globus weiter, wo stießen dort die beiden Hemisphären der beiden Länder wieder zusammen? Mit anderen Worten: Wie weit ging der Westen, und wo fing an dessen Ende der Osten wieder an – und umgekehrt? Die wichtigste Frage aber lautete: In welcher der beiden Hemisphären würden die so begehrten Gewürzinseln liegen?

Lange Jahrhunderte war den Menschen in Europa, im Abendland, diese Frage egal. Nicht, dass man gar keine Ahnung gehabt hätte von der Rückseite der Erdkugel. Pfeffer, Zimt, Vanille, vor

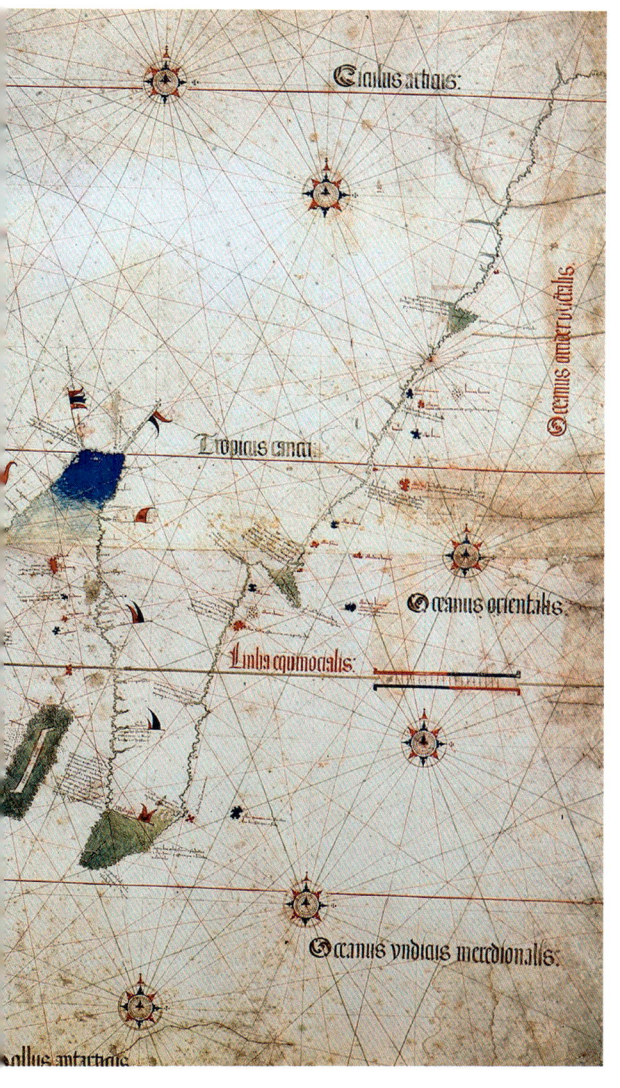

allem aber die Muskatnüsse und die damals besonders hoch geschätzten Gewürznelken, jene kleinen und spitzen Blütenknospen, die ins Fleisch oder andere Nahrungsmittel gesteckt, auf wundersame Weise für Haltbarkeit sorgen – über die Herkunft all dieser Spezereien, die bereits seit der Antike Europa erreichten, wusste man bis in die beginnende Neuzeit hinein nur eines: dass sie von sehr weit her kamen. Über viele Stationen. Schon der römische Naturkundler Plinius der Ältere schrieb in diesem Zusammenhang von einem Land namens Indien. Er beklagte, dass seine Landsleute Unsummen für die Gewürze ausgaben, kritisierte das daraus resultierende Handelsdefizit der Römer gegenüber dem unbekannten Land im fernen Osten. Später war von „hinter Indien" die Rede, irgendwann von Inseln hinter Hinterindien.

Muselmanen waren es, von deren Zwischenlagern die Schiffe der Handelsrepubliken Venedig und Genua die kostbare Ware abholten, bevor ihre Abnehmer sie über Europa verteilten. Aus dem Morgenland, von den jenseitigen Gestaden des Mittelmeers kamen sie. Dorthin sollen sie zuvor mit Kamelen gebracht worden sein, teilweise von weit her übers Land, auf der sogenannten Seidenstraße. Das meiste aber wohl mit den Schiffen jener Muselmanen, den Daus, über den Ozean hinter der Wüste, von Indien. Und auch davor waren sie schon Tausende Kilometer unterwegs gewesen, auf Dschunken von Chinesen, die die Fracht von den Molukken abholten und nach Indien transportierten, aber davon wusste man im Abendland kaum etwas. Genaueres blieb im Unscharfen, im Märchenhaften. Wenig drang durch, etwa aus Marco Polos Bericht von einem fernen Archipel: „Er ist reich an Pfeffer, Gewürznelken und vielen Spezereien, weshalb er von vielen Schiffen angesteuert wird, deren Ladungen den Eigentümern großen Gewinn bringen." Polo war sich sicher: „Noch nie hat ein Europäer die Inselgruppe betreten."

So lange der Nachschub gesichert war, blieb die Herkunft letztlich egal. Deren Ferne war eine logistische Herausforderung, regte den Absatz aber umso stärker an. Der Verbrauch exotischer Gewürze, vor allem der Nelken, der „Nägelin", wie man damals sagte, erlebte im ausgehenden Mittelalter

Heiß begehrt: Nicht nur die Gewürznelken (Bild), auch Pfeffer, Zimt, Vanille und die Muskatnuss weckten im wahrsten Sinne des Wortes Begehrlichkeiten im fernen Europa und setzten ganze Armadas in Gang – auf der Suche nach der Gewürzroute.

bizarre Dimensionen. Man ahnt heute nicht mehr, welche Rolle sie auf den herrschaftlichen Tafeln zum Beispiel Deutschlands spielten. Gerichte jeder Art schmückten sie, esslöffelweise schwammen sie im Weinkrug. Dessen Inhalte waren „mehr Gewürzlaugen als edle Rebensäfte", schreibt Wolfgang Schivelbusch in seinem lesenswerten Buch, „Das Paradies, der Geschmack und die Vernunft". Was nicht nur an den Sinnen im Gaumenbereich lag: „Für den mittelalterlichen Menschen sind die Gewürze Sendboten aus einer sagenhaften Welt." Deren Unerreichbarkeit machte das Ganze umso begehrenswerter. Schivelbusch fasst zusammen: „Die Gewürze als Verbindungsglied zum Paradies, und das Paradies irgendwo als im Osten liegend vorgestellt – dieser Ursprung fasziniert die Fantasie des mittelalterlichen Menschen." Es ging um Statussymbole der Herrschenden, um Insignien von Macht, um Staatsgeschenke – und um sehr, sehr viel Geld.

Die Epochenwende vom Mittelalter zur Neuzeit brachte den Importeuren Probleme. In Venedig, deren glanzvolle Palastwelt nicht zuletzt durch den Gewürzhandel finanziert worden war, und auch in Genua mussten die Magnaten feststellen, dass auf der anderen Seite des Mittel-

Der Naturhafen Genuas (Luftbild), seit der Antike hoch frequentierter Umschlagplatz für Güter jeglicher Art und Ausgangspunkt zahlreicher Entdeckerfahrten.

meers immer weniger zu holen war. Die Expansion des Osmanischen Reiches nach Süden, die Ausbreitung der Mamelucken, die kein Interesse am Fernhandel hatten, all dies sorgte letztendlich dafür, dass sich quer über die Levante ein Riegel legte und kaum noch etwas durchkam. Der Preis der Gewürze erhöhte sich im 15. Jahrhundert auf das zehn-, 20-, schließlich das 30fache. Der Weg zu den Gewürzinseln entlang der direkten Linie, durch den Nahen Osten, aus. Andere Strecken waren gefragt, Strecken, die nun von den Europäern selbst zu besegeln sein würden. Sie sollten um ein Vielfaches weiter sein, doch die hohen Profite rechtfertigten jeden Umweg.

Es ist kein Zufall, dass der Mann, der damals den größten Wurf plante, aus Genua stammte, einem Stadtstaat, der zuvor so hohen Profit aus dem Gewürzhandel zog. Der heute bekannteste Seefahrer aus jener Zeit, Christoph Kolumbus. Seine Idee: nach Westen fahren, den Kurs beibehalten, um schließlich im Osten, in Asien, anzukommen. Immer wieder wird er in seinem Logbuch hinweisen auf die Gewürze, deren Herkunftsort er ansteuern wollte. Für den Plan erhielt er Argumentationshilfe und auch eine Karte vom italienischen Geografen Paolo Toscanelli, mit Asien als jenseitiges Gestade des Atlantiks. Von einem Kontinent Amerika ahnte damals noch niemand etwas. Doch Toscanellis Schätzungen über die Ausdehnung des westlichen Ozeans bis nach Cipango, wie Japan damals genannt wurde, oder auch Cathay (China), wo immer er seine Angaben her hatte, waren viel zu klein geraten – allzu verlockende Aussichten also für den Genueser auf ein schnelles Erreichen seines Ziels.

Der Blick in die Ferne gerichtet, das Ziel aber stets vor Augen. Denkmal zu Ehren des Seefahrers und Entdeckers Christoph Kolumbus im Hafen von Barcelona.

1492 brach Kolumbus auf spanischen Schiffen auf zu seiner großen Überfahrt. Zuvor hatte er seinen Plan dem portugiesischen König unterbreitet, sich dort aber eine Abfuhr geholt. Der und seine Experten, ebenfalls auf der Suche nach der Passage zu den Gewürzinseln, hatten sich da längst für die andere Richtung entschieden. Und bereits lange daran gearbeitet. Schon frühzeitig hatten sich die portugiesischen Seefahrer Zug um Zug westlich von Afrika nach Süden vorgetastet, seit der ersten Hälfte des 15. Jahrhunderts bereits; zunächst nur vorsichtig, weil das Gerücht, dass nahe dem Äquator der Hitzetod lauere, weitverbreitet war. Nur noch verbranntes Land liege dort hinter den Küsten, hieß es, und der Ozean sei hier ein gallertartiges Lebermeer. Der Spiritus Rector des Aufbruchs, der portugiesische Prinz Heinrich („der Seefahrer", 1394 bis 1460) schenkte alldem wenig Glauben. Waren denn nicht auch die Phönizier schon 2000 Jahre zuvor um Afrika herumgesegelt, ohne Schaden zu nehmen, im Auftrag der Pharaonen, wie der Grieche Herodot überlieferte? Vieles vom antiken Wissen war über das Mittelalter verschwunden.

Man arbeitete sich voran. 1418 schickte Heinrich seine ersten Schiffe auf die Fahrt. 1430 gründete er seine Seefahrerschule. 1434 passierte Gil Eanes das westafrikanische Kap Bojador, vor dem die Seefahrer bis dahin einen höllischen Respekt hatten. Sie nannten es „Kap ohne Wiederkehr", es galt lange als unumschiffbar. Doch der Fortschritt brauchte seine Zeit. 1480 erst gelangte Diogo Cão bis in den Golf von Guinea, zur heutigen Pfefferküste in Liberia. Bartolomeu Dias umsegelte 1488 die Südspitze Afrikas. Jetzt erst war das Tor nach Indien offen, weshalb nach der Rückkehr von Dias der portugiesische König Johann diesen Wendepunkt „Cabo da Boa Esperança" nannte, das Kap der Guten Hoffnung. Vasco da Gama umfuhr es und bewältigte anschließend den größten Sprung mit seiner Fahrt durch den Atlantischen, anschließend den Indischen Ozean und fuhr gleich bis nach Kalikut in Indien, dem ersten Etappenziel an der Malabarküste, wo immerhin schon mal Zimt und Ingwer wuchsen. Das war 1498. Die Portugiesen hatten Geduld bewiesen. Erst 80 Jahre, nachdem Heinrich der Seefahrer den Startschuss für diesen Stafettenlauf gegeben hatte, was damals drei Generationen entsprach, war Indien erreicht. Am eigentlichen Ziel allerdings war man immer noch nicht. Die Gewürzinseln lagen noch in weiter Ferne.

Inzwischen war Kolumbus für Spanien zweimal in die Karibik gefahren und zurückgekehrt. Wer wollte da in Portugal sicher sein, dass nicht auch er schon in das Umfeld von Indien oder den Gewürzinseln vordringen konnte? Vom Pazifik hatte in Europa da noch niemand eine Ahnung. Die Aufteilung der Welt durch den Papst in eine westliche spanische und eine östliche portugiesische Hälfte hatte seit vier Jahren Bestand. Immer noch aber war die Frage offen: Was für Länder würde die gedachte Trennungslinie von Tordesillas auf der anderen Seite des Globus durchschneiden? Und vor allem: Wo lagen die Gewürzinseln, im Osten oder im Westen dieser Linie? Wo genau war das andere Ende der Welt?

Immer kriegerischer gestaltete sich das weitere Vordringen Portugals. Um immer mehr Geld ging es bei den Handelswaren, die Fracht der nach Portugal zurückgekehrten Karavellen warfen fantastische Profite ab. Natürlich bekämpften Araber und Chinesen die Neuen, die da in ihre jahrhundertealten Claims, die in ihre Monopole eindrangen. Hatten doch sie allein bisher den gesamten Fernhandel im Indischen Ozean bestritten. Immer wieder mussten die Portugiesen neue Brückenköpfe militärisch erobern und verteidigen. 1510 konnte Afonso de Albuquerque einen strategisch wichtigen Punkt für sein Land befestigen: Malakka, an der Meerenge zwischen der indonesischen Insel Sumatra und Malaysia gelegen, durch die jeder hindurch musste, der von Indien aus zu den Archipelen Südostasiens vordringen wollte.

Dort, in Malakka, lichteten Ende 1511 drei kleine Karavellen die Anker. Man war inzwischen nahe am Ziel. Kundige Lotsen aus der Region stiegen an Bord. António de Abreu

und Francisco Serrão führten die kleine Flotte an. Die weitere Geschichte sollte bald Züge fast einer Romanze annehmen, mit an Bord war damals womöglich Ferdinand Magellan. Er war Serrãos engster Freund, seit der ihn einmal bei einem Seegefecht mutig gerettet hatte. Das Ziel hieß nun Banda Neira, weit im Osten der Molukken-Inseln, Heimat des Muskatnussbaums. Serrão sollte der große Pechvogel dieser letzten Etappe werden, denn bald schon scheiterte er zum ersten Mal mit seinem Schiff, in einer Sturmbö vor Ambon, der Hauptinsel der Molukken. Die Mannschaft musste sich auf die beiden anderen Schiffe verteilen. Weiter ging es, und man erreichte endlich Banda Neira, ein kleines Eiland im Schatten des Gunung Api, dem 650 Meter hohen Vulkan auf einer Nachbarinsel. De Abreu und Serrão waren angekommen, hatten für ihr Portugal die erste Insel erreicht, auf der eine der beiden begehrtesten Gewürzpflanzen wuch.: Die Muskatnuss gab nicht nur das Gewürz her, sie eignete sich auch zur Herstellung von Parfüm, ätherischen Ölen, Rauschmitteln und anderem. Was man nun in den Bäuchen der beiden Schiffe bunkerte, versprach in Europa nach heutigem Maßstab Millionengewinne. Gewiss, die noch größeren Schätze, die Nelken, waren von anderen Inseln zu holen, nicht mehr weit entfernt. Doch genug für diese Fahrt, die Laderäume waren bis zur Luke voll mit Muskat. Das nächste Mal mehr, nun sollte es erst einmal zurückgehen nach Malakka, um von dort die teure Fracht nach Europa zu expedieren.

Die Vulkaninsel Banda Api in der Bandasee, sie ist Teil der Molukken (Indonesien).

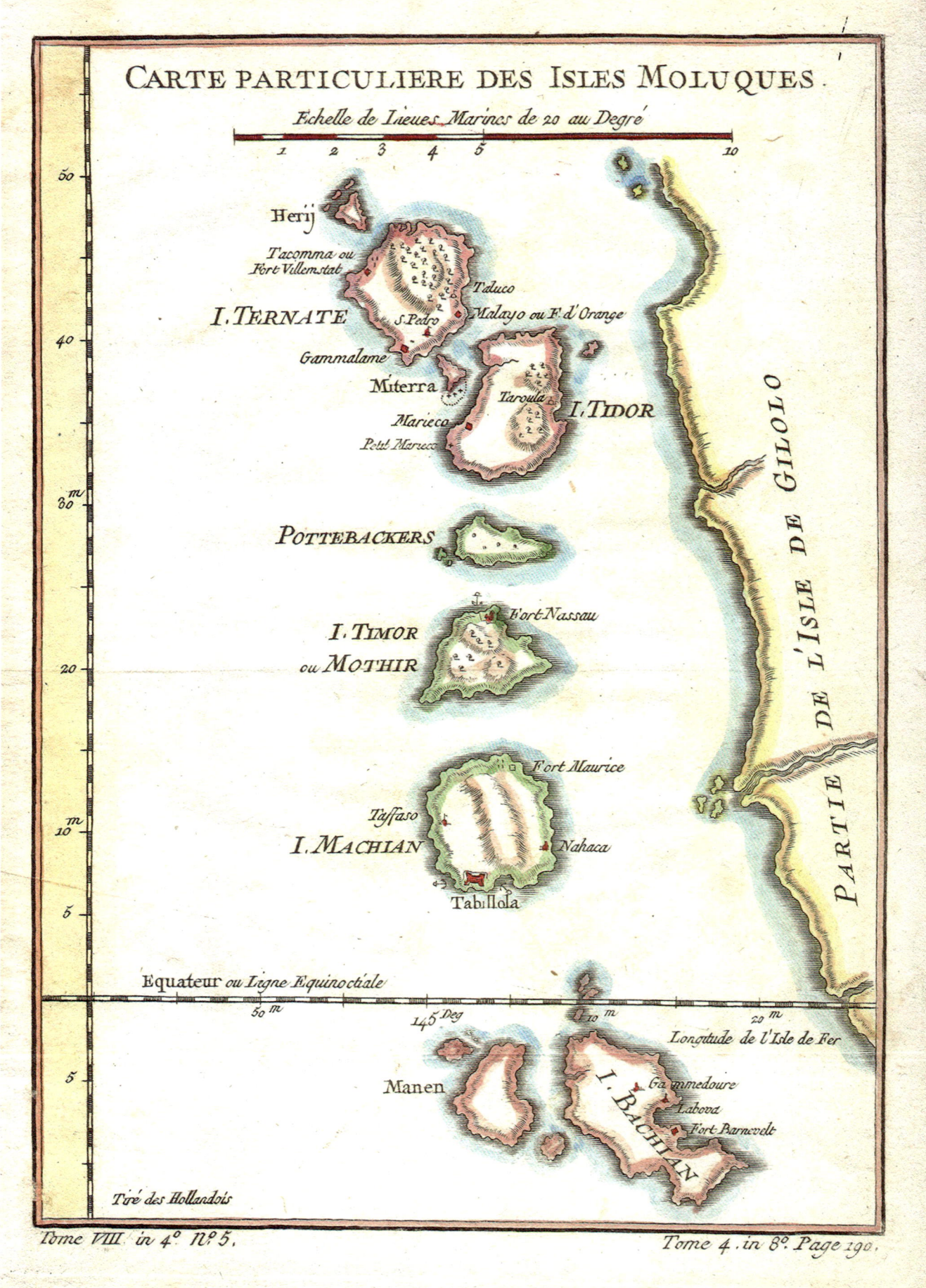

CARTE PARTICULIERE DES ISLES MOLUQUES

Echelle de Lieues Marines de 20 au Degré

1 2 3 4 5   10

Herij

Tacomma ou
Fort Villemstat

I. TERNATE

Taluco

Malayo ou F. d'Orange

S. Pedro

Gammalame

Miterra

Marieco

Petit Marieco

Taroula

I. TIDOR

POTTEBACKERS

I. TIMOR
ou MOTHIR

Fort Nassau

Fort Maurice

Taffaso

I. MACHIAN

Nahaca

Tabillola

Equateur ou Ligne Equinoctiale

50 m

145 Deg

10 m

20 m

Longitude de l'Isle de Fer

Manen

I. BACHIAN

Gammedoure

Labova

Fort Barnevelt

PARTIE DE L'ISLE DE GILOLO

Tiré des Hollandois

Tome VIII in 4°. N°5.

Tome 4. in 8°. Page 190.

Wieder wurden die Anker gelichtet, wieder erlitt Tage später Serrão Schiffbruch, wieder in der See vor Ambon, dieses Mal inmitten der Inselgruppe Nusa Penju. Doch jetzt war es de Abreu auf dem anderen Segelschiff zu viel, er wartete nicht, segelte weiter nach Malakka, wohl mit Magellan an Bord. Serrão und seine Männer waren auf sich gestellt, retteten sich auf eine unbewohnte Insel. Durch einen Trick lockten sie von dort aus Piraten aus der Gegend an, überwältigten sie mit ihren Büchsen und kamen so in den Besitz eines Ersatzschiffes, einer chinesischen Dschunke. Auf ihr segelten sie zunächst zu dem nahen Ambon. Dort wurden sie in örtliche Konflikte verwickelt, verhalfen ihrem Protegé dank ihrer Feuerwaffen zur Vorherrschaft. Zügig bekam davon weiter im Norden der Sultan von Ternate Wind, für ihn eine willkommene Nachricht. Auch er stand im Nachbarschaftskonflikt; mit dem Sultan von Tidore. Umgehend setzte auch er nun, nach dem Vorbild von Ambon, auf die Unterstützung der Orang Barat, der weißen Männer aus dem fernen Westen mit ihren wundersamen Schießprügeln. Und schickte seinen Bruder, Prinz Juliba, mit einer Flotte von Drachenbooten nach Ambon, um die Orang Barat für sich zu gewinnen, sie abzuholen in ihr Inselreich, zu locken mit dem Duft und der Kraft der Gewürze, der Nelken, über die er von den chinesischen Zwischenhändlern gehört hatte, wie sehr sie im Abendland geschätzt wurden. Doch Juliba war nicht der Einzige, der die Portugiesen um Serrão für sich gewinnen wollte. In letzter Minute machten nun auch von Tidore, der verfeindeten Nachbarinsel, Boote los, ebenfalls nach Ambon, ebenfalls die Gunst von Serrão zu erheischen.

Ein Rennen von Drachenbooten setzte ein, schmale Einbäume, bemannt jeweils von 60, 80 Paddlern. Heute ist in der Region so etwas als „Kora-Kora" Folklore, eine Touristenattraktion. Damals, in jenen Tagen, war es eine ernsthafte Konkurrenz um die Vorherrschaft in den nördlichen Molukken, dem Reich der Gewürznelke. Im Rhythmus von Gongs und Trommeln jagten die Boote durch die Molukkensee nach Süden, zu Serrão. Die Paddler von Ternate um Prinz Juliba waren schneller, trieben ihre Gefährten an, bis unter die Hügel von Ambon, erreichten die Insel lange vor den Widersachern aus Tidore. Dort angekommen musste der Prinz den Portugiesen Serrão nicht lange überzeugen, ihm nach Ternate gen Norden zu folgen. Serrão hatte in seiner Dschunke schließlich noch reichlich Platz – für Gewürznelken, für den Stoff, der letztlich das Lockmittel war für die fast hundertjährigen Bemühungen seiner Landsleute, nach Osten vorzustoßen. Er war es, dem die letzte Etappe zum großen Ziel seiner Nation vorbehalten war. Natürlich schloss er sich Prinz Juliba an.

Die Drachenboot-Paddler fuhren vorweg, die Europäer im Kielwasser. Bei Ambon zunächst noch durch die Ceramsee, anschließend durch die Molukkensee. Es war später Frühling, und so konnte die Dschunke, die die Portugiesen den Piraten abgeluchst hatten, im aufkommenden Südostmonsun mithalten mit den schnellen Kora-Kora. Hier und da klang von ihnen durch ein Wellental die Taktmelodie für die Paddler herüber. Als sie den Windschatten Leitimurs, der Südhalbinsel Ambons, verlassen hatten, sahen sie steuerbords, nahe der Küste, eine ungeordnete Gruppe von Kora-Kora-Booten liegen: die geschlagenen Paddler von Tidore. Sie ließen sie unbeachtet liegen. Weiter, nach Norden, nach Ternate.

„Carte Particuliere Des Isles Moluques" von Jacques-Nicolas Bellin (1703–1772), handkolorierte Karte der nördlichen Gewürzinseln aus dem Jahr 1760.

SINDBAD IM ORIGINAL –

ZHENG HE

Sie stellten alles in den Schatten, was zu ihrer Zeit und noch Jahrhunderte später die Weltmeere befuhr: Die berühmte „Santa Maria" des Christoph Kolumbus mit ihrer Länge von gerade mal 23 Metern nahm sich ihnen gegenüber aus wie eine Nussschale: Bereits 85 Jahre vor der Entdeckung Amerikas stachen von Fernost aus regelrechte Ozeanriesen in See, in Flotten gleich zu vielen Dutzend. Nach einigen Berichten sollen sie über 150 Meter lang gewesen sein: die sogenannten „Schatzschiffe" des chinesischen Admirals Zheng He, die im frühen 15. Jahrhundert über den Indischen Ozean kreuzten, um Handel zu treiben, diplomatische Beziehungen zu knüpfen, in Kriege einzugreifen oder selbst welche anzuzetteln. Auch wenn Historiker die alten Berichte für übertrieben halten und davon ausgehen, dass die Schiffe nicht länger als 85 Meter waren, lag doch auch dies jenseits von allem hierzulande Bekannten.

Die Zeit Zheng Hes war der kurze, aber spektakuläre Höhepunkt der chinesischen Seefahrt zum Ausgang des Mittelalters. Erst im späten 20. Jahrhundert legten die Chinesen wieder vergleichbare maritime Ambitionen an den Tag.

Zheng He wurde 1371 in der chinesischen Provinz Yunnan geboren. Als Sohn einer muslimischen Familie, die in vorherigen Generationen, unter den einst China regierenden Mongolen-Kaisern, über großen Einfluss verfügt hatte. Im letzten Drittel des 14. Jahrhunderts neigte sich die Mongolenherrschaft im Reich der Mitte dem Ende zu, es war die Zeit kurz vor den ersten Kaisern der Ming-Dynastie. Bei einem Einfall chinesischer Truppen in seine Heimat geriet Zheng He mit elf Jahren in Gefangenschaft. Er kam als jugendlicher Diener an den Hof des Prinzen Zhu Di, wurde später kastriert.

Zheng He genoss eine umfassende Ausbildung und wuchs zu einer in jeder Hinsicht stattlichen Figur heran, über zwei Meter groß, über drei Zentner schwer. Nur ein Jahr, nachdem Prinz Zhu Di zum Kaiser Yongle aufstieg, ernannte er seinen Schützling zum Admiral und finanzierte ihm den Bau der mächtigsten Flotte, die die Welt bis dahin gesehen hatte. In den Trockendocks von Nanking, damals die Heimat der chinesischen Seeschifffahrt, wuchsen sieben oder acht Dutzend riesige, vor allem dickbauchige Segler dem Himmel entgegen, überdimensionierte Dschunken. Angeblich sollen darunter auch Sieben- oder sogar Neunmaster gewesen sein. In jedem Fall gehörten sie zu den größten Segelschiffen aller Zeiten, mit getrennten, wasserdichten Schotten besonders stabil und sicher.

Als die Schiffe fertig waren, startete Zheng He mit ihnen insgesamt sieben ausgedehnte Reisen durch den Indischen Ozean und nahm an den meisten selbst teil. Los ging es 1405, gleich mit 62 Schiffen und insgesamt 27 800 Menschen an Bord. Neben Seeleuten waren dies Diplomaten, Übersetzer, Astronomen, Kaufleute, Soldaten. Mehrere Tausend Tonnen Handelsgüter hatte man gebunkert. Über Vietnam, Java und Malakka ging es nach Sri Lanka und Indien, wo unter anderem mitgebrachte Seide und Porzellan gegen Pfeffer eingetauscht wurden. Erst zwei Jahre später kehrten die Schiffe zurück.

Nachbau eines der Schatzschiffe Zheng Hes in der Werft Nanking, wo auch die Originalschiffe gebaut wurden.

Nach zwei weiteren Fahrten nach Indien und Sri Lanka, bei denen man mehrmals in politische Auseinandersetzungen in Südasien eingriff, erreichte die Flotte anschließend auf drei weiteren Reisen zwischen 1413 und 1422 jeweils den Persischen Golf, die Straße von Hormuz und Mosambik an der südlichen Ostküste Afrikas. Auf dem Heimweg hatte man nicht nur Perlen und Edelsteine an Bord, sondern auch Gesandte aus den bereisten Ländern. Zheng Hes Fahrten dienten auch zur Verdichtung von Chinas diplomatischem Netzwerk.

Nach den ersten sechs Reisen starb Kaiser Yongle. Seine Nachfolger teilten die Begeisterung für die äußerst kostenträchtige Flotte nicht mehr. 1431 ließ Zheng He zwar noch einmal ablegen, dieses Mal sogar mit 100 Schiffen, mit Kurs auf das Horn von Afrika und den Persischen Golf. Doch es war für die Schatzschiffe die letzte Fahrt. Außenhandel, diplomatischer Verkehr und aktive Einmischung in die Affären anderer Länder in Übersee wurden von den folgenden Herrschern der Ming-Dynastie auf ein Minimum reduziert. Zeng He überlebte seine Flotte nicht oder nur sehr kurz. Nach widersprüchlichen Berichten starb er entweder bereits auf dem Rückweg oder kurz darauf.

China war mit Zheng Hes Fahrten das erste Land der Welt, das seinen Machtbereich auf Küstenstaaten an einem Ozean ausdehnte, an den es selbst gar nicht grenzte. Der Indische Ozean - selten, eigentlich nur in wissenschaftlichen Papieren auch ‚Indik‘ genannt - ist nach dem Pazifik und Atlantik der drittgrößte. Er wird von Afrika, Südasien, Indonesien, der West- und der kompletten Südküste Australiens sowie entlang des 60. südlichen Breitengrades vom antarktischen Ozean begrenzt. An seinen nordwestlichen Küsten entstanden die ältesten bekannten Hochkulturen der Menschheit.

Im Jahr 2007 veröffentlichte der britische Schriftsteller und frühere U-Boot-Kommandant Menzies ein Buch über Zheng He: ‚1421. Als China die Welt entdeckte‘, mit einer spektakulären These. Demnach soll Zeng He oder doch zumindest ein Teil der Schatzschiff-Flotte auf seinen Reisen nicht nur Amerika erreicht, sondern auch die Welt umrundet und dabei die Nordwestpassage durchfahren haben. Auch soll Kolumbus von Zheng Hes Amerika-Fahrt gewusst haben und mit entsprechenden Karten unterwegs gewesen sein. Doch Menzies blieb mit seiner Theorie allein. Kein einziger Historiker teilt seine gewagten Behauptungen.

Ein Tag und eine Nacht, dann lagen sie endlich steuerbord vorab, die beiden Vulkankegel. Es ging durch die schmale Passage zwischen den Inseln hindurch, kurz darauf legten sie an der Südostküste von Ternate an, unterhalb des Sultanspalastes, direkt gegenüber von Tidore, als wollte man den dortigen Herrscher gleich herausfordern. Doch ihm blieb der Anblick erspart, sein Sitz war an der jenseitigen Küste, hinter dem Vulkanberg. Das Rennen, das große Spiel um das Gewürz, war also gelaufen. Die Portugiesen hatten das epochale Ziel erreicht. Serrão war der Erste, der seinen Fuß darauf setzen durfte, im Sommer 1512, in Ternate. Nach wundersamen Wendungen und Schiffbrüchen. Und Sultan Bolief von Ternate war fortan, dank der eisern gepanzerten und bewaffneten Orang Barat, der Mächtigere der beiden muslimischen Potentaten beider Inseln.

Bald schon knüpften die Portugiesen nun Verbindungen zwischen Ternate und Malakka, und es kamen regelmäßig Frachtschiffe, um viele Tonne Nelken und Muskat von den Molukken zu holen. Zunächst auf chinesischen Dschunken, im Jahr 1513 aber bereits mit portugiesischen Karavellen, die mit ihrer Nelken-Fracht in Europa unermessliche Profite einstrichen. Serrão aber schickte nicht nur Gewürze nach Portugal, sondern auch Briefe. Nach Malakka, später dann nach Lissabon, an seinen Freund Magellan. Er schwärmte ihm von Ternate und dem dortigen Sultan vor, bedrängte ihn innig, auch auf die Molukken zurückzukehren. Man vermutet, dass Serrão seinem Freund, auch nachdem der die Seiten gewechselt hatte, die annähernde Position von Ternate mitteilte, besser gesagt: verriet. Und dass er dabei womöglich die Insel kartografisch auch noch auf die spanische Welthälfte verlagerte, nur um Magellan herbeizulocken. Heute wissen wir: Die Molukken liegen in Portugals Hemisphäre. Das gilt nicht nur für Ternate, sondern ebenso, wenn auch ganz knapp um etwa zwei Längengrade nur, für den weiter östlich liegenden Banda-Archipel mit seinen Muskatinseln. Darüber aber herrschte zu Beginn des 16. Jahrhunderts noch große Unklarheit. Dabei war der Punkt so elementar bei der Teilung der Welt durch den Papst. Doch schon bei der genauen Lokalisierung der Linie von Tordesillas und erst recht bei ihrer Fortsetzung über beide Pole hinweg auf die andere Seite der Welt tappte man noch völlig im Dunkeln.

Die geografische Breite, wo immer man sich auch befand, war vergleichsweise einfach zu bestimmen, nämlich durch die Messung des Sonnenhöchststandes zur Mittagszeit. Ganz anders bei der geografischen Länge, dem Meridian. Hierbei war es erheblich schwieriger, und bis zur Lösung des Problems sollte es noch zweieinhalb Jahrhunderte dauern. Dafür wären entweder hochkomplizierte Berechnungen der Bahn von Mond und Sternen anzustellen gewesen, zu denen man damals noch nicht fähig war. Oder man hätte Uhren benötigt, die über längere Zeit sekundengenau laufen, um die Differenz der jeweils örtlichen Mittagszeit (Sonnenhöchststand) zur Mittagszeit im Heimathafen zu ermitteln, oder eben zu einem Nullmeridian, wie er später durch Greenwich bei London verlaufend festgelegt wurde. An diesem Zeitunterschied lässt sich ablesen, wie weit östlich oder westlich man sich befindet. Eine solche Uhr aber konstruierte erst der britische Selfmade-Uhrmacher John Harrison im Jahr 1762, nach einem vom englischen König ausgelobten Wettbewerb. Der gelernte Tischler kassierte dafür das immense Vermögen von 20 000 britischen Pfund.

FERDIN · MAGELLANVS · SVPERATIS
ANTARTIC^V FRETI · ANGVS
TIIS · CLARISS ·

Vom Griechen Aristoteles bis zu Christoph Kolumbus glaubten viele Menschen, dass die Erde eine Kugel sei. Den Beweis dafür aber lieferten erst der Portugiese Ferdinand Magellan (1480–1521). Eigentlich war es nur der Rest seiner Flotte, denn Magellan selbst starb bereits auf halber Strecke. nur eins von ursprünglich fünf Schiffen kam unter dem Kommando von Sebastian del Carno (1476–1526) wieder in Europa an.

Weder die Spanier noch die Portugiesen waren damals also im Bilde, wo genau die östliche oder die westliche Erdhälfte begannen und wo sie aufhörten. Und auf die Existenz eines ganz besonderen Längengrads waren sie sowieso noch nicht gekommen, die Datumslinie, die für jeden Bedeutung bekommen sollte, der die Welt umrundet, egal ob in östlicher oder westlicher Richtung. Deshalb waren die spanischen Seeleute unter dem Kommando Del Canos auf der „Victoria" und der „Trinidad", als sie vor Ternate ihren Anker fallen ließen, auch nicht im Bilde, dass sie jene imaginäre Linie bereits überquert und so schon den 9. November, nicht mehr den 8., in ihr Logbuch einzutragen hatten.

Nach Portugiesen und Spaniern kamen die Niederländer und Engländer und machten ihrerseits Ansprüche auf die Gewürzinseln geltend. Expedition der Niederländischen Ostindien-Kompanie unter Kapitän Georg Spielberghen zur Zerstörung der spanischen Stützpunkte auf den Molukken im Jahr 1614. Zeitgenössischer Kupferstich (spätere Kolorierung).

Als Magellan dann 1519 tatsächlich in Richtung Gewürzinseln startete, über die westliche Route, mit seiner spanischen Flotte, war da der Portugiese Serrão immer noch sein Freund? Oder betrachtete er ihn inzwischen als Feind? Die Frage bleibt unbeantwortet, auch ob sie sich bekämpft hätten. Magellan wurde nach der enervierenden, strapaziösen, für viele tödlichen Etappe über den Pazifik auf den Philippinen ermordet. So oder so: Serrão hätte er sowieso nicht mehr umarmen können. Als seine Flotte ohne ihn, unter dem Kommando seines Nachfolgers Del Cano, wenig später Ternate erreichte, war Serrão ebenfalls kurz zuvor verstorben. Umgehend vertrieben die Portugiesen die angekommenen Spanier; Konkurrenz im Paradies, in den so lukrativen Gewürzinseln, sollte nicht geduldet werden.

> **„DIE KIRCHE SAGT: DIE ERDE IST EINE SCHEIBE. ICH ABER WEISS, DASS SIE RUND IST, DA ICH IHREN SCHATTEN AUF DEM MOND GESEHEN HABE; UND ICH HABE MEHR VERTRAUEN IN EINEN SCHATTEN ALS IN DIE KIRCHE."**
>
> Ferdinand Magellan (1480–1521)

Die Besatzung eines der beiden spanischen Schiffe, Del Canos Flaggschiff Victoria, konnte sich mit Mühe und unter vielen Skorbut-Opfern nach Spanien durchschlagen. Die Besatzungsmitglieder waren die ersten Weltumsegler. Die Trinidad aber, das zweite Schiff, war wurmzerfressen, musste kurz nach dem Ablegen von Tidore wieder umkehren und aufgegeben werden. Die Order der portugiesischen Besatzung von Ternate lautete nun: „Die Spanier sollen in Asien sterben, damit sie nicht die Herkunft der Gewürze verraten." Sie lernten nach und nach alle portugiesischen Verliese zwischen Ternate und Indien kennen, starben einer nach dem anderen. Etwa 20 Jahre später schafften vier Männer von der Trinidad tatsächlich noch die Rückkehr nach Spanien. Sie waren die letzten der ersten Weltumsegler. Hunderte Schiffsladungen von Ternate und Banda nach Lissabon verhalfen in derselben Zeit der portugiesischen Krone zu unermesslichem Reichtum. Doch er währte nicht lange.

1580 war die Konkurrenz zwischen den beiden iberischen Mächten beendet, Spanien mit Portugal aus dynastischen Gründen vereinigt. Als sich Portugal 1640 wieder losgesagt hatte, war die Herrlichkeit beider vorbei in Fernost. Inzwischen hatten sich die Niederländer der Gewürzinseln bemächtigt, in geringen Teilen auch die Engländer. Die Niederländische Vereinigte Ostindische Kompanie brachte den Gewürzhandel auf kapitalistisches Niveau. Die „Pfeffersäcke" kamen in der neuen Unternehmensform, der Aktiengesellschaft, auf bisher unvorstellbare Vermögen. Wie kostbar der Grund und Boden war, auf dem Duft und Geschmack für das ferne Europa heranwuchsen, dokumentiert eine der denkwürdigsten Flurbereinigungen der Weltgeschichte. Im Vertrag von Breda wurde im Jahr 1667 besiegelt, dass die Briten ihre einzige Insel im Banda-Archipel den Niederlanden überlassen – das winzige, unscheinbare Run, damals wie heute Wohnstatt für allenfalls ein paar Dutzend Menschen. Die Briten erhielten von den Niederländern dafür eine Halbinsel in Nordamerika. Ihr Name: Manhattan.

KLEINE PLANKENKUNDE:
VOM EINBAUM ZUM
GROSSSEGLER

SCHIFFE MIT CHARAKTER

06

KLEINE PLANKENKUNDE: VOM EINBAUM ZUM GROSSSEGLER

SCHIFFE MIT CHARAKTER

Vorangehende Doppelseite: Zwei Großsegler, Viermaster („Krusenstern" und „Star Flyer"), bei der Hanse Sail 2012 vor Warnemünde (Mecklenburg-Vorpommern).

Die klassische Segelschifffahrt ist vor allem eins: Muskelarbeit – Matrosen in der Takelage.

Selbst im Trockendock und in einem Alter von zweieinhalb Jahrhunderten macht Lord Nelsons Schiff noch eine sehr majestätische Figur. Dabei entwarfen die Schiffsbauer eigentlich bereits schlankere Linienschiffe, als der etwas dickbäuchige Rumpf der „Victory" 1759 Formen annahm. Doch Navy-Konstrukteur Sir Thomas Slade wollte sich noch nicht ganz von der Galeone verabschieden. Und so entstand in sechs Jahren aus 2500 ausgewachsenen Eichen und 1500 Ulmen und Buchen der gewaltige in schwarz-weißen Streifen gestrichene Rumpf, aus dem gut sichtbar die beiden Hauptmasten 62 Meter hoch in den Himmel ragen, während auf den drei Decks 104 schwere Geschütze hinter den Luken auf ihren Einsatz warteten.

Ein Dreideck-Linienschiff mit der üblichen Takelage, das trotz seines behäbigen Aussehens brillante Segeleigenschaften aufweist. Und das nach über 30 Jahren Einsatz schon außer Dienst gestellt war, als es 1805 von Lord Nelson zum Flaggschiff in der entscheidenden Seeschlacht gegen die Franzosen gemacht wurde. Die „Victory" hielt nicht nur das Geschützfeuer

„DIE FORTGESCHRITTENSTEN NATIONEN SIND IMMER DIE, DIE AM MEISTEN SCHIFFFAHRT TREIBEN."

Ralph Waldo Emerson (1803–1882)

der Erzfeinde aus, sie wurde zum Mythos des britischen Widerstandswillens und überstand sogar eine deutsche Fliegerbombe im Zweiten Weltkrieg. Heute ist sie das älteste Segelschiff im Dienst – im Prinzip funktionstüchtig nutzt sie der Royal Navy Chief von Portsmouth als Flaggschiff für Veranstaltungen und Empfänge.

Kein Nachbau, sondern das Original: die „HMS Victory", das Flaggschiff von Admiral Nelson, im Hafen von Portsmouth.

Nüchtern betrachtet bestimmen Auftrieb und Antrieb ein Wasserfahrzeug. Die meisten Hölzer schwimmen, weil ihr spezifisches Gewicht leichter als das des Wassers ist, darauf beruht das Prinzip des Floßes. Ausgehöhlt erhöht sich der Auftrieb eines Baumstammes noch einmal, deshalb können Einbäume einige Menschen mitsamt ihrer Güter aufnehmen, außerdem dienten sie als Vorbild für die ersten gezimmerten Boote. Aber erst der eigenständige Antrieb, ob nun mit Paddel, Stocherstange, Segel oder Motor, macht aus Schwimmkörpern Boote oder Schiffe; von einem Boot reden wir bei kleineren Typen (das Deutsche Seehandelsrecht definiert: bis zu elf Metern Länge), bei größeren von Schiffen.

Aber wer bleibt bei diesen schwimmenden Wunderwerken, in denen viele Historiker die ersten Fortbewegungsmittel überhaupt sehen, noch lange nüchtern? Schiffe waren, anders als die ersten Esel- oder Rinderkarren, nicht einfach Transportmittel, sondern Gegenstände inniger Pflege und Fürsorge, denn schließlich müssen Menschen ihnen Leib und Leben oft für Wochen anvertrauen.

So wurde das Wissen um ihren Bau und ihre Führung in Jahrtausenden von Generation zu Generation weitergegeben und verbessert. Das fing schon mit der Frage an, wie man die stabilsten Planken gewinnt. Im Mittelmeerraum wurden teilweise Äste von Eichen über Jahrzehnte hinweg mit Steinen beschwert, damit sie in der erforderlichen Rundung wuchsen. Und der Schiffsbau selbst steckt voller Tücken: Wie stabil soll ein Schiffsrumpf sein, und wo muss er dem Druck von Wind und Wellen nachgeben können? Wie wird der Rumpf perfekt abgedichtet (kalfatert) und wie gegen die Angriffe von Salzwasser, Algen und Bohrwürmern geschützt? Mit Erfahrung, Hingabe und voller Erwartungen erbaut, wurden sie gesegnet, mit Kult- später mit Gallionsfiguren, aber auch mit Schmuck und Schnitzereien ausgestattet; bis heute werden sie getauft und bekommen in vielen Gegenden noch immer weibliche Namen.

Die auf ihre Schiffe stolzen Wikinger investierten besonders in deren Schönheit: Vergoldungen am Bug, geschnitzte Drachen- und Tierköpfe als Stevenaufsatz sowie farbige oder verzierte Segel waren keine Seltenheit. Über 500 poetische Umschreibungen für Schiffe kennt die skandinavische Dichtung; die Namen der Schiffe wurden meist aus der Tierwelt abgeleitet: „faxi byrjar" – Windpferd, „vargr hafs" – Wolf des Meeres, oder „ormr inn langi" – Lange Schlange. Auf die Geschwindigkeit zielten Bezeichnungen wie „fifa" – Pfeil und „hárknífr" – Rasiermesser. Eine Vorstellung von ihrem ästhetischen Reiz vermitteln die in der Roskilder Bucht (Dänemark) geborgenen und im dortigen Wikingerschiffsmuseum ausgestellten Wracks.

Für die Wikinger waren ihre Schiffe keine reinen Transportmittel, sie investierten auch in deren Schönheit: Vergoldungen am Bug, geschnitzte Drachen- und Tierköpfe als Bug- und Heckspitze sowie farbige oder verzierte Segel waren keine Seltenheit.

Die eurasische Schifffahrt mit ihren Raffinessen, darin sind sich Historiker und Seefahrtexperten einig, wurde im Binnenland erfunden und entwickelt, auf den Flüssen Euphrat, Tigris, Indus und Nil. Die Flüsse spielten dabei eine doppelt wichtige Rolle: Mit ihren schlammigen Hochwassern düngten sie die Felder entlang ihrer Ufer und bewässerten sie. Gleich-

Der Bucintoro (Goldene Barke) war das Staatsschiff der Dogen von Venedig. Hier bei einer historischen Regatta im Canale Grande, Venedig.

zeitig wurden die Ströme zu Wasserstraßen, denn ohne den Transport von Gütern und Menschen, dem Tausch und Austausch mit den Nachbarn entwickelt sich keine Zivilisation. Aus den Schilfrohr-Flößen und den Barken aus Binsen entwickelten sich schnell Schiffe, die aus robusteren, hölzernen Bohlen gefertigt wurden. „Nun brauchten sich die Schiffe nur noch aufs Salzwasser des Persischen Golfs, des Indischen Ozeans, des Roten Meeres oder des Mittelmeeres hinauswagen, und der entscheidende Schritt ist getan", so der Historiker Fernand Braudel. „Ein Wunder hebt an, Handelsgüter, vielerlei Waren und vielfältige Technik wandern über die Seestraßen." Auf diese Weise ermöglichten Schiffe einen leichteren Handel zwischen Ägypten und der Levante, der wiederum zu besseren Schiffen führte. Denn die Ägypter brauchten gutes Holz wie das der Zedernbäume aus dem Libanon für ihre Schiffe.

Galeeren: Rudern, warten oder stricken

Im Laufe des 1. Jahrtausends v. Chr. lernte das frühe Seefahrervolk der Phönizier mithilfe von ausgeklügeltem Tauwerk, die einfachen rechteckigen Rahsegel ihrer Schiffe so zu nutzen, dass sie damit auch gegen den Wind kreuzen konnten. So bildete sich noch in der Bronzezeit eine Zweiteilung der Schiffstypen heraus, die für mehr als zweieinhalb Jahrtausende im Mittelmeerraum bestehen blieb:

Dickbäuchige Handelsschiffe transportierten Kostbarkeiten wie Gold, Waffen und Kunstwerke, aber auch Massenwaren wie Getreide, Holz, Wein, Metalle oder billige Keramikwaren. Da sie als Antrieb nur ihre Segel nutzten, konnte der gesamte Schiffskörper als Laderaum genutzt werden. Als Kriegsschiffe dienten den Griechen und Phöniziern über Römer, Byzantiner und Osmanen bis zu den Venezianern im 17. /18. Jahrhundert Galeeren: schlanke Schiffe, die durch geballte Ruderkraft zu erstaunlichen Geschwindigkeiten getrieben wurden. Anfangs meldeten sich in Rom oder später auch in Venedig Freiwillige für diesen Knochenjob, später wurden Ruderer gegen Bezahlung angeworben. Aber als auch die knapp wurden, zog die Marine Sklaven für die Ruderbänke heran. Einblick in den kräftezehrenden Alltag dieser Tätigkeit wollen uns Filme wie „Quo Vadis" vermitteln. Doch das ist nur die eine Seite, die andere Seite bestand aus Nichtstun und der Frage, wie die Sklaven kostengünstig versorgt werden konnten. Dieses Problem hatte auch die Galeeren-Flotte des französischen Sonnenkönigs Ludwig XIV.: Da die Galeeren nur von Frühjahr bis Herbst eingesetzt werden konnten, waren sie im Schnitt nur 60 bis 90 Tage pro Jahr im Dienst, davon suchten sie die Hälfte der Zeit in Häfen oder Buchten Schutz. In der langen Wintersaison jedoch saßen im Hafen von Marseille rund 12 000 Rudersklaven auf ihren Schiffen fest. Ein Teil davon wurde angekettet in Werften oder am Hafenkai als Arbeiter eingesetzt, der Rest hockte auf den Schiffen und strickte Strümpfe und Mützen für Marseiller Kaufleute.

Römische Galeeren, zeitgenössische Darstellung auf einem Mosaik aus Ravenna (Kopie im Museum für Antike Schifffahrt, Mainz).

Weder Galeere noch Handelssegler, sondern eine Kombination aus beiden bildete die „Hemiola", so der Seefahrt-Historiker Iain Dickie: „Dieses Fahrzeug wurde durch die Kombination von Segeln und Ruderkraft so schnell, dass es andere Schiffe jagen und aufbringen konnte.

Die unwirtliche Landschaft der Küsten Skandinaviens zwangen die Bewohner früh zu Bootsbau und Schifffahrt – mit bekanntem Erfolg (Ufer bei Sildpollneset, Lofoten, Norwegen).

Das Oseberg-Schiff im Wikinger-Schiffsmuseum in Bygdøy bei Oslo. Das Boot wurde 1904 in einem riesigen Grabhügel am Oslofjord entdeckt und ausgegraben. Analysen des Eichenholzes ergaben, dass es um 820 gebaut und 834 mit zwei Frauenleichen als letzte Ruhestätte vergraben wurde.

Es war, kurz gesagt, das ideale Piratenschiff." Was es den frühen Freibeutern zusätzlich leicht machte, Handelsschiffen aufzulauern, war die Tatsache, dass die Seefahrt auf dem Mittelmeer meist in Küstennähe stattfand. Im 1. Jahrhundert n. Chr. sorgten Piraten mit ihrem Nachschub an Sklaven zwar dafür, dass deren Preise in Rom niedrig blieben, doch sie bereiteten dem Seehandel herbe Verluste. Als sie dann auch noch die heilige Insel Delos plünderten, schickte der römische Senat eine Kriegsflotte unter der Führung des Feldherren Pompeius: Er ließ systematisch die Küste von Piratenstützpunkten säubern und trieb deren Schiffe vor der türkischen Küsten zusammen, wo er sie vernichtete. Doch der Erfolg war nur von kurzer Dauer – zu den neuen Seeräubern gehörte unter anderen Pompeius' Sohn.

Geniale Bootsbauer und waghalsige Seefahrer aus dem Norden

Völlig unabhängig von den Entwicklungen im Mittelmeerraum hatten auch die Bewohner Skandinaviens schon früh mit dem Schiffsbau begonnen. Denn ihre Heimat zeigte sich wenig wirtlich: Während die Küsten zerklüftete Fjorde und Berge aufweisen, war das Inland von undurchdringlichen Wäldern, Sumpfgebieten und ständig sich verändernden Flussläufen geprägt. Über Land ließ sich nur im Winter auf Schnee und Eis reisen, in der übrigen Zeit blieben lediglich die Gewässer als Verkehrswege. So experimentierten die Skandinavier mit Booten und kamen bereits um 2500 v. Chr. darauf, ihre Bordwände mit sich dachziegelartig

„DAS MEER IST KEINE LANDSCHAFT, ES IST DAS ERLEBNIS DER EWIGKEIT."

Thomas Mann (1875—1955)

überlappenden Planken zu erhöhen. Es folgten der schnabelförmige Bug und das Einlassen eines Kiels, und um 700 bis 800 n. Chr. vollendeten sie ihre Schiffsbaukunst mit schlanken Kriegsschiffen, den legendären Drachenbooten, von denen zumindest in historischen Quellen berichtet wurde. Erst die Entdeckungen eines Schiffsgrabes bei Ladby (1935), das Wrack von Haithabu (1953 entdeckt, erst 1979 gehoben) und mehrere Langbootwracks aus dem Roskilde-Fjord bestätigten die schriftlich überlieferten Angaben: Sie weisen ein extremes Verhältnis von Länge zu Breite auf – beim Haithabu-Boot beträgt es 11,4:1. „Das extreme Design erlaubt eine optimale Ausnutzung der zur Verfügung stehenden Ressourcen", legt Crumlin-Pedersen dar: Die extreme Schlankheit des Schiffes hält den Wasserwiderstand äußerst gering und ermöglicht so hohe Geschwindigkeiten, wichtig für den Überraschungseffekt. „Der geringe Tiefgang erlaubte es den Wikingern, praktisch alle Gewässer bis ins Landesinnere zu nutzen, die Boote an jedem flachen Ufer zu landen und sie sogar auf Rollhölzern über Land zu ziehen." Dank ihres großen Rahsegels konnten die Kriegsschiffe aber auch längere Distanzen über das offene Meer zurücklegen, was entscheidend für die Eroberungen auf den Britischen Inseln war.

Der häufigste Schiffstyp im 10. und 11. Jahrhundert jedoch waren kleine, wendige Küstenfrachter wie das Roskildewrack 3, auch Knorr-Typ genannt. Sein Nachbau aus Eichenholz kann bei 14 Metern Länge vier Tonnen Fracht an Bord laden und unter Segel acht Knoten

Nachfolgende Doppelseite: Polarlichter über der Insel Austvågøy, mit Blick auf den Fjord Gimsøystraumen, Lofoten (Norwegen).

SEGELN WIE
EIN WIKINGER

Die geborgenen und zum Teil restaurierten Wikinger-Wracks verraten uns nur wenig darüber, was diese Schiffe wirklich leisten konnten. Um diese Frage wissenschaftlich zu beantworten, mussten Forscher sie nachbauen. So wurde in der Museumswerkstatt von Roskilde das kleine geborgene Kriegsschiff detailgetreu rekonstruiert. Die Spannten wurden mit Äxten und Keilen aus den Baumstämmen getrieben, eine Technik, die sich die Bootsbauer erst wieder aneignen mussten. Die Bootsplanken sind dadurch wesentlich stabiler. Die Ergebnisse der Probefahrten mit Messgeräten an Bord: Die „Helge Ask" erreicht mit Segeln vor Wind eine Höchstgeschwindigkeit von 14 Knoten, beim Rudern immerhin noch 5,5 Knoten. Mit ihren 28 bis 30 Mann Besatzung hat sie nur 60 Zentimeter Tiefgang. Bei etlichen Expeditionen, beispielsweise die französische Küste entlang, die Seine hinauf bis nach Paris, zeigten sich auch die Grenzen der Kriegsschiffe: Sie können die offene See überqueren, sind jedoch kaum hochseetüchtig. Anders der Knorr-Typ: Er nutzt mit tieferem Kiel, breiterem Rumpf und höheren Bordwänden das Potenzial von Mast und Segel wesentlich besser aus. Mit einer Kopie dieses Meeresschiffes gelang einem Norweger in zwei Jahren eine Weltumsegelung – besser als mit jedem wissenschaftlichen Experiment wurde somit die Seetüchtigkeit dieser Schiffe unter Beweis gestellt.

Experimentelle Archäologie nennen es die Wissenschaftler, wenn wie hier, im Wikingerschiffmuseum von Roskilde (Dänemark), nicht nur Schiffe nach alten Methoden nachgebaut werden, um ihre Seetauglichkeit zu untersuchen.

Beeinflusst von der Karavelle wurde das Kraweel Nachfolger der Kogge. „Lisa von Lübeck", Rekonstruktion eines Kraweels aus dem 15. Jahrhundert.

Fahrt erreichen. Mithilfe dieser Boote brachten die Wikinger den Handel in den Küstenregionen der Nord- und Ostsee in Schwung.

In die Fußstapfen, oder besser in deren Fahrtwind, traten ab dem 12. Jahrhundert norddeutsche Kaufleute mit ihrem Zusammenschluss zur „Hanse". Sie übernahmen nicht nur die Handelsnetze der Wikinger, sondern auch deren Wissen über den Schiffsbau. Die Kogge verfügte wie der Küstenfrachter der Wikinger über einen Mast sowie ein großes, rechtwinkliges Rahsegel und wurde ebenso in Klinkerbauweise angefertigt. Die über Hitze gebogenen Schiffsbohlen wurden wie Dachziegel übereinanderlappend zusammengenagelt und mit Hanf, Jute und Pech gekalfatert. Doch die Hanse stattete ihre Schiffe mit geraden statt mit hochgebogenen Hecks und Bugs aus, so vergrößerte sich die Ladekapazität gegenüber dem Knorr-Typ um ein Vielfaches.

Unter dreieckigen Segeln: Heilige Krieger und christliche Entdecker

Um 640 n. Chr. tauchten im Mittelmeerraum die ersten Dhaus auf, Schiffe mit dreieckigen Segeln waren dort bis dahin unbekannt. Eine ganze Flotte von ihnen hatten die Heiligen Krieger des Islam gebaut, mit deren Hilfe sie erst den östlichen Mittelmeerraum, 698 Sizilien und 711 die Iberische Halbinsel eroberten. Seit diesem Zeitpunkt beherrschten Dhaus das Mittelmeer, deren ausgereifte Schiffsbau- und Segeltechnik verwies auf eine jahrtausendealte Erfahrung in der Seefahrt. Schon um 2500 v. Chr. lobten die Sumerer in Mesopotamien, die über den Persischen Golf und den Indischen Ozean regen Handel mit den Induskulturen führten, die „schwarzen Schiffe von Magan" (Oman). Der Rumpf wurde mit aus den Stämmen geschälten Planken von außen nach innen gebaut, was ihn besonders robust werden ließ. Die Dhaus wurden lange vor den europäischen Schiffen mit einem Heckruder ausgestattet, und schon früh lernten die Völker auf der Arabischen Halbinsel die Vorzüge des Dreiecksegels kennen: Komplizierte aerodynamische Prozesse sorgen für gutes Kreuzen, ermöglichten also Segeln gegen den Wind.

„Als im Jahr 1286 zum neunten Kreuzzug gerüstet wird, lässt Frankreichs König Ludwig IX. Frachtschiffe nach arabischem Vorbild bauen", erläutert der Schiffsexperte Lutz Bunk. „Und im Jahr 1430 empfiehlt der portugiesische König Heinrich der Seefahrer seinen Werften ausdrücklich, arabische Schiffe zu kopieren." Denn dieser Schiffstyp war stark genug, um den Wellen des Atlantiks auf dem Weg entlang der afrikanischen Küste zu widerstehen.

Lange vor Kolumbus und seiner unfreiwilligen Amerikareise hatte Heinrich der Seefahrer für Europa das Zeitalter der Entdeckungen eröffnet. Der portugiesische König ließ einen neuen Schiffstyp bauen, in den neben der jahrhundertelangen Erfahrung seiner Fischer mit dem Atlantik auch die Kenntnisse der arabischen und der nordeuropäischen Schiffsbauweise einflossen. Diese rund 20 Meter langen Karavellen trotzten mit ihrer glatten Außenhaut und den in den hohen Bordwänden integrierten Aufbauten dem Wellengang des Atlantiks, während ihr geringer Tiefgang sie vor unbekannten Riffs und Sandbänken schützte. Und mit ihren drei Masten, deren Dreieckssegel nicht etwa Araber- sondern Lateiner-Segel genannt wurden, konnten sie gegen die Winde des steten Nordost-Passats zurück nach Europa kreuzen. Neu war auch die Bauweise des Schiffsrumpfes: „Caravelas" (dt. Kraweel) nannten die Portugiesen ihre Technik, die Planken ihrer Schiffsrümpfe stumpf aufeinanderstoßen zu lassen, innen an Querbalken befestigt. Dadurch konnten selbst während der Fahrten kleinere Reparaturen am Schiffsrumpf ausgeführt werden.

Mit diesen Karavellen ließen Heinrich und seine Nachfolger die afrikanische Westküste erkunden, Fahrt für Fahrt ging es weiter in den Süden, zu buchstäblich unbekannten Ufern. Wenn die Schiffe heimkehrten, brachten die Kapitäne ihr neues Wissen sogleich zu den vielen Kartografen, die in Lissabon ansässig waren. Eine königliche Behörde wachte darüber, dass deren Karten nicht in fremde Hände gerieten. Dieses System funktionierte fast ein ganzes Jahrhundert lang, bis die Spanier begannen es zu kopieren und mithilfe von Christoph Kolumbus' Entdeckungen ein Weltreich errichteten.

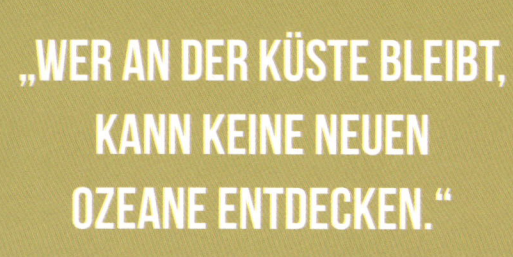

„WER AN DER KÜSTE BLEIBT, KANN KEINE NEUEN OZEANE ENTDECKEN."

Ferdinand Magellan (1480–1521)

Doch auch die Portugiesen waren „Kopierer", nicht nur beim Schiffsbau: Teile der Karten chinesischer Welterkunder, wie diejenigen des legendären Flottenführers Zheng He, sollen über das Osmanische Reich nach Westeuropa gelangt sein und die hiesigen „Entdeckungsfahrten" erst angestoßen haben. Nur kurz sei an dieser Stelle erwähnt: Zu den frühen Meistern des Schiffsbaus müssen nach neuesten Erkenntnissen auch die Chinesen gerechnet werden. Sie bauten Dschunken von gewaltigen Ausmaßen und technischer Raffinesse: Die größten waren 142 Meter lang und 55 Meter breit, hatten drei Plankenschichten und verfügten über 16 wasserdichte Schotten. Darüber hinaus galten die Chinesen als Erfinder des Heckruders und des Kompasses. Doch ihre Seeherrschaft blieb nur ein kurzes Intermezzo.

Detail des 1960 zu Ehren des 500. Todestages von Heinrich dem Seefahrer erbauten „Monumento dos Descobrimentos" in Lissabon. Heinrich der Seefahrer (rechts) hält eine Karavelle in der Hand und führt seine Kapitäne, Wissenschaftler und Missionare an.

Bäumchen-Wechsel-Dich-Spiel um Kolonien

Auch der Genueser Christoph Kolumbus nutzte bei seiner ersten Entdeckungsreise in spanischem Auftrag zwei Karavellen, denen er die besten Eigenschaften zusprach. Doch als die Spanier dank ihrer Kolonien zur Weltmacht aufstiegen, entwickelten sie die Karavelle zur Karacke weiter, denn sie brauchten mehr Laderaum, um die Beute aus Übersee abtransportieren zu können. Die Karacke war allerdings lediglich eine Vergrößerung der Karavelle: dreimastig, die beiden vorderen Masten mit Rahsegeln, der hintere mit Lateinern getakelt, mit hohen in die Bordwände integrierten Aufbauten. Zum Sinnbild für die spanische Kolonialherrschaft wurde jedoch die Galeone; allerdings begann deren Epoche nicht mit den schwerfälligen Handelsschiffen, sondern mit schnellen und wendigen Kriegsschiffen. Aufgrund ihrer überlegenen militärischen Eigenschaften wurde die Galeone von nahezu allen seefahrenden Nationen Europas übernommen und eigenständig weiterentwickelt.

Untergang der spanischen Armada im Seekrieg gegen England 1588. „Die Seeschlacht" (um 1600) von Hendrick Cornelisz Vroom (1566–1640).

Im Vergleich zur Karacke hatten die Galeonen einen deutlich schlankeren Rumpf, was den Wasserwiderstand reduzierte. Gleichzeitig wurden die Aufbauten verkleinert, Kajüten und Stauraum in den Rumpf verlegt. Dadurch wurde der Windwiderstand verringert und das Gewicht des Schiffes verlagerte sich weiter nach unten, was dem Schiff mehr Stabilität beim Segeln verlieh.

Die Spanier benutzten sie zu Beginn vor allem auch, um Truppen und Ausrüstung nach Amerika und in Kolonien des Fernen Ostens zu befördern. Doch als ihre mit Schätzen beladenen Handelsschiffe auf der Rückreise immer häufiger vor allem von englischen, französischen und niederländischen Freibeutern angegriffen wurden, setzten die Spanier immer größere und wehrhafte Galeonen für den Transport ein. Und wie das spanische Weltreich wurden im Laufe der Zeit auch dessen Galeonen immer größer, immer pompöser, dabei zunehmend bewegungsunfähiger. So war es sicher kein Zufall, dass die spanische Armada 1588 von den Briten mit kleineren, wesentlich wendigeren Galeonen geschlagen wurde. Dieser Erfolg lag aber auch an der neuen Schlachtenstrategie: Die Briten setzten mehr auf ihre Artillerie, starke Geschütze, die auf größere Distanzen den Feind trafen, während die Spanier ihr Geschützfeuer nur als Vorspiel zum Entern nutzen wollten.

Doch der Untergang der „Großen Armada" war nicht das Ende von Spaniens Kolonialherrschaft – zusammen mit England, den Vereinigten Niederlanden und eine Zeit lang auch Frankreich lieferten sie sich einen Jahrhunderte währenden Kampf um die Herrschaft über die Weltmeere. Allen beteiligten Nationen war gemeinsam, dass sie Galeonen als ihre führenden Kriegsschiffe einsetzten – hatte eine der Nationen eine Neuerung eingeführt, sorgten Spione dafür, dass die Feinde nachziehen konnten. Mitte des 17. Jahrhunderts waren England und die Niederlande die stärksten Seemächte, in den folgenden Jahrzehnten konnten sich zunächst die Niederlande in mehreren Seeschlachten gegen die Engländer durchsetzen.

Ein Frachtsegler aus der Zeit um 1600 – in Zucker eingelegt

Die große Mehrzahl der Schiffe, die auf den Meeren unterwegs waren, bestand jedoch aus Fischerbooten und kleinen Küstenfrachtern. So sind den Archäologen allein für die Küstenregionen Schleswig-Holsteins an Nord- und Ostsee über 600 im Schlick liegende Wracks bekannt, allesamt hölzerne Segler aus der Zeit um 1600 bis 1900. Dieses noch ungeborgene „Bodenarchiv" verdeutlicht, wie intensiv die Küstenschifffahrt in vergangenen Jahrhunderten genutzt wurde, trotz des großen Risikos zu kentern oder zu stranden. Das gilt besonders für das nordfriesische Wattenmeer, denn die genaue Lage der befahrbaren Wattströme und -priele war nur wenigen bekannt, aktuelle Karten gab es kaum.

So wurde 1994 das Wrack eines Küstenseglers bei Sielarbeiten nahe Uelvesbüll von einem Baggerführer entdeckt. Die Archäologen des Landesdenkmalamtes bargen das Schiff und konservierten es mithilfe einer neuen Methode: Es wurde in Zucker eingelegt, in eine 67-prozentige Siruplösung aus 130 000 Kilogramm feinster Rübenraffinade der Umgebung. Während das Trockenlegen Risse und Schrumpfungen im Holz hervorruft oder das Einlegen in Polyethylenglykole Jahrzehnte in Anspruch nimmt, war das Holz bereits nach zwei Jahren von der Zuckerlösung durchdrungen. Als das Wrack aus der Lösung gehoben wurde, kristallisierte der Zucker in den Holzhohlräumen und stoppte den Zersetzungsprozess, der sonst unweigerlich eingesetzt hätte. Währenddessen bekam das Wrack von der Fachwelt

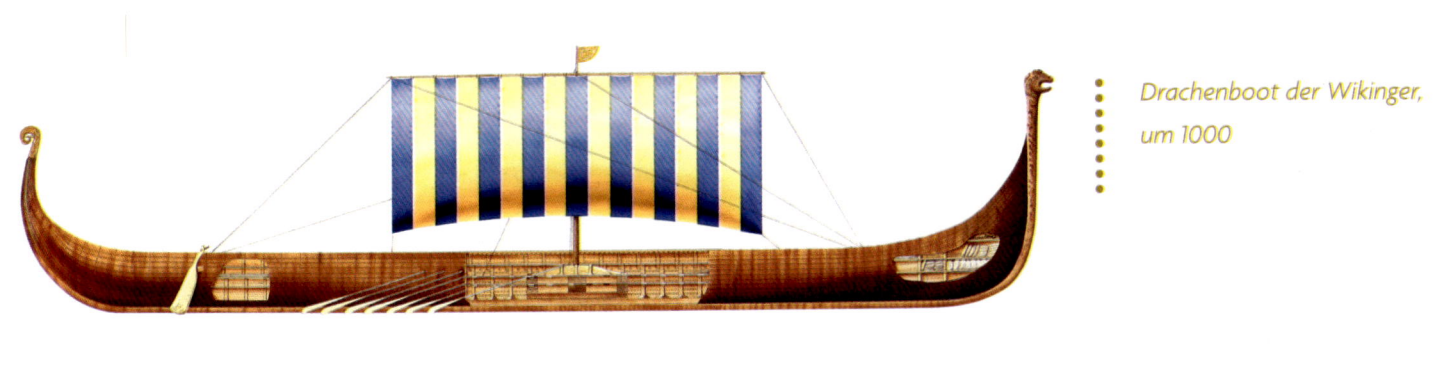

Drachenboot der Wikinger,
um 1000

Spanische Galeone,
um 1580

„Bucintoro" (Goldene Barke),
Staatsschiff der Dogen von
Venedig, 18. Jahrhundert

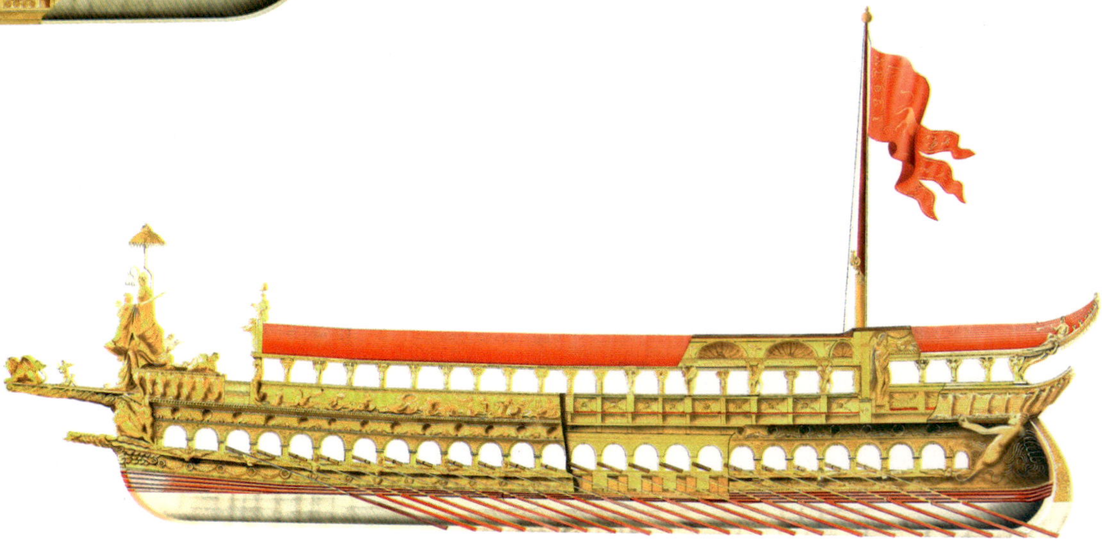

Dreideckschiff mit zusätzlichem
Dampfmaschinenantrieb, 2. Hälfte
des 19. Jahrhunderts

Römische Tirene,
3.–1. Jahrhundert v. Chr.

Dreimast, Vollschiff, United States Flying
Cloud Clipper, 1851

den Stempelaufdruck „einmalig", denn, so der Landesarchäologe Hans Joachim Kühn: „Ich habe eine Skizze der Konstruktion an Schiffsexperten in alle Welt verschickt – es gibt kein vergleichbares Exemplar."

Das Boot benötigte mit seinen knappen 15 Metern zwei Mann Besatzung und verfügte über einen Frachtraum, eine kleine Bugkajüte, einen Segelmast und hatte nur geringen Tiefgang, somit ideal für die Fahrt durch das Watt: ein früher Typ des besonders an der niederländischen und deutschen Küste genutzten Flachbodenschiffes. Der Vergleich der Wachstumsringe einer Holzprobe mit einer zuverlässigen Baumring-Chronik lässt Kühn schlussfolgern, dass die Eichen für den Bau kurz nach 1582 gefällt wurden. Das Boot wurde vor 1600 fertiggestellt und sank um ca. 1620. Es hatte auf seiner letzten Fahrt Hafer geladen, eine Fracht, die in dieser Zeit üblicherweise von der ostfriesischen Küste in die Niederlande transportiert wurde.

Weil das Schiff nach dem Untergang sehr schnell einschlickte, haben die Sedimente die ganzen Bordutensilien auf den Boden gedrückt. Erhalten geblieben ist so, was die Archäologen eine Zeitkapsel nennen: die alltägliche Welt der Küstensegler im frühen 17. Jahrhundert. Sie wird nun in den Vitrinen des Schifffahrtsmuseums von Husum ausgebreitet – Werkzeuge, eine Sanduhr und Zinnlöffel zeigen, über welche Hilfsmittel die Schiffer verfügten. Rund um die Feuerstelle im Schiffsbug fanden die Archäologen Pfannen, Gefäße und Teller, ja selbst Torfbrocken, die als Brennmaterial verwendet wurden. Fischgräten sowie Reste von Pferde-, Rind- und Schweinefleisch geben Auskunft über die Ernährung der Küstenschiffer. Tonflöten und die Spielpfeife eines Dudelsacks berichten, womit sich die Männer die langen Abende vertrieben; Textilienreste, eine Gürtelschnalle und Schuhe, wie sie gekleidet waren.

Großsegler – ausgestattet mit präzisen Navigationsinstrumenten, bedient von „Wildschweinen"

Zu Beginn des 18. Jahrhunderts besaß England die stärkste Navy und die Holländer die stärkste Handelsflotte. Letztere, die 1602 nach den Vorbildern der Hanse und der „English East India Company" die niederländische „East India Company" gegründet hatten, sorgten in den folgenden zwei Jahrhunderten im Schiffsbau für eine enorme Nachfrage nach hochseetauglichen Schiffen: Die Pinasschiffe waren Dreimaster, die in erster Linie mit Reihen von Rahsegeln getakelt wurden. Doch da sich mit ihnen schlecht bei Gegenwind kreuzen ließ, wurden zusätzlich längs ausgerichtete Segel, Gaffel- oder Schratsegel, an Bug und Heck des Schiffes gesetzt, um auf diese Weise unterschiedliche Windkräfte auf das Schiff lenken zu können. Aus ihnen ging die sogenannte „Bark" hervor, das waren die noch heute bekannten Windjammer, die im 18. und 19. Jahrhundert in großer Zahl die Ozeane überquerten; mit ihnen war das Segelschiff als Fracht- und Passagierschiff optimiert.

Bei den Segelkriegsschiffen lösten im Laufe des 18. Jahrhunderts Fregatten und sogenannte Linienschiffe die Galeone ab, doch die Übergänge sind nur für Experten fassbar, denn auch die Kriegsschiffe waren zu dieser Zeit bereits technisch voll ausgereift: Weder an der Form des Schiffsrumpfes noch an dem Steuerrudersystem oder gar an der Betakelung gab es wesentliche Innovationen, die eine deutliche Verbesserung der Geschwindigkeit oder der Manövrierfähigkeit der Schiffe gebracht hätten.

Einzig die Entwicklung des kleinen Schoners in dieser Zeit ist erwähnenswert. Mit größtmöglicher Segelfläche, breitem Rumpf und flachem Bug hüpften sie geradezu von Welle zu Welle – daher leitet sich der Name vom schottischen „to scoon" ab: einen Stein über das Wasser hüpfen lassen. Diese Rennwagen unter den Seglern wurden als Passagier-, Post- und Zollschiffe eingesetzt, waren aber auch bei Piraten und Sklavenhändlern beliebt.

Weiterentwickelt hatten sich vor allem die Messinstrumente zur Positionsbestimmung: Neben Kompass und Seekarte gehörten dazu im Laufe des 18. Jahrhunderts vor allen Dingen der Sextant, mit dessen Hilfe unter Verwendung nautischer Tabellen der Breitengrad bestimmt werden konnte, und eine allen Unbilden der See trotzende Präzisionsuhr, ein sogenanntes Chronometer, das im Rahmen eines Wettbewerbs vom britischen Uhrmacher John Harrison 1759 gebaut wurde.

Gar nicht optimiert dagegen wurde die Behandlung der Besatzungen, hier hatte sich eine krude Sichtweise durchgesetzt. „Seeleute", heißt es beispielsweise in einem Dokument der holländischen Ostindienkompanie aus dem Jahr 1677, „benehmen sich wie Wildschweine; sie plündern und stehlen, saufen und huren schamlos herum, als besäßen sie keinerlei Ehrgefühl." Daraus zog der Verfasser die logische Konsequenz: „Das macht die Züchtigung mit der Eisenrute notwendig." Vielleicht war dieses Verhalten auch einfach nur die logische Konsequenz aus der unwürdigen Unterbringung und Behandlung der Mannschaften. Obwohl Galeonen und Linienschiffe groß wie fünfstöckige Häuser waren und über bis zu vier weitläufige Decks verfügten, waren für die Mannschaft keine separaten Räumlichkeiten vorgesehen. Während dem Kapitän die große Kabine auf dem Achterdeck gehörte und die höheren Offiziere in der Offiziersmesse darunter eigene Kabuffe zugeteilt bekamen, musste die Mannschaft zwischen Kanonen, Munition und Vorräten leben und schlafen. Wer eine kleine Ecke für sich beanspruchen konnte, war schon privilegiert. Bis ins 20. Jahrhundert hinein änderte sich wenig an dieser unwürdigen Lebensweise der Matrosen an Bord.

Zu einem der wichtigsten Handwerkzeuge der Seefahrer wurde im 18. Jahrhundert der Sextant, mit dem der Breitengrad berechnet werden konnte.

Eine Epoche endet

Im 19. Jahrhundert endete die rund 5000-jährige Epoche, in der die Menschen in hölzernen Segelschiffen die Weltmeere eroberten. Dampfmaschinen ersetzten sie, zunächst ergänzend in sogenannten Hybridschiffen, die zwar noch über eine Takelage verfügten, aber eben schon auf die Dampfmaschine hin konstruiert waren, dann durch Schaufelraddampfer gänzlich ohne Segel. Gleichzeitig wurde statt Holz zunehmend Metall für den Bau der Schiffsrümpfe verwendet. Doch die Erfolge der ersten Dampfschiffe auf Flüssen und Binnenseen seit dem frühen 19. Jahrhundert mit mächtigen Schaufelrädern an Heck oder als doppeltes Schaufelrad an Steuerbord- und Backbordseite ließen sich nicht auf das Meer übertragen, denn dort versagte der Antrieb bei stärkerem Seegang. Eine Überlegenheit gegenüber den Windjammern erlangten die Dampfschiffe auf den Weltmeeren erst, als der Schiffsschraubenantrieb mit Propeller eingeführt wurde – nun waren sie auch bei hohem Wellengang manövrierfähig.

In den Zeiten des aufkommenden Massentransportes von Gütern und Menschen (Auswanderer) quer über die Ozeane wurden Segelschiffe immer seltener eingesetzt, bis sie eine Nische fanden als Ausbildungsschiffe für Rekruten. Segeln wurde zu einer Freizeitbeschäftigung, während die alten Segelschiffe vielerorts an Land verrotteten. Bis die Epoche der Segler so weit zurücklag, dass sie einen nostalgischen Wert bekamen.

Nun werden die noch erhaltenen oder restaurierbaren Segelschiffe wieder geschätzt, manches Mal steckt eine ganze Familie ihre Freizeit in den Erhalt, die Pflege und die Nutzung eines alten Holzbootes, z. B. in alte Flachbodenschiffe, wie sie im Wattenmeer zwischen den Niederlanden und Ostfriesland jahrhundertelang genutzt wurden. Und es wurde inzwischen zur Tradition, dass sich diese Eigner mit ihren Booten regelmäßig treffen wie beispielsweise einmal jährlich auf dem Flachbodenschiffe-Treffen im historischen Hafen von Carolinensiel.

> „JA, DAS HÄTTESTE GERN: VORN FRIEDRICHSTRASSE UND HINTEN OSTSEE – MIT BLICK AUF DIE ALPEN."
>
> Kurt Tucholsky (1890–1935)

Mit Aufkommen der Dampfschifffahrt ging die Epoche der Segelschiffe ihrem Ende entgegen. Nun konnte man vergleichsweise bequem und in kurzer Zeit nicht nur den Atlantik überqueren.

KLEINE WELTEN

VON DEN INSELVISIONEN
DER FRÜHEN NEUZEIT
IM FERNEN WESTEN ZUR
MÄRCHENINSEL DER
WELTLITERATUR

07

KLEINE WELTEN

VON DEN INSELVISIONEN DER FRÜHEN NEUZEIT IM FERNEN WESTEN ZUR MÄRCHENINSEL DER WELTLITERATUR

Vorangehende Doppelseite: Trauminseln mit Traumstränden in der Karibik. Nicht wenige Inseln, die über Jahrhunderte auf Karten erschienen, entpuppten sich im wahrsten Sinne des Wortes als traumhafte, der Fantasie entsprungene Eilande.

Suwarrow-Atoll im nördlichen Teil der Cook-Inseln.

Die Antillen sind uns wohlbekannt, als tropische Inseln in der Karibik. Von Kuba im Nordwesten zieht sich die Kette bis Trinidad im Südosten vor der venezolanischen Küste. Eine Aura vom Paradiesischen umweht sie, von Trauminseln. Es war Christoph Kolumbus, der 1493 die ersten Nachrichten von diesen Inseln nach Europa brachte, auch wenn er nicht von den Antillen sprach und sich in einer ganz anderen Weltengegend wähnte, in der Nähe von Indien nämlich, China oder Japan. Erst viele Jahre später wurde der Name der Antillen mit der Karibik in Verbindung gebracht. Dabei tauchte der Name Antilia selbst viel früher schon auf, auch lange vor der Überfahrt jenes genuesischen Seefahrers in spanischen Diensten. Auf Karten verzeichnet als eine große Insel, mal kreisrund, mal rechteckig, gelegentlich auch als Archipel. In jedem Fall weit draußen im Atlantik, im Westen. Und noch viel früher als auf den Karten war eine Insel mit dem Namen Antilia in der Literatur erwähnt, sieben Städte sollte sie beherbergen.

„ES GAB BISLANG KEINEN BEDEUTENDEN MANN, DER SEIN GANZES LEBEN AUF DEM FESTLAND VERBRACHTE."

Herman Melville (1819–1891), *Moby Dick*

Was wusste man Jahrzehnte, womöglich bereits Jahrhunderte vor Kolumbus von den Küsten jenseits des Ozeans? Woher hatten die Kartenmacher, die dort Inseln und Länder einzeichneten, ihre Informationen? Alles nur Mythen und Legenden, sagen viele. Aber stimmt das? Antilia ist nur eines von vielen Beispielen für solche „Phantominseln". Die meisten verschwanden später, im Zuge von Aufklärung und Entdeckungsreisen, sang- und klanglos von den Plänen. Andere verschoben sich, änderten ihre Umrisse, wurden mit tatsächlich existierenden, später entdeckten Inseln in Verbindung gebracht. Vielfach förderten sie Spekulationen darüber, dass schon weit früher als gemeinhin angenommen unbekannte Seefahrer das Unmögliche vollbracht und den Atlantik überwunden hatten – und manche von ihnen auch den Weg zurückfanden. Paolo dal Pozzo Toscanelli, italienischer Arzt und Kartograf, hatte Kolumbus vor dessen erster Überfahrt eine Karte zukommen lassen, auf der bereits Japan und China verzeichnet waren, nicht im Osten, sondern weit im Westen. Und auf halber Strecke: Antillia. Ursprung der Karte: unbekannt.

Auf der Karte des Piri Reis von 1513 ist in arabischer Schrift eine Insel mit „antilia" bezeichnet (links unten, rot umrandet), von der Lage her wird dahinter die Insel Kuba vermutet (Der Norden liegt bei dieser Lage der Karte links).

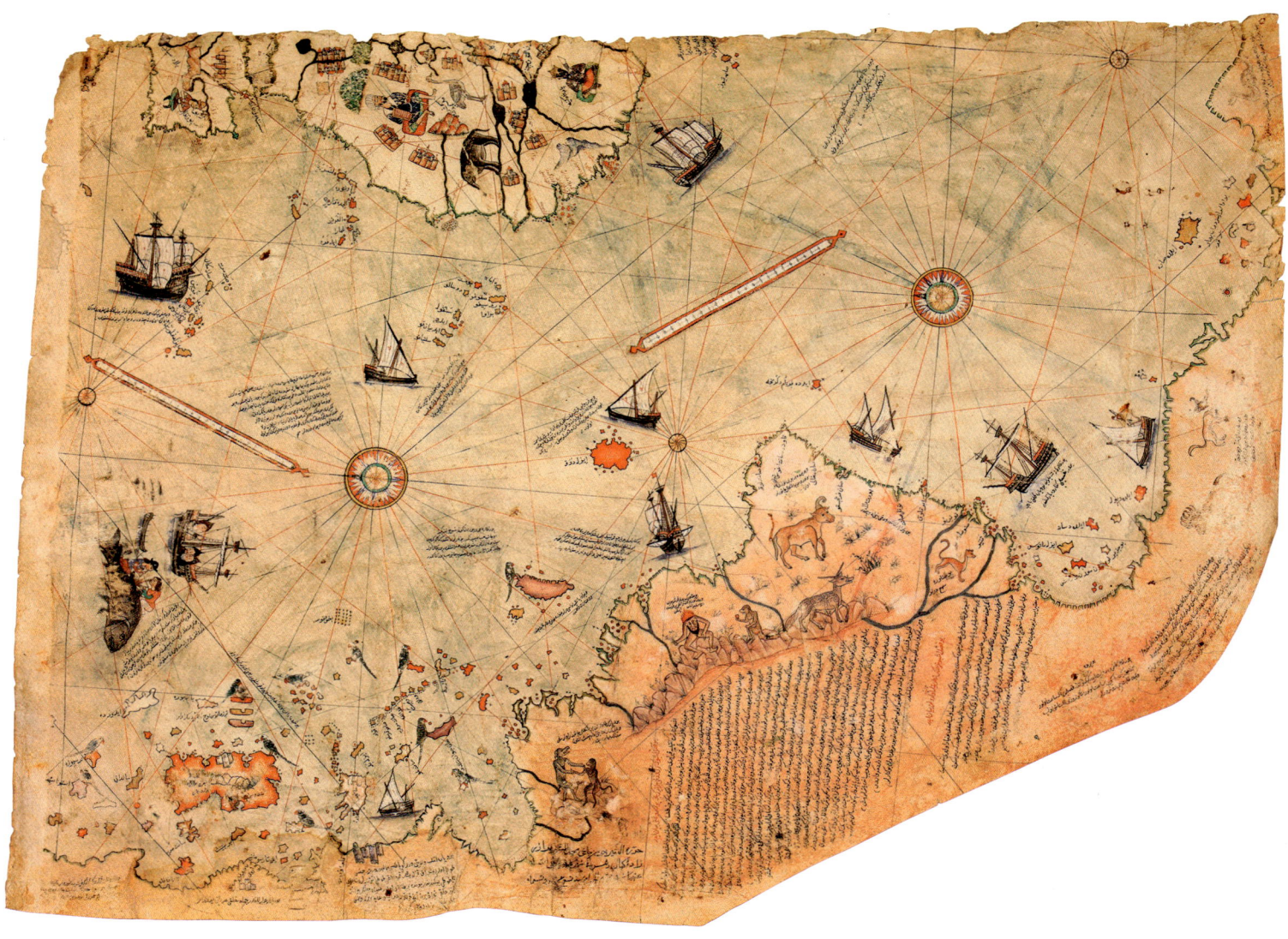

Und was ist mit der Brasil-Insel, die wir auf alten Karten finden, was mit dem riesigen Frisland? Was wurde aus den Inseln des irischen Mönches Brendan, der im 6. Jahrhundert schon zehn oder zwölf Jahre lang durch den Atlantik gesegelt und gerudert sein soll, gemeinsam mit 15 Glaubensbrüdern, alle in einem Boot aus Ochsenhaut. Handelte es sich um die frühe Entdeckung der Azoren? Oder war Brendan noch weiter nach Westen vorgedrungen, am Ende gar bis zu den Antillen, die wir heute kennen?

Sehen wir einmal ab von dem versunkenen Atlantis, das Historiker überall und nirgends verorteten, oder auch von Thule, jenem von Meer umschlossenen Land im äußersten Norden, angeblich sechs Tagesfahrten nördlich von Britannien, worüber der griechische Entdecker Pytheas schon im 4. vorchristlichen Jahrhundert meinte berichten zu können, so bildet die legendäre Reise Brendans den wohl ältesten Quell für all die Gerüchte, Legenden, Mythen von Inseln im fernen Atlantik.

Brendan der Reisende

Wahrscheinlich im Jahr 565 war Brendan von Irland aus Richtung Westen in See gestochen. Der Bericht über seine Fahrt, „Navigatio Sancti Brendani", wurde erst viel später, um das Jahr 800, niedergeschrieben. Dass er aber gelebt hat, ist unstrittig, sein christliches Wirken in Irland ist dokumentiert. Und dass man mit einem Boot, dessen Wandungen aus Leder sind, von Irland bis nach Amerika segeln kann, bewies der britische Abenteurer und Historiker Timothy Severin, der sich 1976 in einem solchen Fahrzeug auf die Spuren Brendans und seiner Getreuen setzte – und bei den Antillen ankam. Dies allerdings allein, nicht zu 16 in einem einzigen fragilen Boot. Dass Brendan eineinhalb Jahrtausende zuvor dasselbe wirklich vollbrachte, ist damit noch lange nicht belegt.

Ein anderer Mönch, St. Barrind, hatte ihn nach jener Überlieferung auf die Idee gebracht für seine Westfahrt. Zunächst zu einer Insel noch nahe der Küste, dem „Gelobten Land der Heiligen", wie er es bezeichnete, dann weiter nach Westen, nur nach Westen, in der Erwartung, ferne Länder zu finden, um sie im Namen Christi zu missionieren. Für 40 Tage hatten die Klosterbrüder Nahrung an Bord. Anfangs wehte noch günstiger Wind, doch nach 15 Tagen erlahmte er, Flaute stellte sich ein. Die Männer verlegten sich aufs Rudern. Brendan munterte seine Glaubensbrüder auf: „Fürchtet euch nicht. Gott ist Lotse und Steuermann."

Der Heilige Brendan und seine Gefährten auf großer Fahrt.
Illustration aus der deutschsprachigen Übersetzung
der „Navigatio Sancti Brendani Abbatis", um 1476
(Universitätsbibliothek Heidelberg).

Und tatsächlich, nach genau 40 Tagen, gerade als alle Lebensmittel aufgebraucht waren, lagen sie vor einer größeren Insel. Hier ist der Bericht der „Navigatio" ausgeschmückt: Der Herr hielt danach Prüfungen bereit für die Mönche. Drei Tage mussten sie warten, bis sie eine geeignete Landungsstelle entdeckten. Von einem Hund wurden sie dort empfangen, der sie gleich zu einem großen Haus führte, „möbliert mit Betten und Stühlen, und mit Wasser zum Waschen der Füße." Brot gab es hier, und Fisch, reichlich gedeckt „auf Linnen". Anschließend durften sich alle niederlegen, „in einem gut bezogenen Bett". Drei Tage blieben sie auf dem Eiland. Dann gab Brendan das Signal, wieder abzulegen.

Um welche Insel mag es sich dabei gehandelt haben, wo stand das große Haus? Bieten die Umstände Grund genug, den Aufenthalt lediglich als Allegorie anzusehen, mit der Brendan – oder sein Chronist 250 Jahre später – eine Botschaft über das Zusammenleben transportieren wollte, auf der unendlichen Reise des menschlichen Lebens? Ist seine ganze Reise nur ausgedacht, als Lehre, als ein Gleichnis? Erfunden wie der Wal wohl, den sie angeblich für eine Insel gehalten hatten? Frisches Wasser wollten sie auf dieser ganz besonderen „Insel" suchen. Und das ging so lange gut, bis sie auf ihr auch noch ein Feuer anzündeten, um Fische zu braten. Die Insel wurde unruhig, schickte sich an, abzutauchen, die Männer packte die Furcht. Doch Brendan konnte sie auch hier beruhigen, klärte sie auf, dass es sich bei der Insel um einen großen Fisch namens Jasonicus handele. Er kannte ihn, wusste auch Details. Etwa dass der Wal seit Ewigkeiten vergeblich versuche, seinen Schwanz in den Mund zu bekommen. Sieben Jahre später, immer noch auf derselben Reise, so heißt es weiter in Brendans Geschichte, sei man ein zweites Mal auf einem Wal gelandet.

Manches an Brendans „Navigatio" klingt wahrscheinlicher als diese Wal-Episode und gibt Historikern und Geografen zu denken. Zum Beispiel Brendans Bericht vom trägen, zähen „Klebermeer", in dem „die Schiffe stecken bleiben". Könnte damit die Sargasso-See weit im Westen, kurz vor den Bahamas gemeint gewesen sein, in der später mancher Segler bei flauem Wind bisweilen festgehalten wurde, von äußerst dichtem Algenbewuchs gebremst? Oder kannte Brendan das Klebermeer vom Hörensagen? Und wenn ja, von wem?

Dann der verlockende Born auf einer Insel im Atlantik, an dem sie ihren Durst stillen wollten, dessen Wasser aber Brendans Männer nach wenigen Schlucken schon in „tagelangen Schlaf" versetzt habe – eine Natur-

> „WER AUF SEINER WELTREISE SEHR VIEL WASSER SEHEN WILL, SOLLTE AUF DEM 5. BREITENGRAD NORD ENTLANGSEGELN ODER SICH AN DEN 170. LÄNGENGRAD WEST HALTEN. VON DER DISTANZ HER ZWAR DEUTLICH KÜRZER, DAFÜR ABER — BIS AUF EIN PAAR WINZIGE EILANDE — VÖLLIG LANDFREI IST DER 60. BREITENGRAD AUF DER SÜDLICHEN HALBKUGEL."
>
> Lorenz Schröter (*1960), *Das kleine Kielschwein.*
> *Ein Handbuch allererster Kajüte*

Labels on the engraving: Is. S. Brandano. · Cabo Finis terræ: · Hispania. · Gades. · Babaria. · M. Canaria. · Insula Fortunata. · Cabo de No: · Mauritania. · M. Atlas. · Africa.

*Aus dem Wal, den Brendan und seine Ge-
fährten versehentlich für eine Insel hielten, ist
auf diesem Kupferstich aus dem 17. Jahrhundert ein veritables Seeungeheuer geworden.*

erscheinung, bei der es sich, auch aufgrund der Lagebeschreibung, um einen tatsächlich existierenden, äußerst schwefelhaltigen Fluss auf der Azoreninsel São Miguel gehandelt haben
könnte. Das mag sich unwahrscheinlich anhören, doch sollte Brendan die Azoren im 6. Jahrhundert tatsächlich erreicht haben, so wäre er womöglich nicht einmal der erste Seefahrer
aus der Alten Welt.

Der Fund einer beträchtlichen Menge phönizischer Münzen aus dem 4. Jahrhundert v. Chr.,
die 1749 auf der Insel Corvo ans Licht kamen, lässt vermuten, dass die Azoren schon 2000
Jahre zuvor Besuch von Seefahrern aus dem Mittelmeerraum bekommen hatten. Wobei die
Azoren, 1500 Kilometer westlich von Portugal gelegen, aufgrund der vorherrschenden Strömungen und Winde eher aus westlicher Richtung, also von Amerika aus, angesteuert worden
sein dürften, nicht dagegen aus östlicher, von Europa aus. Mithin also auf dem Rückweg aus
der Neuen Welt? Warum aber ist aus antiken Schriften nichts darüber bekannt?

Dass großartige Berichte der Phönizier über die Azoren – sollten sie dort gewesen sein –
nicht überliefert sind, muss nicht verwundern. Tunlichst behielt das Handelsvolk solche
Routen und Kontakte für sich, um keine Konkurrenten auf den Plan zu rufen. Zudem ist von
ihnen keine nennenswerte literarische Tradition bekannt. Aus diesen Gründen sind wohl auch

keine eigenen Berichte jener Phönizier bekannt, die um 600 v. Chr. bereits im Uhrzeigersinn um ganz Afrika herum segelten, im Auftrag des Pharaos Necho II. Dem griechischen Schriftsteller Herodot blieb es vorbehalten, diese Reise bekannt zu machen – auf durchaus glaubhafte Weise.

Überhaupt waren es wohl die alten Griechen, die im Abendland nachhaltig die Neugier auf einsame Welten im Ozean prägten, jenseits der Säulen des Herakles, der Straße von Gibraltar. Am stärksten wurde die Fantasie befördert durch die Saga vom untergegangenen Atlantis. In die Welt gesetzt hatte sie der 80-jährige Philosoph und Staatsmann Plato, 70 Jahre, nachdem er sie als Jugendlicher von einem Greis namens Kritias gehört hatte, der sich dabei seinerseits auf Solon berufen haben soll, der wiederum 200 Jahre zuvor die Geschichte von Atlantis erzählt haben soll. Die Kaskade der Übermittlung mag bizarr anmuten. Ein Beleg dafür, dass der Mythos Atlantis keinen wahren Kern hat, ist sie nicht. Hunderte von Forschern haben sich auf die – teilweise immens aufwendige – Suche nach Atlantis begeben, Ende nicht abzusehen.

Ein weites Feld

Der Atlantik war ein weites Feld, vor Kolumbus gar ein unendlich weites. Entsprechend angeregt war die Fantasie. Doch wie viel Realität und tatsächliche Erfahrung stecken hinter den Geschichten? Grundsätzlich wäre es eher verwunderlich, wenn nicht im Mittelalter oder sogar bereits in der Antike irgendein Schiff vielleicht irgendwo in der Nähe des Ausgangs aus

Nach dem Scheitern seines ersten Versuches, 1969 mit einem Papyrusboot den Atlantik in Richtung Westen zu überqueren, unternahm der norwegische Forscher Thor Heyerdahl am 17.05.1970 eine zweite, diesmal erfolgreiche Schiffsexpedition mit dem Papyrusboot Ra II. 57 Tage nach der Abreise erreichte er mit seinem Team die Insel Barbados.

dem Mittelmeer in den Atlantik, vor den Säulen des Herakles (Gibraltar) also, erfasst worden wäre von den Strömungen und Winden, die beide an dieser Stelle alles, was sich auf dem Meer befindet, in Richtung Westsüdwest schieben, bis Amerika. Man musste sich nur über Wasser halten.

Dass so etwas nach antikem Stand der Technik zumindest möglich war, bewies im Jahr 1970 der Anthropologe und Abenteurer Thor Heyerdahl, als er mit einem Schilfboot nach altägyptischer Bauart („Ra II") von Marokko ablegte und in Barbados ankam, einer Insel der Kleinen Antillen. Das Schicksal des Einhandseglers Steven Callahan, der 1982 kurz hinter den Kanarischen Inseln Schiffbruch erlitt und anschließend auf seiner Rettungsinsel in 76 Tagen fast automatisch mitten in die Antillenkette nach Guadeloupe trieb, bestätigt die stringente Dynamik in diesen Breiten. Auch die Gegenrichtung, von der Karibik nach Europa, wäre theoretisch gewährleistet, durch den Golf- und den anschließenden Nordatlantikstrom, jeweils begleitet von gleichlaufenden Westwinden – wenn auch erheblich weiter im Norden, und dort mit rauer See und heftigen Stürmen.

Gerade das macht jene legendären Inseln auf dem Atlantik, die „Fata Morgana der Meere", wie Donald S. Johnson sein Buch (1999) über diese unsicheren Erscheinungen nannte, so faszinierend: Mythen mischen sich mit geografischen Gegebenheiten, nichts scheint unmöglich.

> „ ... EBENSO TAUCHTE DIE INSEL ATLANTIS IN DIE TIEFE DES MEERES HINAB UND VERSCHWAND. "
>
> Plato (428/427–348/347 v. Chr.)

Insel der sieben Städte – Antilia

Im Laufe des 15. Jahrhunderts dann tauchte jene Insel Antilia (oder auch Antillia) auf den ersten Karten auf. Womöglich war sie auch bereits 1367 auf der Karte der Venezianer Domenico und Franceso Pizzigano gemeint, als sie in einem Randtext zu einer Insel „Atullia" weit im Westen des Atlantiks schrieben, dass dort Säulen zur Orientierung der Seefahrer errichtet worden seien. Leuchttürme im Mittelalter, kurz vor Amerika? Zuane Pizzigano – vermutlich der Sohn einer der beiden Brüder – stellte die Insel dann auf seinem Plan des Atlantiks sehr deutlich heraus. Tiefrot, in rechteckiger Form. „Antilia" heißt sie dort, wie auch auf anderen Weltkarten des 15. Jahrhunderts.

Lange vor den Abbildungen auf Karten aber lesen wir Näheres über die Geschichte der Insel zum ersten Mal in einer deutschen Quelle: auf dem ersten noch erhaltenen Globus der Welt, hergestellt im Jahr 1492 bis 1493 vom Nürnberger Tuchhändler Martin Behaim (1459–1507), der auch zur See fuhr und als Geograf wirkte. Sein „Erdapfel" ist heute im Germanischen Nationalmuseum in Nürnberg ausgestellt. Viele Jahre hatte Behaim in Lissabon gelebt, wo er sich die Informationen für seinen Globus einholte, wo er wohl auch Kolumbus vor dessen Reise traf und später zum Ritter geschlagen wurde. Offenbar war er mindestens auf einer längeren Fahrt eines portugiesischen Schiffes entlang der westafrikanischen Küste dabei. Manche Abschnitte aus seinem Lebenslauf bleiben im Dunkeln.

Behaim verewigte sein „Antilia" auf dem Globus etwa auf halber Strecke zur gegenüberliegenden Seite des Atlantiks, die er noch Asien zuordnete. Die Informationen von den Reisen des Kolumbus waren da noch nicht eingeflossen. Immerhin, der Nürnberger verlagerte sein Antilia zumindest auf die Breiten der tatsächlichen Antillen, schob sie im Vergleich zu früheren Quellen nach Süden. Im Begleittext zu der Insel heißt es auf dem Globus: „Als man zelt nach Cristi gepurt 734 Jor als ganz Hispania von den Heiden aus Affrica gewinnen wurdt, do wurdt bewont die obgeschrieben insula antilia genant Septeritade. Von einem Erzbischoff von Porto Portigal mit Sechs andern Bischoffen, und anderen cristen man vnt frawen dj zu Schiff von Hispania dar geflohen kommen mit Irem vieh hab und gut. Anno 1414 ist ein Schiff aus Hispania vngefert darbei gewest am negsten."

So also fand der Mythos Antilias Eingang in die Literatur: Sieben Bischöfe zogen vor langer Zeit dorthin, auf der Flucht vor den maurischen Invasoren, die im 8. Jahrhundert die Iberische Halbinsel erobert hatten. Mit ihren Familien, mit vielen weiteren Christen und all ihrer Habe. Jeder der sieben Kirchenoberen gründete anschließend auf der – offenbar weitläufigen – Insel ein eigenes Gemeinwesen. Seither war von Antilia als der Insel mit den sieben Städten die Rede. Auch Ferdinand Kolumbus schrieb dann in seinem Buch über den Vater, den Amerikafahrer, Näheres über Antilia. Es liege 200 „Leagues" westlich der Kanarischen Inseln, in portugiesischen Maßen damals gut 1200 Kilometer. Die Bischöfe hätten seinerzeit, im Jahr 734, um jeglichen Gedanken an eine Rückkehr ins maurische Spanien zu unterbinden, ihre Schiffe verbrannt. Im ausgehenden Mittelalter allerdings hätten wieder Schiffe aus Europa vor der Insel geankert.

Der sogenannte Behaim-Globus (oben) aus dem Jahr 1493 stammt von einem der bekanntesten Repräsentanten der Renaissance in Nürnberg, Martin Behaim (Germanisches Nationalmuseum, Nürnberg). Die „Abschrift" der Ozeanseite von Behaims „Erdapfel" aus dem 19. Jahrhundert (unten) zeigt die „Insula Antilia" auf halber Strecke des gegenüberliegenden Atlantiks. Amerika fehlt hier noch, da gerade erst entdeckt.

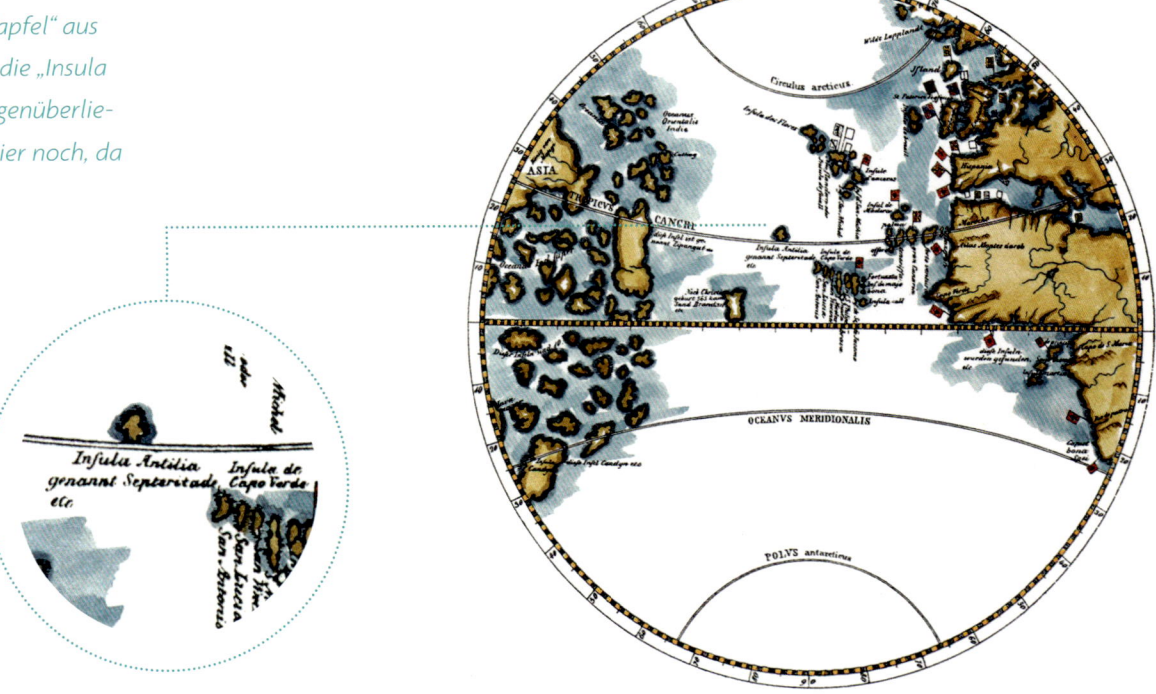

GEHEIMNISVOLLES GOLDLAND

In den Berichten von Antillia ist wiederholt die Rede von einem eigentümlichen, feinen Sand, den Seefahrer von dort mitgebracht hätten und der sich bei genauerer Untersuchung in Portugal als feiner Goldstaub entpuppt habe. Waren dies, noch vor dem Ausschwärmen der Konquistadoren, bereits die ersten Vorboten der späteren spanischen Legende von El Dorado, der Geschichten über die mit Gold gepuderten Jungkönige in ihrem so goldreichen Land? El Dorado wurde nie entdeckt, doch fanden die Konquistadoren wenig später in den altamerikanischen Hochkulturen die wohl am reichsten mit dem begehrten Metall gesegneten Länder der damaligen Zeit. Die Legenden vermischten sich, mit späteren Tatsachenberichten, aber auch untereinander. So griffen im Laufe der Zeit die Mythen der sieben Städte auf der Insel Antilia auf die der sagenhaften sieben Städte von Cibola über, obwohl diese ihren Ursprung auf der anderen Seite Amerikas haben, in der Region der Puebla-Indianer im Südwesten der heutigen USA.

Illustration zu den Reisebeschreibungen des britischen Seefahrers und Entdeckers Sir Walter Raleigh (um 1552–1618). Im Jahr 1595 führte er eine Expedition nach Südamerika an, um dort das sagenhafte Goldland El Dorado zu suchen. „Wie der Kaiser von Guayana seine Edelleute zuzurichten pflegt, wenn er sie zu Gast hält", kolorierter Kupferstich, 1599.

Die Geschichten über Antilia waren Selbstläufer. Heinrich der Seefahrer, der portugiesische Infant und Förderer der Ozeanfahrten des Landes, soll mehrere Schiffe auf die Suche nach der Insel geschickt haben. Laut Ferdinand Kolumbus sei einer von Heinrichs Seglern dabei tatsächlich auf die Insel gestoßen. Die Besatzung sei an Land gegangen, um mit den dortigen Christen Gottesdienst zu feiern, doch plötzlich habe sie die Angst gepackt, gefangen genommen zu werden, sodass die Männer die Flucht ergriffen. In Portugal angekommen, habe Heinrich sie umgehend zur Insel zurückschicken wollen, um den Kontakt dorthin aufzubauen. Doch auch bei dieser Gelegenheit hätten die Seeleute die Flucht ergriffen. Angst vor Antilia, warum? Oder steckte bei Ferdinand Kolumbus nur die Absicht dahinter, die Fahrten seines Vaters stärker zu heroisieren?

Auch auf der ersten Karte der Nordpolregion aus dem Mercator-Hondius-Atlas von 1606 ist in der linken oberen Ecke eine kleine Vignette mit einer Insel, die die Bezeichnung Frisland trägt, enthalten.

Was ist dran an all diesen Geschichten? Ging es um ein Fantasiegebilde? Die markant rechteckige Form und auch die Größe (beides ähnlich wie Portugal), in der die Insel damals auf vielen Karten – auch bei Zuane Pizzigano – dargestellt war, könnte auch ein Hinweis darauf sein, dass es sich bei Antilia um eine Art Konzept handelt, um Anti Ilia, die „Gegeninsel". Alexander von Humboldt las es als Ante-Ilha, als „Insel davor", also vor der Küste, auch wenn sie weit entfernt liegen sollte. Oder handelte es sich um den „Gegen"-Entwurf zum Paradies irgendwo im Osten? Oder als Gegenland zu Portugal, zu Europa, der erste überlieferte Gedanke an die „Gegenfüßler"? In welcher Lesart auch immer, stets war es in Form und Größe bezeichnenderweise ausgerichtet an Portugal, als Maß aller Dinge.

Die Geschichte der Phantominseln im Atlantik an der Schwelle vom Mittelalter zur Neuzeit ist reich an Namen, die wir von modernen Karten als tatsächlich existierende Länder kennen. Frisland gehört dazu, jene Insel, mit der der venezianische Kartenzeichner Nicolò Zeno 1558 die Entdeckungsgeschichte umschreiben wollte. Weit im Nordwesten des Atlantiks hatte er sie eingezeichnet, etwas östlich der Stelle, wo wir heute Neufundland finden, gleich neben „Estotiland", der kanadischen Halbinsel Labrador unserer Tage. Zeno machte geltend, zwei seiner Vorfahren – einer ebenfalls mit dem Vornamen Nicolò – seien im 14. Jahrhundert bereits über Frisland nach Estotiland gelangt, gut 100 Jahre vor Kolumbus. Was auf eine neue Lesart hinausliefe: Amerika als eine italienische Entdeckung.

Die Geschichte, die Zeno über Frisland zu erzählen hatte, hat stereotype Züge, man kennt sie aus historischen Fakten wie aus der Fiktion: Zenos Ahnen hätten sich seinerzeit mit dem Herrscher Frislands angefreundet, einem gewissen Zichmni, der von ihren seemännischen Fähigkeiten sehr angetan gewesen sei. Gemeinsam habe man die Herrschaft über benachbarte Inseln erringen können, woraufhin Nicolò Zeno zum Ritter von Frisland geschlagen wurde. Zichmni unternahm, gemeinsam mit den Zenos, abenteuerliche Reisen. Dabei gelangten sie auch nach Estotiland. Nach Labrador also, aufs amerikanische Festland. Bekannt wurde all dies, laut Nicolò, durch Briefe, die die Zeno-Brüder nach Hause sandten, aber auch durch ihre Berichte nach der Heimkehr. Carlo, ihr dritter Bruder, habe sie überliefert. Erhalten ist heute von alledem nichts mehr – außer Nicolòs Karte von 1558.

Die Suche nach Brasil

Frisland fand sich auf Karten bis Mitte des 17. Jahrhunderts. Noch hartnäckiger aber als Frisland hielt sich auf Karten und in Büchern das Phantom „Brasil", ebenfalls ein bekannter Name aus der heutigen Erdkunde. Dabei hat der Name dieser Insel nichts mit dem größten südamerikanischen Staat zu tun, dessen Name sich vom portugiesischen Wort für „Glut" ableitet. Nach dieser Glut wurde zuerst das in Südamerika gefundene glutrote Holz benannt, das man auch zum Färben nutzte. Und nach dem Holz schließlich – nach seiner Entdeckung – das ganze Land, in dem es so reichlich wuchs. Das tropische Brasilholz war bereits im Mittelalter bekannt, lange vor den ersten überlieferten Amerikafahrten. Marco Polo berichtete, dass es auf den Sundainseln im heutigen Indonesien wuchs. Die Insel dagegen, auf Karten der frühen Neuzeit meist etwa 100 Kilometer westlich Irlands eingezeichnet, hat nichts mit der Glut und dem Brasilholz zu tun. Ihr Name geht vielmehr auf einen gälischen Begriff, „Ui Braesail", zurück, was so viel heißt wie „Nachfahren" oder „Clan".

Eine andere Lesart sagt uns, dass der Inselname vom heiligen Bresal abstammt, einem der ersten Missionare Irlands. Er war es, der den Mönch Brendan auf die Idee mit der Fahrt nach Westen gebracht hatte, er hatte ihm von einer großen Insel dort erzählt. Die Verwirrung um den Inselnamen wird gesteigert dadurch, dass auch Terceira, eine der Azoreninseln, auf Karten aus dem 15. Jahrhundert als „Brasil" erscheint. Doch hier standen womöglich weder das

Brasilholz noch ein irischer Clan oder Mönch Pate, sondern die Glut des Inselvulkans oder ein glutrotes Baumharz, das man auf der Insel fand.

Johnson bezeichnet in seiner „Fata Morgana der Meere" Brasil als „die wohl schillerndste" aller atlantischen Phantominseln. Sie war bekannt für ihre flüchtige Existenz, changierte zwischen sichtbar und unsichtbar, fast immer hinter einer dichten Nebelwand gelegen, wenn nicht gleich ganz versunken im Meer. Brasil hat eine ähnliche Rezeptionsgeschichte wie Antilia. Erste Sagen sind spätestens seit dem 7. Jahrhundert überliefert. Auf Karten aber tauchte es erst gegen Ende des Mittelalters auf, eine der ersten davon war wiederum jene der Gebrüder Pizzigano, die Brasil 1367 als kreisrundes, rötliches Eiland südwestlich von Irland darstellte.

Im 15. Jahrhundert nahm man von England aus die systematische Suche nach Brasil auf. Wohl weil man sich dort ertragreiche Fischgründe versprach, die näheren Küsten gaben nicht mehr ausreichend her. Beteiligt an der Suche war auch der in Genua oder Venedig geborene Giovanni Caboto, der später in England – nun als John Cabot – zum Entdecker avancierte. Er sollte es sein, der 1497 als erster Europäer nach den Wikingern nordamerikanisches Land betrat (auch wenn er sich, ähnlich wie Kolumbus, in Asien wähnte). 1491 und 1492 stach er zweimal in See, um Brasil zu suchen, blieb aber damit ebenso erfolglos wie auf seiner späteren Amerikafahrt. 1498 brach er ein letztes Mal auf und blieb verschollen.

Das Gemälde (Ausschnitt, 1761/62) Francesco Grisellinis im Dogenpalast von Venedig zeigt den unter englischer Flagge fahrenden Italiener Giovanni Caboto. Die Tafel zu seinen Füßen preist Heinrich VII. Tudor, König von England (1457–1509), als Förderer der Entdeckungsfahrten des Venezianers nach Nordamerika.

Die systematische Suche nach Brasil erlahmte in jener Zeit, doch nun stellten sich Nachrichten ein von Seefahrern, die zufällig auf Brasil gestoßen sein wollten. In persönlichen Berichten, vor allem in überlieferten Briefen, tauchte sie in den nächsten Jahrhunderten immer wieder einmal auf. Da war beispielsweise ein Kapitän namens Rich, der 1636 im Westen Irlands eine Insel entdeckt haben wollte, deren Hafen ihn sogar zum Anlanden einlud, doch als er ihn ansteuerte, stellte sich im selben Moment eine dichte Nebelwand davor. Wie Rich erging es einer Reihe seiner Zeitgenossen. Bis ins späte 19. Jahrhundert sorgten Geschichten über Brasil immer wieder für Rätsel und Diskussionen. Die letzte Quelle des Brasil-Mythos ist der irische Altertumsforscher, Volkskundler und Schriftsteller, T. J. Westropp, der behauptete, die Insel 1872 dreimal gesehen zu haben, „weit draußen auf dem Meer, aber nicht am Horizont", mit „zwei Hügeln, von denen einer bewaldet war". Türme und Rauchsäulen habe er auch gesehen. War es noch ein Versuch einer Tatsachenbehauptung oder war es schon Belletristik eines Romanciers?

200 Jahre war es zu Westropps Zeiten bereits her, dass genaue Positionsbestimmungen auf See möglich waren. Nicht nur die geografische Breite, die man seit dem Altertum durch schlichte Beobachtung des täglichen Sonnenhöchststandes bestimmte, sondern auch die geografische Länge konnte man seither erfassen. Jede Angabe über kleine Inseln war nun genau überprüfbar. John Harrison, der Erfinder der Uhr, mit der seit 1759 die Längengrade genau zu bestimmen waren, war es letztlich auch, der den Phantominseln den Garaus machte. Längst waren nun die großen und kleinen Ungeheuer von den Weltkarten verschwunden. Die Aufklärung, der naturwissenschaftliche Fortschritt hatte die weißen Flecken und ungeklärten Zwischenräume zumindest von den Seekarten getilgt, auch wenn zum Beispiel auf dem afrikanischen Kontinent noch große Flächen auf ihre Erforschung und Kartierung warteten.

Was blieb von den Phantominseln? Bei den meisten von ihnen wird wohl nie geklärt werden, ob ihre vorübergehende „Existenz" auf tatsächlichen, aber völlig falsch verorteten Sichtungen beruhte oder ob sie reine Fantasieprodukte waren, die jemand ins Spiel brachte, um sich als Entdecker feiern zu lassen, um Territorien zu beanspruchen oder einfach nur sich wichtig zu machen. Einige sorgen immer noch für Diskussion darüber, ob sie als Hinweis darauf taugen, dass schon vor Kolumbus Europäer den Atlantik kreuzten und amerikanischen Boden betraten.

„Meerwunder und seltene Geschöpfe" tummeln sich auf diesem Holzschnitt (spätere Kolorierung) von Hans Rudolf Manuel. Aus: Sebastian Münster, Kosmographie, Basel, 1550.

Der Traum einer abgeschlossenen Welt

Doch während die falschen Inseln auf den Karten nach und nach verblassten, traten anderswo immer neue auf, teils um ganz andere Diskussionen anzustoßen, teils auch, um zu unterhalten, um die Fantasie anzuregen. Die Insel als solche avancierte fast schon als eigenes Genre der Belletristik: Inselromane, Inselessays, Inselutopien. Das aufkommende Zeitalter der Entdeckungen erweiterte in der frühen Neuzeit auch den Horizont der Intellektuellen für große gesellschaftliche Entwürfe. Die Ära der Aufklärung ließ die Kluft zwischen der gesellschaftlichen Realität und dem Idealbild menschlichen Zusammenlebens deutlicher werden. Anlass genug, Traumwelten literarisch zu skizzieren, und wohin hätten sie besser projiziert werden können als auf Inseln. Als abgeschlossener Übungsplatz für den großen gesellschaftlichen Wurf, durch das Meer abgeschirmt von den Einflüssen der Wirklichkeit. Es sieht so aus, dass die Schriftsteller sich in diesem Genre von den alten Phantominseln inspirieren ließen, zumal sie erkannten, wie sehr diese damals schon in den Dienst von gesellschaftlichen Idealisierungen gestellt worden waren.

Titelholzschnitt (spätere Kolorierung) der Erstausgabe zu Thomas Morus' (um 1478–1535) „Utopia", Löwen, 1516.

So verlegte Thomas Morus 1517 sein „Utopia" auf eine große Insel nahe der Küste Südamerikas. Antilia? Der englische Staatsmann und Humanist bezieht sich in seinem Roman über eine Gesellschaft mit starken sozialistischen Elementen ausdrücklich auf Erzählungen eines weit gereisten – fiktiven – Seemanns, der dort länger gelebt haben soll. Das Geld ist abgeschafft auf Utopia, jeder erhält zum Leben gerade so viel, wie er braucht. Alle sind strebsam und arbeiten, Engpässe sind unbekannt.

Erzählungen von idealisierten Inselgesellschaften sind seit der Antike bekannt. Doch Atlantis zum Beispiel, das wegen der Hybris seiner Bewohner untergehen musste, oder auch die Schauplätze von Homers „Odyssee" etwa versuchten Historiker und Geografen tatsächlich aufzuspüren. Das Utopia von Morus dagegen hat noch niemand zu lokalisieren versucht. Schon sein Name, aus dem Altgriechischen mit „Nicht-Ort" übersetzt, signalisiert den Willen zur Fiktion.

Obwohl der Pazifik und der Indische Ozean sowieso längst bekannt und von Seglern durchfahren waren, liegen die frühen Insel-Utopien der Schriftsteller meist im Atlantik. Wohl deshalb, um ihre Fiktionen den Menschen „näher"zubringen, sie errreichbar zu halten. Auch Johann Gottfried Schnabel platziert die „Felsenburg" in seinem gleichnamigen Roman aus dem frühen 18. Jahrhundert in den Süden des Ozeans. Auch Schnabel entwirft darin eine ideale Gesellschaft, dem lutherischen Glauben verpflichtet, geordnet in neun Familienstämme. Auch hier ist – wie in Morus' „Utopia" – Privatbesitz verboten, alles gehört der gesamten jeweiligen Familie, über die ein Oberhaupt befindet, stets der Älteste eines jeden Clans. Alle Oberhäupter zusammen bilden den Rat, der über die Geschicke der Insel befindet. Für Schnabel wie für den Leser eine klar abgegrenzte Aufgabe, bedeutende Einflüsse von außen bestehen nicht, wie auch andererseits keine Verpflichtungen gegenüber der Außenwelt. Eine Insel ist eben praktisch für den Dichter, als literarisches Axiom, das alles übersichtlich macht.

Nicht nur die Gesellschaft, auch den Einzelnen ließen die Autoren in der abgeschiedenen Welt der Insel damals einem Ideal annähern. Auch Daniel Defoe hat sein berühmtestes Werk, „Robinson Crusoe", ganz offenbar mit diesem Leitgedanken verfasst. Auch er lässt die Handlung im Atlantik spielen, auf einer unbekannten Antillen-Insel, obwohl das reale Vorbild für den Titelhelden des Buches, Alexander Selkirk, seine tatsächliche „Robinsonade" auf einer Insel im Südpazifik erlebt hatte. 28 lange Jahre lässt Defoe seinen Robinson Crusoe einsam und allein leben – eine Handlung, die nur auf einer Insel in Szene gesetzt werden kann, wo sonst? Zeit genug für Robinson, über sich und sein Leben nachzudenken, sich aus dem einst unfolgsamen jungen Mann zu einem gläubigen, bibelfesten Christen zu läutern – was uns der Dichter bei aller spannenden Verpackung wohl hauptsächlich sagen wollte. Das Buch, das als der erste englische Roman gilt, hat sogleich eine eigene Sparte in der Literatur begründet: die Robinsonade mit dem allein auf sich gestellten Menschen auf der abgelegenen Insel. Drehbücher von Filmen haben sie später vielfach übernommen.

Inseln machen gesellschaftliche Beziehungen und Konflikte übersichtlicher, eingrenzbarer, fokussierter. Und so schaffte es auch ein anderer Klassiker der Inselliteratur, der ebenfalls auf den Antillen spielt, eine ähnliche Literatursparte zu begründen: Robert Louis Stevensons „Schatzinsel". Der Roman ist ebenfalls sichtlich ein Ergebnis des Zeitalters der Entdeckungen und Eroberungen, das gerade in dieser Weltengegend immense Mengen an Schätzen generierte. Der Schriftsteller ließ sie dann im Sinne seiner Dramaturgie gerne irgendwo vergraben. Stevensons Schatzinsel ist der literarische Prototyp eines Mikrokosmos, in der eine Handvoll guter Menschen auf ebenso viele böse trifft. Sie alle kämpfen auf einer durch das Meer begrenzten Walstatt um Tod und Leben. Showdown auf der Insel.

Erst gab es die Berichte ferner Inseln, die allerdings in Wirklichkeit gar nicht existierten. Dann nahm die Weltliteratur den Faden auf und formte die fiktiven Eilande nach den Vorstellungen der Dichter von idealen, in sich geschlossenen Welten. Dann aber zog nach all dem Fiktiven auch noch die Wirklichkeit nach. Dies allerdings hinter dem Atlantik und Amerika, im Pazifik. Etwa auf Suwarrow, einem Atoll im äußersten Norden des Cook-Archipels im Pazifik, einem der abgelegensten Eilande im größten Ozean, das gleich zur Schatzinsel und auch noch zur Robinson-Insel avancierte. Erst gruben Seeleute dort im Jahr 1855 eine Kiste mit alten amerikanischen Münzen im Wert von 15 000 US-Dollar aus. Dann, nur wenige Jahre später, hob ein Mann aus Tahiti eine weitere Schatztruhe – dieses Mal mit 2400 Dollar. Später wurde Suwarrow auch noch der Ort ganz realer Robinsonaden. 1940 und 1941 war das eigentlich unbewohnte Atoll einsamer Wohnort des US-Amerikaners Dean Frisbie und zwei seiner Kinder – für fast ein Jahr, ohne Kontakt zur Welt. Frisbie schrieb seinen eigenen „Robinson Crusoe" in dem Klassiker „The Island of Desire". All das allerdings war nichts gegen seinen Nachfolger, Suwarrow machte Defoes Klassiker alle Ehre. Der Neuseeländer Tom Neale lebte ganz allein insgesamt 16 Jahre auf Suwarrow, in drei Etappen, zwischen den 1950er- und den -70er-Jahren. Auch wenn er nicht ganz an Robinsons 28 Jahre herankam, war Neale der wohl konsequenteste Einsiedler der Südseegeschichte, der zuletzt, 1977, schwer krank mehr oder weniger zufällig entdeckt und evakuiert wurde, im selben Jahr aber noch starb.

Doch nicht nur Robinson und die Schatzinsel wurden Realität. Auch Schnabels Felsenburg mit dem so beliebten Grundmodell einer Inselgesellschaft, die sich aus dem Nukleus eines Urvaters, einer Art Adam, entwickelt. Zum Beispiel in Palmerston, einer der Cook-Inseln im Pazifik. Vor fast genau 150 Jahren, 1863, landete dort ein gewisser William Marsters aus England und gründete mit drei Frauen drei Dynastien. Er legte die Regeln des Zusammenlebens fest, machte zum Beispiel zum Gesetz, dass niemand innerhalb einer der drei Linien heiraten dürfe.

Die drei Marster-Linien haben bis zum heutigen Tag überlebt. In einer Gemeinschaft, die, trotz zufälliger Ähnlichkeiten mit Idealvorstellungen, ansonsten wenig von denen der Nachbarinseln unterscheidet, ganz real. Worüber die Bewohner nicht unglücklich sind.

Titelbild zu Robert Louis Stevensons (1850–1894) englischer Originalausgabe der „Schatzinsel" (Ausgabe von 1886).

08

VERSUNKENE TRÄUME, EIN MILLIARDENGESCHÄFT

PIRATENSCHÄTZE, SCHIFFSWRACKS UND UNTERGEGANGENE STÄDTE

VERSUNKENE TRÄUME, EIN MILLIARDENGESCHÄFT

PIRATENSCHÄTZE, SCHIFFSWRACKS UND UNTERGEGANGENE STÄDTE

Vorangehende Doppelseite: Langflossen-Fledermausfische (Platax teira) vor den Malediven.

„Kreidefelsen auf Rügen" von Caspar David Friedrich (1774–1840), um 1818 (Winterthur, Museum Oskar Reinhart).

Ein Gedankenspiel ist es wert. Fast jeder kennt das Bild, gemalt von Caspar David Friedrich auf Rügen. Durch eine Schlucht aus zackigen Kreidefelsen und lichtes Nadelgehölz hindurch geht der Blick über die weite Ostsee. Wir teilen ihn mit den beiden Herren und der Dame im Vordergrund, die sich gefährlich nah herangewagt haben an die Abbruchkante. Es ist eines der bekanntesten Bilder aus dem Zeitalter der Romantik. Heute, im Zeitalter der interaktiven Kunst, gestatten wir es uns und lassen – ohne Rücksicht auf die zwei Segelboote im Hintergrund – das Wasser aus dem Meer ab. Schlick und Sandboden bis zum Horizont täten sich auf. Doch da wäre noch mehr.

Fregatten und Fleuten, Karacken und Karavellen, Galeeren und Galeassen zeigten sich dort auf dem trocken gelegten Meeresgrund, wenn wir nur weit genug schauen könnten. Die verfallenen Reste aller möglichen Schiffstypen der letzten sechs, acht Jahrhunderte. Ein Meer

„WAS KÜMMERT MICH
DER SCHIFFBRUCH DER WELT,
ICH WEISS VON NICHTS
ALS MEINER SELIGEN INSEL.“

Friedrich Hölderlin (1770–1843)

von Wracks. Von Seegras und Muscheln überwuchert, hier grünlich fluoreszierend, dort schwarzbräunlich dahinrottend, umgeben von nicht mehr ganz runden Kanonenkugeln, verlorenen Ankern, gefallen Schiffsmasten, aufgebrochenen Kisten, zersprungenen Tonkrügen.

Als Caspar David Friedrich damals südlich der Victoriasicht am Königsstuhl hinter der Staffelei stand, dürfte auch er geahnt haben, dass er auf die Oberfläche eines riesigen Schiffsfriedhofs blickte. Errichtete doch nicht zufällig sein Zeitgenosse Karl Friedrich Schinkel etwas später ein paar Kilometer weiter nordwestlich, auf dem Kap Arkona, einen dreigeschossigen Leuchtturm. Die Steilküste im Norden Rügens mit vielen vorgelagerten Sandbänken, oftmals dem berüchtigten scharfen Nordost ausgesetzt, wurde seit dem Mittelalter einer Unzahl von Handelsschiffen zum Verhängnis. Allfälliger Seekrieg in der Ostsee tat ein Übriges. Die Gegend rund um die größte deutsche Insel galt lange als Hotspot der Havarien. Schätzungsweise 2000 Wracks aus allen möglichen Epochen des vergangenen Jahrtausends schlummern vor der Küste Mecklenburg-Vorpommerns. Für die gesamte Ostsee, seit dem Mittelalter eines der verkehrsreichsten Meere, rechnet man mit 3000, bekannte und unbekannte, geortete oder auch nur in historischen Dokumenten erwähnte. Mindestens, andere Schätzungen belaufen sich auf erheblich mehr.

Unterwasserarchäologie vs. „Raubgräberei"

Die weite Spanne hängt mit der Frage zusammen: Was kann noch als Wrack gelten, was nur noch als eine vereinzelte Planke, als letzter Rest, der noch nicht vergangen ist? Dabei ist gerade im Wasser der Ostsee mit ihrem niedrigen Gehalt an Sauerstoff und Salz die „Lebenserwartung" für hölzerne Wracks besonders hoch. Vor allem spielte bislang der berüchtigte Schiffsbohrwurm, der sich mit Vorliebe Holz einverleibt, dort auch keine größere Rolle. Inzwischen allerdings ist *Teredo navalis* im Seitenmeer zwischen Dänemark, Schweden und Nordosteuropa angekommen, als blinder Passagier im Ballastwasser großer Frachtschiffe.

Immer wieder werden namhafte Wracks im „Mare Balticum" gefunden. 2011 erst war es die „Mars", das größte Kriegsschiff des 16. Jahrhunderts. Im Zuge einer Seeschlacht im „Dreikronenkrieg", bei dem es um die Handelsvormacht in der Region ging, wurde die Karavelle 1564 von einem Lübecker Schiff in Brand geschossen und sank, mit etwa 700 bis 800 schwedischen Seeleuten an Bord. Gerüchten zufolge auch mit der schwedischen Kriegskasse. 20 Jahre lang hatten private Tauchunternehmen und Archäologen der Stockholmer Universität nach dem

Schiff gesucht, bis sie es dann südlich von Öland in 75 Metern Tiefe entdeckten. Dort soll es nach dem Willen der Wissenschaftler auch bleiben. Erforschen ja, heben nein – so lautet in den meisten Fällen die Devise der Wissenschaftler. Zerfallen geborgene Wracks doch sehr schnell, wenn man sie nicht umgehend in einer aufwendigen und langwierigen Prozedur konserviert. Auch legen die Forscher prinzipiell Wert darauf, die Relikte aus den vergangenen Jahrhunderten möglichst unberührt in ihrer Umgebung zu belassen. Es bleibt allerdings das Problem, dass Raubtaucher von diesem Prinzip nur schwer zu überzeugen sind.

Die UN-Kulturorganisation UNESCO geht davon aus, dass weltweit auf dem Meeresgrund circa drei Millionen Wracks schlummern. Jedes Wrack hat seine eigene, dramatische Geschichte. Die unterschiedlichsten Gründe haben sie untergehen lassen. Weltbekannte Ikonen stehen für sie alle, bei vielen ist die Position bekannt. Da ist die „Titanic", die gegen einen Eisberg krachte, da sind etwa die beiden Schlachtschiffe, die „USS Arizona" vor Hawaii und die „Bismarck" im Nordatlantik, die im Zweiten Weltkrieg versenkt wurden, heute beide als

Vielfach verfilmt, gehört der Untergang der Titanic sicherlich zu den „populärsten" und größten Katastrophen der zivilen Schifffahrt (Aufnahme des Schiffes vor der Jungfernfahrt).

Seemannsgräber gelten und deshalb in Ruhe gelassen werden sollen. Da ist die berühmte „Bounty", die von den Meuterern, nachdem sie eine abgelegene Pazifikinsel als Versteck gefunden hatten, selbst versenkt wurde. Da ist die legendäre „Vasa", sehr kurze Zeit der Stolz der schwedischen Kriegsmarine, die 1628 nach nur einer einzigen Meile auf ihrer Jungfernfahrt kenterte und sank, weil es sich um eine rettungslos toplastige Fehlkonstruktion gehandelt hatte. Da ist die „Lucona", die im Zuge eines Versicherungsbetrugs im Indischen Ozean explodierte. Da sind die inzwischen weitgehend namenlosen Reste Hunderter im Orkan gescheiterter Segler im Südatlantik kurz vor Kap Horn. Und da sind die nicht minder zahlreichen Zwei- und Dreimaster in der vielfältigen Inselwelt der Karibik aus der Zeit der Conquista und ihrer großen Goldtransporte von Amerika nach Spanien. Gerade um sie ranken sich Legenden und Mythen, sie wecken besondere Begehrlichkeiten. Modernes Tauch- und Ortungsgerät macht es heute immer einfacher, solche Mythen in harte Realität zu verwandeln, Sauerstoffflaschen für das „Scuba"-Tauchen, Metalldetektoren, feinstes Sonar, ferngesteuerte U-Boote mit Roboterarmen.

Viele Wracks, bekannte wie noch zu entdeckende, bergen womöglich zu große Schätze, als dass alle Beteiligten sich auf jenes hehre Prinzip einigen könnten, sie unberührt zu lassen. Wer den nötigen Spürsinn hat, genügend Zeit für Recherchen in Schiffsregistern und historischen Archiven sowie für die eigentliche Suche, die nötige Risikobereitschaft für Millioneninvestitionen – und dann auch noch eine große Portion Glück, der kann unter Wasser viel Geld verdienen. Auch wenn es nur wenige sind, die all diese Voraussetzungen erfüllen, so hoben doch Schatztaucher in den vergangenen drei Jahrzehnten aus einzelnen Schiffswracks Werte von zwei- oder dreistelligen Millionenbeträgen, manche träumen schon von Milliarden-Coups. Münzen, Goldbarren, Porzellan und andere Preziosen kamen ans Licht und landeten über Versteigerungen in privaten Sammlungen, Museen oder profitablen Wanderausstellungen.

Den ersten dicken Brocken holte sich der US-amerikanische Schatzjäger Mel Fisher in den 1980er-Jahren. Allerdings hatte er auch fast 20 Jahre lang nach den Überresten einer spanischen Flotte gesucht, die schwer beladen mit Gold und Silber von Kuba aus nach Spanien segeln sollte. Der immense Aufwand, den er und sein Team betrieben, sollte sich am Ende vielfach auszahlen – für ihn und die zahlreichen Investoren, die all die Zeit mit äußerstem Risiko auf seinen Erfolg gesetzt hatten.

Vorangehende Doppelseite: Die wenigsten Schiffe gingen „ruhmreich" in mehr oder weniger „großen" Schlachten unter. Die allermeisten fielen dem unberechenbaren Meer zum Opfer. Das Gemälde aus dem 19. Jahrhundert zeigt den Sieg der britischen Flotte unter Lord Nelson über die französisch-spanische Flotte unter Admiral P. Villeneuve bei der Seeschlacht von Trafalgar am 21. Oktober 1805.

Bergung einer Kanone, die zur 1658 vor den Bahamas gesunkenen spanischen Galeone „Nuestra Señora de las Maravillas" gehörte.

„WENN DU BETEN LERNEN WILLST,
SO FAHRE AUF DAS MEER HINAUS "

Sancho Panza zu Don Quichotte

Die Suche nach der „Silberflotte"

Im September 1622 hatten die Mannschaften von 28 spanischen Galeonen vor Havanna die Anker gelichtet. Es war die „Silberflotte", einer jener Geleitzüge, die zwischen dem 16. und 18. Jahrhundert zweimal jährlich immense Mengen Edelmetall nach Spanien schafften, die meisten Schiffe waren private Handelssegler. Aufbruch im September hieß aber auch: mitten hinein in die Hurrikan-Saison. Und prompt wurde der Geleitzug von einem heftigen Wirbelsturm erfasst, der mehrere Schiffe auf ein Riff bei Key West vor Florida trieb und versenkte. Nur Tage später begannen die Spanier, wenigstens Teile davon zu heben. Dabei setzten sie bereits Taucherglocken ein, mit denen sie Luft unter Wasser drückten, die die Taucher bei ihrer Arbeit zwischendurch einatmen konnten. Dennoch kamen viele von ihnen, durchweg indianische Sklaven, dabei um. Obwohl ein zweiter Hurrikan die Schiffe auf etwa 20 Meter Tiefe gedrückt hatte, konnte ein beträchtlicher Teil der Ladung geborgen werden. Der größere Teil allerdings war an Bord geblieben.

Im Schlick vor den Bahamas wird nach dem spanischen Dreimaster „Nuestra Señora de las Maravillas" gesucht.

Fisher konnte sich bei seinen Recherchen auf spanische Aufzeichnungen über die Lage der Schiffe aus dem 17. Jahrhundert stützen. Dennoch brauchten er – und vor allem seine Finanziers, die immer wieder Gelder nachschießen mussten – immense Geduld. Abgesehen hatten sie es vor allem auf den Dreimaster „Nuestra Señora de la Atocha", in dem laut der alten Protokolle am meisten zu holen schien. All die langen Jahre fand Fishers Team auf dem Grund in der Umgebung Einzelstücke, die offenbar aus der Fracht der Flotte stammten. Werte, die den Aufwand selbst nicht im Geringsten gerechtfertigt hätten, die aber die Hoffnung auf den ganz großen Batzen immer wieder am Leben hielten. 1980 stieß Fisher zunächst auf die Überreste der „Santa Margarita", aus der allerdings kaum noch etwas zu holen war. Noch einmal fünf Jahre dauerte es da, bis am 20. Juni 1985 Fishers Sohn Kane von einem der Bergungsschiffe aus an seinen Vater im Hauptquartier den Funkspruch absetzte: „Hört auf mit dem Kartenstudium, wir haben den Volltreffer gelandet." Die „Atocha" war geortet. Es war der Moment, in dem alle Mühe aufgewogen war, um ein Vielfaches. Vorbei war endlich die Zeit, da Fisher sich mühsam immer irgendwo neue Gelder besorgen und mit seiner Familie in bescheidenen Verhältnissen hausen musste.

Die unzähligen Gold- und Silbermünzen sowie wertvolle Smaragde, die die Taucher nun aus dem Bauch der „Atocha" hoben, wurden später auf die sagenhafte Summe von 400 Millionen Dollar geschätzt. Dass das Schiffskastell mit dem Salon des Kapitäns, in dem man die eigentlichen Preziosen vermutet, offenbar vom Wrack abgerissen war – womöglich war ihm ein Unbekannter zuvorgekommen –, konnte Fisher verschmerzen. Mehr zu schaffen machte ihm der Anspruch des US-Bundesstaates Florida auf Herausgabe des gesamten Schatzes. Die Begründung: Er sei innerhalb des Hoheitsbereiches gefunden worden. Nach längerem Rechtsstreit allerdings entschied ein Gericht, Florida müsse sich mit 25 Prozent begnügen, den Rest durfte Fisher behalten.

Für andere Abenteurer gingen solche Gerichtsverhandlungen nicht so glimpflich aus. Die Besitzfrage bei Unterwasserfunden ist komplex, von Land zu Land unterschiedlich und streckenweise ungeklärt. Und so fielen für manch einen, der viele Millionen und Jahre in Suchexpeditionen gesteckt hatte, die gehobenen Schätze anschließend gleich wieder ins Wasser, bildlich gesehen.

Geht es nach der UNESCO, genießen alle Artefakte, die länger als 100 Jahre unter Wasser liegen, besonderen Schutz. Niemand soll sie kommerziell ausnutzen, lautet ihr Credo. Die UNESCO will – und kann – damit allerdings nicht in die hoheitlichen Ansprüche der Küstenstaaten eingreifen und auch nicht in die Vereinbarungen der jeweiligen Länder mit privaten Schatztauchern und Bergungsunternehmen, die sich sehr verschieden gestalten. International hat es sich weitgehend durchgesetzt, einst im Staatsbesitz befindliche Schiffe, alte Kriegsschiffe zumeist, selbst wenn sie bereits viele Jahrhunderte auf dem Meeresgrund liegen, mitsamt ihrer Fracht als Besitz der heutigen Regierung des jeweiligen Landes anzusehen. Egal, wo sie gefunden werden. Dies musste sich vor wenigen Jahren ein anderes US-amerikanisches Bergungsteam von einem Gericht in seiner Heimat bestätigen lassen, nach der spektakulären Bergung eines spanischen Seglers.

Zwei Goldbarren aus dem 1622 vor den Florida Keys gesunkenen spanischen Schatzschiff „Nuestra Señora de la Atocha".

Die Firma „Odyssey Marine Exploration" ist ein Schwergewicht in der internationalen Schatztaucherei. Immer wieder macht sie seit vielen Jahren Schlagzeilen nach millionenschweren Unterwasserfunden. Im Februar 2012 freilich auf eine für das börsennotierte Unternehmen unerfreuliche Weise. Spanien hatte ein Gericht im US-Bundesstaat Florida, dem Sitz von „Odyssey", angerufen und die komplette Herausgabe von 17 Tonnen Gold und Silber verlangt, die Taucher des Unternehmens aus der spanischen Fregatte „Nuestra Señora de las Mercedes" geborgen hatten. Mit Erfolg.

Das – staatliche – Schiff war 1804 vor der portugiesischen Südküste, nahe der Grenze zu Spanien, gesunken. „Odyssey" hatte die Regierung in Madrid nicht über den Fund und die Bergung des auf 380 Millionen Euro taxierten Schatzes unterrichtet, war somit Verhandlungen von vornherein aus dem Weg gegangen, mit der späteren Begründung, das Wrack liege in internationalen Gewässern. Das US-Gericht erachtete dies jedoch für unerheblich und sprach dem Unternehmen nicht einmal Kostenerstattung zu, weder für die Suche nach dem Wrack noch für die Bergung und nicht einmal für die spätere sichere Lagerung des Schatzes. Zwei Flugzeuge waren anschließend nötig, ihn nach Madrid zu fliegen. Melinda MacConnel aus der Unternehmensführung sah in dem Gerichtsurteil eine fatale Fehlentscheidung, mit Konsequenzen nicht nur für die eigene Firma: „Niemand wird mehr Anreize haben, Unterwasserfunde anzugeben. Jeder Fund, auf den Spanien Anspruch erheben könnte, wird versteckt werden oder, schlimmer noch, eingeschmolzen und bei eBay verkauft."

Ins Schlingern kam „Odyssey Marine Exploration" durch das Urteil nicht. Kaum ein anderes Unternehmen verdient so viel mit der Suche nach Gold und Silber. Noch während der Streit um die spanische Fregatte lief, teilte „Odyssey" im September 2011 mit, das Wrack der „Gairsoppa" gefunden zu haben, knapp 500 Kilometer westlich von Irland. Der private

Münzfund aus der spanischen Fregatte
„Nuestra Señora des las Mercedes".

britische Frachter war 1941 mit 240 Tonnen Silber an Bord von einem deutschen U-Boot versenkt worden. Die Regierung in London sah sich als Eigner des Schatzes, nicht des Schiffes. „Odyssey" stritt deshalb eine Zeit lang mit ihr um die Bergungsrechte, doch man einigte sich. Die Schatzsucher durften letztlich 80 Prozent des Fundes behalten, 20 Prozent gingen an die Regierung in London, die auch Archäologen zur wissenschaftlichen Erfassung – und zur Kontrolle – auf das Bergungsschiff entsenden durfte.

Der Verteilungsschlüssel 80:20 kam auch bei weiteren Funden britischer Wracks zur Anwendung, nicht zuletzt, um potenzielle Schatztaucher nicht durch allzu rigide Forderungen abzuschrecken. Er dürfte wohl auch für das Wrack der „Victory" gelten, in deren Bauch bis heute 400 000 Pfund Sterling aus dem 18. Jahrhundert lagern sollen (der Betrag entspräche heute etwa einer halben Milliarde Euro). Das gewaltige Schiff war 1744 im Ärmelkanal gekentert und gesunken. 2008 wurden seine Überreste von „Odyssey" entdeckt. Bis Ende 2014 waren die Modalitäten für die Bergung im Detail allerdings noch nicht ausgehandelt.

Für Unterwasser-Archäologen an Universitäten und öffentlichen Instituten mag die Tauch- und Wühlarbeit privater Firmen ein großes Ärgernis sein. Tatsache ist allerdings auch, dass sie dem aus eigener Kraft wenig entgegenzusetzen haben. Es fehlt ihnen schlicht an Geld. „Odyssey" beispielsweise investiert täglich 35 000 Dollar in die Schatzsuche – angesichts einer geringen Trefferzahl ein hohes finanzielles Risiko, und welche Universität wollte sich auf so etwas einlassen? Die meisten gehobenen Schätze seit dem Krieg wären wohl ohne privaten Unternehmergeist nicht einmal geortet, geschweige denn gehoben und ausgewertet. Kommt es später zur Teilung des Schatzes, und bietet dieser den Unternehmen einen Anreiz für ihre hohen Investitionen, so argumentieren die Tauchunternehmen, dann seien auch die Öffentlichkeit und ihre Haushalte, ihr Wissenschaftsbetrieb sowie die Museen und Ausstellungsbetriebe an der Win-win-Situation beteiligt.

Zwei bronzene Kanonenrohre, die am Grund des Ärmelkanals im Wrack des legendären britischen Kriegsschiffs „HMS Victory" von „Odyssey Marine Exploration" entdeckt wurden. Oben eine 12-Pfund-Kanone, unten eine 42-Pfund-Kanone. Das Segelschiff war 1744 im Sturm vor der Kanalinsel Alderney mitsamt Goldschatz und 1100 Mann an Bord gesunken. Seitdem galt es als verschollen.

RUINEN UNTER DEM MEERESSPIEGEL

„Wo gestern noch Lärm und lustiger Tisch, schwamm andern Tags der stumme Fisch." Ganz so schnell, wie es der Dichter Detlev von Liliencron in seiner Ballade ‚Trutz, Blanke Hans' von 1882 über das versunkene Rungholt beschreibt, ging der Untergang von Städten in der Weltgeschichte nicht über die Bühne. Auch Atlantis ist wohl nicht von einem auf den anderen Tag verschwunden. Doch es gibt sie, die Ruinen unter dem Meeresspiegel, vor den unterschiedlichsten Küsten. Viele geben den Wissenschaftlern Rätsel auf: Wann und warum sind sie versunken? Sind sie überhaupt von Menschenhand geschaffen?

Erst 1985 stießen Taucher, die eigentlich Haie beobachten wollten, auf die frappant regelmäßigen Strukturen einer stattlichen Felsformation etwa 300 Meter vor der Küste der japanischen Insel Yonaguni (Hintergrund). Die auffälligste Struktur ist dabei ein Kubus aus Sandstein mit fast exakten rechten Winkeln. In den bemerkenswerten Ausmaßen von 150 mal 40 Meter ragt er immerhin 27 Meter senkrecht aus dem Meeresgrund hervor. In unmittelbarer Umgebung: Wände, die eine Art Straße einfassen, Säulen, sternförmige Platten und vieles mehr. Doch die meisten Forscher, Geologen wie Archäologen, meinen, es handele sich um natürliche Formationen. Dies vor allem aus einem Grund: Ein menschengemachter Ursprung passt nicht damit zusammen, dass die Felsen zuletzt vor etwa 10 000 Jahren trocken lagen, als zur Eiszeit der Meeresspiegel deutlich tiefer stand. Und den Keramik-Kulturen, die damals allenfalls in Japan herrschten, traut die Fachwelt eine solche herkulische Arbeit nicht zu.

Eindeutig ein Menschenwerk ist dagegen Port Royal vor der Küste von Jamaika, zu ihrer Zeit eine der größten Städte der Karibik. 2000 Menschen starben bei dem großen Erdbeben, das dort 1692 wütete und dafür sorgte, dass Port Royal nach und nach im Meer versank. Heute liegen die meisten Ruinen etwa zwölf Meter tief unter Wasser - und sinken immer noch.

Immer mal wieder sorgen Berichte über versunkene Hafenstädte an der südostindischen Küste für Diskussionen. Möglicherweise haben Tsunamis, ähnlich wie jener, der zu Weihnachten 2004 neben vielen anderen Küsten der Region auch diese heimsuchte, in historischer Zeit noch ähnliche, aber weit stärkere Verheerungen angerichtet und Städten den Garaus bereitet. Zurzeit konzentrieren sich die Forschungen von Archäologen auf ein größeres Ruinengelände vor der Stadt Pugar im Bundesstaat Tamil Nadu, etwa ein Kilometer weit und sieben Meter tief im Meer, die womöglich aus der Zeit um Christi Geburt stammt. Es gibt Berichte von Küstenbewohnern der Region, die kurz vor dem Einschlag der Riesenwelle 2004, als sich das Meer wie immer bei Tsunamis weit zurückgezogen hatte, künstliche Strukturen weit draußen ausgemacht haben - die eine Katastrophe offenbart die Hinterlassenschaften der anderen, von vor Tausenden Jahren, für wenige Augenblicke. Es sind solche Geschichten, die die Spekulationen über weitere sagenhafte, vorsintflutliche Siedlungen im Meer immer wieder beleben.

Ganz handfest sind dagegen die Spuren aus altgriechischen Zeiten vor der ägyptischen Stadt Alexandria. Deren alte Hafenanlagen sowie unweit davon Reste der Stadt Heraklion und womöglich auch Teile des Ortes Kanopus konnten Unterwasserarchäologen in den 80er- und 90er-Jahren des 20. Jahrhunderts aufspüren und streckenweise kartieren. Das Nildelta hat sie im Laufe der Zeit überspült. Der bekannte Schatztaucher Franck Goddio und sein Kollege Jean-Yves Empereur tauchten dort - und gerieten dabei über die Vorrechte an den Funden und der medialen Verwertung in Streit.

All dies sind nur wenige Beispiele, die für viele weitere stehen. Unzählig sind die Orte, an denen professionelle Historiker und Hobbyarchäologen untergegangene Städte suchen oder auch nur vermuten, mit unterschiedlichen Aussichten auf Erfolg. Versunkene Orte sind naturgemäß seltener als Wracks von Schiffen, die nach kurzen Unwettern, fatalen menschlichen Fehlern oder Explosionen sehr schnell auf den Grund geschickt wurden. Sie sind fast immer Ergebnisse erklärbarer, epochaler Naturkatastrophen, von denen fast alle aus den letzten Jahrhunderten bekannt sein dürften. So einfach konnte jener 'stumme Fisch' noch nie den 'lustigen Tisch' ablösen. Je länger aber die vermuteten Vorkommnisse – und die eventuell dazugehörigen Ruinenstädte - zurück liegen, umso größer ist zwar die Chance, dass Unbekanntes zutage kommt. Umso weniger aber dürfte im Zweifel auch übrig geblieben sein. Und umso heftiger sprießen die Mythen, Sagen und Märchen. Ob je geklärt wird, ob es Atlantis tatsächlich gegeben hat? Keiner weiß es.

Private Firmen erfolgreich auf Schatzsuche

1984 entdeckte der Schatztaucher Barry Clifford die Reste des Schiffes „Whydah" von Sam Bellamy und seiner Piraten-Gang „Robin Hoods Men", das 1717 vor Cape Cod von einem Hurrikan auf eine Sandbank geworfen worden war. Bei seiner langwierigen Suche verließ er sich allein auf den Hinweis auf einer alten Seekarte. Es lag zwar an einer nur gut vier Meter tiefen Stelle, war dort allerdings auch noch von einer eineinhalb Meter dicken Sandschicht bedeckt. Funde einzelner Münzen und anderer Kostbarkeiten lieferten auch hierbei immer wieder Hinweise darauf, dass das Wrack nicht weit sein konnte. Nachdem er es schließlich gefunden hatte, konnte Clifford Goldsand und darüber hinaus insgesamt 200 000 Einzelstücke im geschätzten Wert von bis zu 40 Millionen Dollar zutage fördern. Vieles davon ist heute im Whydah-Museum in Provincetown in Massachusetts oder auch in Wanderausstellungen zu besichtigen.

Zwischen 1981 und 1986 hob die britische Firma „Risdon Beazley" Gold im Wert von 81 Millionen Dollar aus dem 1942 in der Barentsee gesunkenen britischen Frachter „Edinburgh". Mit den Barren wollte die sowjetische Regierung Waffenlieferungen ihrer Verbündeten im Weltkrieg bezahlen. Moskau, London sowie das Bergungsunternehmen teilten sich den Schatz. Auf dem Grund des Eismeers und des Nordatlantiks werden noch mehrere solcher Goldlieferungen vermutet, die von deutschen U-Booten versenkt wurden.

An Bord der Maruta Jaya im Hafen von Jakarta, einem der Bergungsschiffe von Klaus Keppler, posieren Schatztaucher mit Kanonen und Silbermünzen, die aus dem 1806 gesunkenen Kaperschiff „Forbes" stammen. Kiloweise Silber hat die Crew aus dem Schiff geborgen, das mit einem Schutzbrief des englischen Königs unterwegs war und auf dem Rückweg von Borneo nach Indien am 9. September 1806 vor der Insel Belitung zwischen Borneo und Sumatra auf ein Riff lief.

Viele ihrer Schatzsuchen und Bergungsvorhaben lassen sich die Unternehmen von privaten Investoren in Form von Risikokapital vorfinanzieren, was naturgemäß immer wieder zu Enttäuschungen führt, bisweilen wohl auch zu Unterschlagungen verleitet. Der Entdecker der „Central America", Tommy Thompson, wird derzeit mit internationalem Haftbefehl gesucht. Der Seitenraddampfer hatte zu Zeiten des Goldrausches in Kalifornien immer wieder Tonnen von Nuggets und anderer Schätze nach New York transportiert, von Panama aus, nachdem sie dort von der pazifischen auf die atlantische Seite über Land getragen worden waren. Bei einer dieser Fahrten, in einem Orkan im September 1853, war die „Central America" vor der Ostküste der USA gesunken, mit mehreren Tonnen Gold an Bord. Nachdem Thompson den Schatz 1987 aufgespürt hatte, bekam er zunächst Ärger mit Versicherungsgesellschaften, die das Gold als ihr Eigentum beanspruchten. Sie sahen sich als Rechtsnachfolger von Versicherern aus dem 19. Jahrhundert und behaupteten, sie wären damals für den Verlust aufgekommen. Dann brachten ihn auch noch seine Geldgeber vor Gericht, weil sie ihm unterstellten, er habe einen Großteil des Schatzes unterschlagen, ihn womöglich erst einmal heimlich im Wrack belassen, um ihn nicht teilen zu müssen. 2012 tauchte Thompson unter. Inzwischen ist „Odyssey Marine Exploration" mit der weiteren Bergung beauftragt. Deren Taucher stellten fest, dass Thompson gerade einmal fünf Prozent des Schatzes gehoben habe. Insgesamt wird der Wert des Fundes heute auf 100 bis 150 Millionen Dollar geschätzt.

Schiffsschraube der „SS Thistlegorm" im Roten Meer vor Shaab Ali (Ägypten). Das britische Frachtschiff wurde 1941 in der Nähe der Sinaihalbinsel versenkt. Wracks wie die „Thistlegorm" sind weniger für Schatzsucher als vielmehr für Tauchtouristen von Interesse.

2009 stießen Taucher des deutschen Bergungsunternehmers Klaus Keppler auf dem Meeresgrund vor der indonesischen Insel Borneo auf das 1806 gesunkene Piratenschiff „Forbes". Der Inhalt: kiloweise Münzen, Goldschmuck, Silberbesteck, Kanonen, Kristall – und 400 Weinflaschen. „Die Herren an Bord verstanden zu leben", freute sich Keppler. Er lässt seit vielen Jahren in indonesischen Gewässern tauchen, fand Schiffe aus der großen Zeit des Gewürzhandels in der frühen Neuzeit, entdeckte im chinesischen Meer die mit 1000 Jahren weltweit älteste erhaltene Dschunke, mit Tonnen von Porzellan. In einem Regal in seiner Werkstatt am Kaiserstuhl lagert er Gehobenes aus vielen Jahrhunderten, das auf den Verkauf wartet. Die „Forbes" gehört zu den wenigen gefundenen Wracks, die dem Badener nach Abzug aller Kosten wirklichen Profit einbrachten.

Keppler gehört zu den durchaus erfolgreichen Schatzsuchern. Und doch ist es die Frage, ob er seine zur Profession gewordene exotische Passion über all die Jahrzehnte aufrechterhalten hätte, wenn im Hintergrund nicht sein profanes Unternehmen für moderne Unterwassertechnik ihm die nötige wirtschaftliche Sicherheit gegeben hätte. Millionenwerte hat Keppler schon aus dem Meer geholt, über all die Zeit allerdings noch mehr hineingesteckt in die Suche und Bergung. Nicht nur auf der Gewürzroute. Er fand in der Karibik das Schiff des Piraten Käpt'n Morgan und bei Borkum ein Auswandererschiff aus dem 19. Jahrhundert mit enormen Geldern, die damals für den Neuanfang in Amerika angespart worden waren.

Schatztaucher drehen am „großen Rad", sowohl was ihre Erträge als auch ihre Kosten angeht. Manchmal bis der letzte Cent in den Sand auf dem Meeresgrund gesetzt ist. Wie bei jener „Prins Frederik", dem Postschiff, das 1890 in der Biskaya unterging. 400 000 Goldmünzen hatte es nach Niederländisch Indien schaffen sollen, den Sold für die dortigen Soldaten. 30 000 Euro hatte Keppler in Expertisen gesteckt, die ihm den Weg zum Wrack der „Prins Frederik" wiesen, eineinhalb Millionen in die anstehende Bergung investiert: Schwimmplattform, Kran, Tauchroboter und anderes Gerät, Catering für 15 Mann über viele Monate. Als er es gefunden und untersucht hatte, schien alles klar. Der Inhalt des Tresors galt ja als bekannt, er musste nur noch gehoben werden. Die 60 Millionen Euro aus dem Verkauf der Silbermünzen waren schon so gut wie verbucht, Auktionssäle in Paris und London angemietet. Doch dann bekam der Bagger den Tresor nicht aus dem Wrack, auch nach wochenlangen Versuchen nicht. Als sein Etat verbraucht war, musste Keppler die Versuche einstellen. All die Investitionen waren vergebens. „Irgendwann gehe ich da noch mal runter", sagte Keppler nach dem Fehlschlag. Eine Zeit lang hegte er die Hoffnung, in Südostasien zum ganz großen Fang auszuholen. „40 bis 60 Milliarden Dollar liegen dort in einem einzigen Wrack", sagte er einmal. „Doch, doch", entgegnete er dem Zweifler. Schatztaucher arbeiten mit einer nach oben offenen Dollarskala.

Rekonstruktion einer Galeonsfigur im Hafen von Genua (rechts).

Taucher bei einer Kanone der Galeone „Nuestra Señora de Guadalupe", Dominikanische Republik (links).

Ein weiterer bekannter deutscher Unternehmer der Branche ist Nikolaus Graf Sandizell. Sein in Portugal gemeldetes Unternehmen „Arqueonautas Worldwide" hat sich einen Namen gemacht mit Funden aus den Gewässern um Indonesien und vor Mosambik, durch die die alte Schifffahrtslinie zwischen China und Europa aus dem 16. bis 18. Jahrhundert führte. Viele Hundert Stück chinesisches Porzellan aus der Zeit der Ming-Dynastie konnten Sandizells Bergungsleute aus dem portugiesischen Segler „Espadarte" sichern. Vor einigen Jahren kündigte Sandizell an, 700 000 weitere Stück „Weißes Gold" aus derselben Epoche heben zu wollen. Doch bislang ist davon noch nichts aufgetaucht.

Viele Vorhaben von Schatztauchern sind weltweit unvollendet, verharren im Status der Ankündigung. Die meisten der gigantischen Funde, über die wir in der Zeitung oder dem Fernsehen unterrichtet werden, betreffen, wenn wir genau hinschauen, denn auch nur Vermutungen, von denen anschließend nichts wieder zu hören ist. Oft liegt es daran, dass die Akquise der nötigen Gelder für die Bergung, aber auch die logistischen und technischen Vorbereitungen Jahre in Anspruch nehmen. Allzu viel Öffentlichkeit ist bei laufenden Ar-

beiten in internationalen Gewässern zudem nicht erwünscht. Vielfach allerdings handelt es sich um Luftschlösser auf dem Meeresgrund.

Schatzsucher, meist mit Leib und Seele ihrer Idee verschrieben, tun sich allzu oft schwer damit, ihren Traum vom ganz großen Coup aufzugeben, auch wenn er über Jahrzehnte vergeblich geträumt wurde und langsam aber sicher verfliegt. Das beste Beispiel hierfür ist ein Schatz, der zwar nicht im Meer liegen soll, sondern auf einer kleinen Insel vor Kanada, der aber von Schiffen stammen soll – wenn es ihn denn gibt: der Schatz von Oak Island, angeblich viele Milliarden Dollar schwere Kisten mit Gold aus der Zeit der spanischen Konquistadoren. Spanische Seeleute sollen ihn dort deponiert haben, vielleicht aus akuter Furcht davor, auf dem Weg in die Heimat in die Hände von Piraten zu fallen. Oder war er bereits geraubt, und die Täter waren es, die ihn nach dem Überfall auf der Insel vergraben haben?

Ein Schwarm Gestreifter Korallenwelse (Plotosus lineatus) über einem Amphorenfeld vor Hurghada im Roten Meer (Ägypten).

In dem Fall handelt es sich sogar um einen Jahrhunderte währenden Traum. Seit ein Jugendlicher bei einem Streifzug im Jahr 1795 auf der unbewohnten Insel Spuren einer künstlich angelegten Grube ausmachte, wird dort gegraben. Immer tiefer, drei Meter, sechs, zwölf. Inzwischen ist man bei knapp 60 Metern angelangt. Was immer wieder Hoffnung machte, waren Schichten, in denen die Enthusiasten Holzbohlen, Ziegenhaut, Kokosfasern entdeckt haben wollen, offenbar künstlich eingelegte massive Zwischenböden aus Baumstämmen, die angeblich im 16. Jahrhundert gefällt wurden. Sollten sie vorwitzige Schatzsucher abschrecken – oder handelte es sich letztlich doch um Hinterlassenschaften der Natur? Die gefundenen Gegenstände waren immerhin so vertrauenerweckend, dass sich über all die Jahre Menschen fanden und immer noch finden, die viel Geld in die Suche investieren. Darunter auch illustre Persönlichkeiten wie im Jahr 1909 der spätere US-Präsident Franklin D. Roosevelt. Glaubt man allen Berichten, die aus der Tiefe nach oben drangen, so müsste Oak Island komplett von einem einstigen Gangsystem untertunnelt sein, mit direkten Verbindungen zum Atlantik. Waren es tödliche Fallen?

Im Laufe des 20. Jahrhunderts beteiligten sich kapitalkräftige Baufirmen an der Suche, die immer wieder von Wassereinbrüchen aus dem nahen Ozean unterbrochen wurde.

Sechs Menschen sollen gerüchteweise nach und nach in der Grube umgekommen sein. Längst ist man auch abseits der ursprünglichen Grabung in die Tiefe gegangen. Verwertbares wurde bislang nicht gefunden. Das Letzte, was nach außen drang, war, dass zwei Streithähne, beide um die 80 Jahre alt, seit den 1960er-Jahren auf der Insel wohnend, sich jeweils strategisch günstige Grundstücke gekauft haben und durch Kleinkriege – vor Gericht, aber durchaus auch handfester Natur – sich gegenseitig ihre Wühlarbeit schwer machen. Die Hoffnung stirbt zuletzt.

09

HIER MENSCHENREICH, DORT MEERESWOGE

KÜSTEN UND DER JAHRTAUSENDE WÄHRENDE KAMPF UM DIE GRENZE ZWISCHEN DEN ELEMENTEN

HIER MENSCHENREICH, DORT MEERESWOGE

KÜSTEN UND DER JAHRTAUSENDE WÄHRENDE KAMPF UM DIE GRENZE ZWISCHEN DEN ELEMENTEN

Vorangehende Doppelseite: Der Klosterkomplex Mont Saint-Michel in der Normandie (Frankreich) beeindruckt nicht nur wegen seiner Lage, sondern auch aufgrund seiner Architektur.

Wattenmeer bei Ebbe mit Priel am Jadebusen der Nordseeküste bei Cuxhaven.

„Ja, das hättest'e gern: vorn Friedrichstraße und hinten Ostsee – mit Blick auf die Alpen." Schon der Berliner Satiriker und Menschenkenner Kurt Tucholsky wusste, wie unrealistisch wir in unseren Träumen nicht nur gern wohnen würden. Der moderne Mensch stellt generell komplexe, ja häufig widersprüchliche Ansprüche an sein Leben und seine Umwelt. Er möchte Sicherheit, aber mit atemberaubender, manchmal abenteuerlicher, manchmal romantischer, Aussicht. Nirgendwo wird das deutlicher als an den Küsten.

Als Besucher mögen wir vor allem schöne Küsten, an denen wir uns erholen können. Dazu zählen vor allem endlose Sandstrände, aber auch liebliche Buchten und hier und dort spektakuläre, aber zugängliche Klippen. Viele von uns wären sicherlich entsetzt, wenn sie erführen, dass vor allem in Südostasien so manche Mangrovenwälder vernichtet werden, um an

„ ICH STELLE MIR DIE STRÄNDE GERN ALS DENKENDE WESEN VOR, DIE SICH ZUM BEISPIEL VERFLACHEN, UM SICH GEGEN DIE BRANDUNG ZU SCHÜTZEN — DAS IST CLEVER. "

Orrin Pilkey (*1934)

deren Stelle Shrimps-Farmen oder Sandstrände für Luxus-Hotels zu errichten. Denn als gewissenhafte Weltbürger schätzen wir natürliche Küsten – also das ganze Spektrum vom erodierenden Felsenkliff über die Abbruchkante einer Halbinsel, die durch Eiszeiten geformten Schären und Fjorde, die aufgewehte Stranddüne oder umspülte Nehrung bis zum mäandernden Flussdelta und dem höchst unzugänglichen Mangrovensumpf.

Als Küstenbewohner schließlich sind wir auf nützliche Küsten angewiesen, die in erster Linie aus von Menschenhand erschaffenen Befestigungen bestehen: Kais und Molen, an denen Schiffe anlegen, Uferbefestigungen wie Dämme, Kaimauern, Uferstraßen und Polder sowie mancherorts etliche Deichlinien, die ganze Marschlandschaften sichern. Und immer mehr Menschen drängt es an die Küsten; dieser Umstand wiederum wirft die Frage auf: Was ist eigentlich „Küste", worin besteht ihre Funktion? Und was ist nötig, damit sie ihre Funktion behält? Aus der Sicht der Geowissenschaften sind Küsten äußerst fragile Gebilde, urteilt der Geograf Dieter Kelletat: „Die gegenwärtigen Küstenlinien bzw. der augenblickliche Füllungsgrad der Ozeanbecken ist nur eine zufällige und von vielen veränderlichen Parametern abhängige Erscheinung."

Küsten werden durch ab- oder aufbauende Veränderungen der Erdkruste, klimatische, biologische und nicht zuletzt hydrologische Einflüsse wie Ebbe und Flut verändert. Geologische Prozesse wie der Kontinentaldrift, die Spreizung der Ozeanböden, das Aufsteigen von Gebirgen oder Kontinentalschollen aber auch die Zunahme des Packeises führen dazu, dass sich die Küstenlinie Richtung Ozeane verschiebt. Ein Auffüllen der Ozeanbecken mit Sedimenten oder Vulkanlava, das Zusammenrücken der Kontinente oder das Abschmelzen der polaren Eiskappen bewirken das genaue Gegenteil. So sorgt die Natur dafür, dass sich die Küsten ständig wandeln, meistens jedoch in einem Tempo unterhalb der menschlichen Wahrnehmung. Außerdem ist die Küste aus Sicht der Wissenschaft nicht einfach die Trennlinie zwischen Meer und Festland, sondern sie bildet einen mal längeren, mal kürzeren interaktiven Saum – der umfasst landwärts mindestens das Gebiet, in dem sich der Salzwasser-Nebel niederschlägt, und seewärts das Areal, in dem die Brandungswellen noch den Meeresboden beeinflussen.

Dies wird besonders deutlich bei unserer beliebtesten Küstenformation, den Stränden. Diese erstrecken sich bis zu einer Wassertiefe von 10 bis 12 Meter auf der einen Seite und laufen landeinwärts flexibel aus; im Sommer ist ihre Sanddecke dicker, im Winter flachen sie unter dem Druck von Wind und Wellen ab. Strände sind eigentlich immer in Bewegung: Der Sand bewegt sich vor und zurück, und auch entlang der Küstenlinie kann er langsam wandern. „Doch heute", diagnostiziert der amerikanische Geologe und Old Man der Küstenforschung Harold Wanless, „ist dieses Ausweichen nicht mehr möglich." Der Mensch hat mit seinen Hotels und Ferienhäusern, seinen Strandpromenaden und Deichen das natürliche Auslauf- bzw. Rückzugsgebiet der Strände abgeschnitten, der Sand wird von den Stürmen fortgespült.

Die Nordseeküste ist in ständiger Bewegung. Durch Eindeichungen versucht man sich seit Jahrhunderten dem Meer entgegenzustellen, mehr oder weniger erfolgreich.

Ob durch zu enge Küstenbebauung oder durch das Ansteigen des Meeresspiegels, ob am Mittelmeer, in der Karibik, in Südostasien oder an Australiens Goldküste: Viele Strände würde es eigentlich schon nicht mehr geben, wenn nicht jedes Jahr nach der großen Sturmsaison wieder mit Maschinen gewaltige Sandmengen aufgeschüttet würden. Viele Strände an Urlaubsorten beispielsweise auf den Kanarischen Inseln sind vollständig künstlich angelegt. 350 Meilen der etwa 800 Beach-Meilen in Florida werden inzwischen regelmäßig aufgeschüttet, und ein Teil der einst rund 3500 spanischen Playas ist inzwischen verschwunden, geschädigt sind fast alle. Als ob diese ökologischen Katastrophen noch nicht reichen, helfen Menschen vielerorts nach. Da Sand als Baumaterial weltweit gefragt ist, Wüstensand wegen seiner glattpolierten Körnung dazu jedoch nicht geeignet ist, werden klammheimlich ganze Strände regelrecht abgegraben. Etwas andere Gründe für den Strandschwund herrschen dagegen an den Nordseeküsten zwischen den Niederlanden und dem dänischen Jütland.

Strandbereisung auf Sylt

Sylt: In jedem Frühjahr fahren Mitarbeiter der Küsten- und Meeresschutzverwaltung mit ihren Geländewagen die rund 38 Kilometer langen Strände von Deutschlands längster und nördlichster Insel ab. Diese Strandbereisung, so der Fachterminus, dient nicht der Erholung, sondern der schonungslosen Bestandsaufnahme: Wo haben die Winterstürme den Strand weggespült, wo sogar Teile der Dünen weggefressen? Dann wird im zweiten Schritt festgelegt, wie viel Sand in diesem Jahr neu aufgespült und wo diese Maßnahme sogar durch tonnenschwere Tetrapoden aus Beton ergänzt werden muss. Denn Tatsache ist: Wenn der Küstenbereich nicht seit 1972 jedes Jahr mit neuen Maßnahmen restauriert würde, wäre Sylt schon längst in drei kleine Inseln auseinandergebrochen. Dann sähe die ganze deutsche Nordseeküste anders aus, als sie sich uns heute zeigt.

Aber warum wird Sylt über kurz oder lang auseinanderbrechen? Warum sind Orte wie das legendäre Rungholt vor rund 650 Jahren von der Nordsee einfach geschluckt worden? Ja, warum liefern sich Mensch und Meer einen Jahrtausende währenden Kampf? Weil, kurz gesagt, die Nordsee historisch gesehen keinen genauen Grenzverlauf hat. Die Nordsee ist ähnlich wie die Ostsee ein Werk der letzten Eiszeit. Zu deren Höhepunkt, vor rund 20 000 Jahren, überspannten riesige Eisgebilde die nördliche Hemisphäre, diese Bindung gewaltiger Wassermengen führte dazu, dass der Meeresspiegel um 100 Meter sank. Noch um 9000 v. Chr. verlief die Küste der Nordsee rund 400 Kilometer weiter nördlich. England war zu dieser Zeit durch das sogenannte Doggerland mit dem dänischen Jütland verbunden.

Immer wieder bergen Fischer ungewollt Zeugnisse dieser Ur-Zeit: Mammutzähne und Knochen von Wollnashörnern sowie Faustkeile sind weit über 100 000 Jahre alt, aber auch Hacken und Beile aus Knochen sowie Keulen aus Gestein aus der Zeit um 8000 v. Chr. haben die Archäologen im Rijksmuseum Leiden gesammelt — sie stammen aus einer Region, die heute 80 Kilometer vor der niederländischen Küste liegt. Es ist noch unklar, ob mit der Klimaerwärmung das schmelzende Gletscherwasser das Doggerland langsam überflutete oder ob es um ca. 6000 v. Chr. zu einer Überschwemmungskatastrophe kam, jedenfalls endet der Anstieg des Meeresspiegels erst um 4000 v. Chr. allmählich. Doch die Fluten landeten weiterhin riesige Mengen an Sand und Sedimenten an, sodass an der Stelle der heutigen nordfriesischen Insellandschaft

Satellitenaufnahme der Nordsee mit der Doggerbank (rot markiert). Die Doggerbank bezeichnet eine ausgedehnte Untiefe rund 100 Kilometer vor der britischen Ost- und rund 150 Kilometer vor der dänischen Westküste – sie ist das Überbleibsel des einstigen Doggerlandes.

ein langer Wall aus Sanddünen von Sylt bis zum heutigen St. Peter Ording die Küstengrenze zur Nordsee bildete. Dann, ungefähr seit dem Jahr 1000, stieg der Meeresspiegel noch einmal an und verlieh dem Wattstrom Norderhever ungeheure Kraft, sodass dieser begann, in den folgenden Jahrhunderten die Region neu zu ordnen. Machen wir uns klar: Als Ausläufer des riesigen Atlantiks entfalten die Gezeiten in der, wie sie geografisch genannt wird, „Deutschen Bucht" ihre ganze Kraft. Auch bei ruhigem Wetter strömen zweimal am Tag mit der Flut rund zwei Milliarden Kubikmeter Meerwasser hierher und tragen Sedimente an einer Stelle ab, um sie an einer anderen wieder anzustranden. Dabei gibt das Watt auch immer wieder Teile versunkener Kulturen frei, die es vor Jahrhunderten verschlang – und mit ihnen Dörfer, Vieh und Menschen. Deshalb fahren die Landesarchäologen so oft Jahreszeit, Gezeiten und Witterung dies zulassen, hinaus, um im Watt Stellen näher zu untersuchen, an denen auf Luftbildern freigelegte Kulturspuren zu erkennen sind: Kreise, Rechtecke und parallel verlaufende Graden.

„Heut' bin ich über Rungholt gefahr'n"

Mitten im Schleswig-Holsteinischen Watt südöstlich von Pellworm: Im Schlick sieht der Landesarchäologe Hans-Joachim Kühn etwas schimmern. Als er sich bückt und vorsichtig zu graben beginnt, kommen Fuß, gedrechselter Stiel und schließlich ein ganzes Gefäß zum Vorschein. „Das gibt`s doch nicht", entfährt es dem eher Zurückhaltenden. „Da geht die Welt unter – und so ein Glas bleibt 350 Jahre nahezu unversehrt." Mit Weltuntergang meint Kühn die großen Sturmfluten im 14. und 17. Jahrhundert – „Erste und Zweite Große Mandränke" genannt. Die Sandbank in der Naturschutzzone 1, die sie an diesem Tag mit dem Schlauchboot angesteuert haben, wird nur langsam vom auslaufenden Wasser freigegeben und ist nur für genau zwei Stunden bei Niedrigstwasser betretbar, mehr Zeit haben die Archäologen nicht. Also werfen sie den Anker und schwärmen sogleich aus. Mitten aus dem Wattschlick ragen Bohlen, und deutlich sind Ringe zu erkennen: Brunnen, die aus festen Schlickziegeln gemauert wurden. Der trocken liegende Teil der Sandbank ist von parallel verlaufenden Linien durchzogen. „Gräben, die sich mit Sediment gefüllt haben", deutet Kühn. Ein Mitarbeiter hat in einem Abfluss Scherben entdeckt, die er nun freilegt. Ein zweiter legt eine Abflussrinne aus Holz frei, und ein Dritter birgt einen Schuh, erst die Sohle, dann das Deckleder. Die Archäologen sichern die Strukturen: Warften, Brunnen, Gräben und freigelegte Pfosten einstiger Bauernhäuser, deren genaue Position dann mithilfe des GPS bestimmt und ins zentrale Register des Landesamtes übernommen wird. Über 400 Jahre lebten die Menschen im Kirchenspiel Bupsee – bis zur Schicksalsnacht zum 11. Oktober 1634: Die Deiche der Insel brachen an 44 Stellen, 30 Mühlen und nahezu alle 1300 Bauernhäuser wurden zertrümmert, so die Kirchenchronik, nur die festen Kirchtürme ragten noch unversehrt aus dem Chaos hervor, 6123 menschliche Opfer und rund 30 000 Stück Vieh waren zu beklagen.

Keramik-Funde aus dem Rungholt-Watt. Rungholt wird in Sage und Dichtung als ein reicher Handelsort in Nordfriesland beschrieben.

Rekonstruktion der Karte von Rungholt aus dem Jahr 1652 von dem Kartografen Johannes Mejer (1606–1674). Trotz großer Ungenauigkeiten lässt die Karte die ungeheuren Landverluste in den Bereichen der norddeutschen Küstengebiete erahnen.

Da bereits nach nur zwei Stunden Suche das Areal langsam wieder überflutet wird, bohren die Forscher schnell noch an den Brunnen und schätzen anhand der Füllungen, wie tief die Schächte einmal waren. Dann sucht sich das Archäologen-Schlauchboot in einer aufziehenden Gewitterfront seinen Weg zurück zum Pellwormer Hafen.

Noch weiter zurück in die Geschichte führt die Erste Mandränke im Jahre 1362, von der das legendäre Rungholt buchstäblich verschluckt wurde. Deshalb waren alle späteren Lokalisierungen dieser Hafenstadt pure Spekulation, bis der Marschbauer Andreas Busch im Mai 1921 südwestlich der Hallig Südfall Kulturspuren im Watt entdeckte: Brunnenringe, die rechteckigen Hügel ehemaliger Warften und sogar noch die Pflugfurchen aus dem 14. Jahrhundert. Das konnte nur der „Flecken Rungholt" sein, und weil der verdichtete Unterboden ehemaliger Warften jahrhundertelang vom übrigen Wattboden unterscheidbar bleibt, konnte Busch bei seinen häufigen Wattexkursionen 29 dieser Siedlungshügel identifizieren und in einer Karte aufnehmen.

Zwar bestätigte der Fund von haufenweise Scherben, aber auch ganzen Krügen und Töpfen Handelsbeziehungen Rungholts bis ins Rheinland, in die Niederlande und nach Spanien. Aber im Deich und Hafenbereich „Lütke Rungholt" (Klein-Rungholt) traten Holzbohlen zutage, die sich als Reste des Schleusentores eines Sielhafens entpuppten, der nur bei Flut angelaufen wer-

STRAND GUT

LEICHENFLEDDERER
IM WATT

Warum finden die Archäologen von der ehemaligen Küstensiedlung Bupsee, die bei der Zweiten Großen Mandränke 1653 unterging, kistenweise zerbrochene Keramik und Knochen, aber keine Münzen? Weil diese schon von den „Leichenfledderern" geborgen wurden. Das Land um Bupsee versank nicht über Nacht im Meer, sondern bei einsetzender Ebbe zog sich mit der Sturmflut auch das Wasser wieder zurück - und bot ein Bild der Verwüstung: „Die finstere Nacht hat vielen

die große Gefahr verborgen (...) einige sind in ihren Betten im festen Schlafe weggetrieben (...) andere haben, ihre Weiber und Kinder mit Stricken aneinander gebunden, dass sie in Liebe vereint, durch die grausamen Wellen nicht getrennt werden möchten. Viele haben sich auf die Dächer begeben und sind mit denselben als auf einem Schiff herumgeführt worden, welches aber bald in den Wellen zerbrach." Das offizielle Verzeichnis der Menschen, die am 11. Oktober 1653 in der Nacht im Nordtstrand in der Wasserfluth jämmerlich ertrunken und umgekommen sind, führt 6123 menschliche Opfer und 30 000 Stück Vieh an.

Die Geretteten, Menschen aus den umliegenden Siedlungen, aber auch Schiffer aus Niedersachsen, kamen nach Bupsee, um in den Trümmern nach Wertvollem zu suchen: Vor allem versteckte Münzen, aber auch Hausrat und Baumaterial wurden weggeschleppt. Auch 19 von 22 Kirchen auf Alt-Nordstrand mussten aufgegeben werden, sie standen dann im Watt und zerfielen allmählich. Die geweihten Gegenstände wurden gerettet, Abbaubares landete beispielsweise auf Hallig Hooge (Abbildung links). Das Gestühl der dortigen Kirche stammt noch aus dem Jahre 1624, obwohl die Kirche erst gegen Ende des 17 Jahrhunderts gebaut wurde.

den konnte. Das ernüchterte die Legenden über das reiche, sagenumwobene Rungholt. „Man hat von ganz primitiven Verhältnissen auszugehen", resümierte Busch. Anhand der gefundenen Brunnen und Warften rechnete er hoch, dass rund 1000 Menschen auf dem Rungholt-Gebiet gelebt haben mochten.

Im Laufe der Jahrzehnte erodierten die Kulturspuren im Watt. 1956 konnte Busch nur noch feststellen: „Es ist nichts mehr zu sehen!" Heute sind vor Südfall zwar lediglich einige Linien im Watt –Spuren alter Entwässerungsgräben – erkennbar, aber Buschs Erkenntnisse werden bestätigt und ergänzt durch die Ergebnisse einer interdisziplinären Wattforschung, an der sich Archäologen, Geologen, Geografen und Botaniker Anfang der 1990er-Jahre beteiligt haben. Der Schlüssel zum Verständnis der Geschichte Rungholts und der ganzen nordfriesischen Nordseeküsten liegt in dem von den letzten beiden Eiszeiten geschaffenen Untergrund. Die Rungholter hatten ihre Siedlung über einem eiszeitlichen Urstromtal errichtet. Zwischen den heutigen Inseln Pellworm und Nordstrand, die auf eiszeitlichen Hügeln stehen, hat sich der starke Wattstrom „Norderhever" seinen Weg gebahnt und dabei das bis zu 20 Meter dicke Sediment fortgeschwemmt. Die Rungholter waren erst Nutznießer, später Opfer der geologischen Verhältnisse. Denn der Norderhever bescherte ihnen zunächst einen der wenigen anlaufbaren Sielhäfen im

Hamburgs Hafen, das Tor zur Welt: Wo früher Tausende von Arbeitern die Schiffe be- und entluden, hat heute die moderne Technik Einzug gehalten. Neue und immer größere Flächen wurden erschlossen, die alten Anlagen umstrukturiert, teils zu modernen Wohnquartieren und Dienstleistungszentren umfunktioniert.

nordfriesischen Wattenmeer. Doch der gleiche Wattstrom überrollte dann das Rungholt-Gebiet: 1362 fraß er in der ersten „Großen Mandränke" eine Ausbuchtung zwischen die heutigen Inseln Pellworm und Nordstrand, und dreihundert Jahre später riss die Zweite Große Mandränke den Landsockel völlig auseinander – übrig blieb die heutige Insel- und Halligwelt Ostfrieslands. Und der Norderhever zehrt weiter an der Küstenlinie, zusätzlich angefacht durch den allmählich steigenden Meeresspiegel ...

Vom Versprechen der Häfen zum Strandhaus

Kein Wunder, dass die längste Zeit die Menschen nur eines an ihren Küsten interessierte: dass sie sicher sind! Sie wohnten in Meeresnähe, weil sie Meere und Küsten für ihren Lebensunterhalt benötigten oder weil sie im Landesinneren keinen Platz fanden. Die Funktion der Tore zu den Meeren und zugleich Grenzwächter zur großen weiten Welt, wie groß und weit sie auch immer war, hatten die Häfen inne. Spätestens seit dem Zeitalter der Entdeckungen und der Erschließung der Seerouten zu den Gewürzländern und Amerika wurden die Hafenstädte Sinnbild für Abenteuer und Fernweh. Eine Welt allerdings aus Schein, Versprechen und Rätseln, denn das Meer war weit entfernt – langlebige Hafenstädte wie Hamburg oder Bremen haben sich aus Erfahrung weit im Binnenland, an den großen Flüssen, angesiedelt. Und so waren es

vor allem Künstler, die jahrhundertelang diese Hafenstädte beschrieben, besungen und gemalt haben: In ihrer Luft wehten die exotischen Düfte der Mitbringsel ferner Länder, in ihren Gassen verloren sich die gestrandeten Flüchtlinge, und in ihren Spelunken verbreiteten die Matrosen abenteuerliche Geschichten. Doch im Zuge der Romantik wollten die Menschen die unverfälschte Natur, das offene Meer betrachten – wie es Victor Hugo auf den Punkt bringt: „Ich verabscheue das ganze Mauerwerk, mit dem man das Meer ausstaffiert. In diesem Labyrinth aus Dämmen, Molen, Deichen und Kais verschwindet der Ozean wie ein Pferd unter dem Harnisch."

Blieb es anfangs bei gelegentlichen Stippvisiten an die Küste, entstand vor rund einem Jahrhundert der erste Tourismus mit Seekurorten wie Norderney. Zwar blieben die Häfen noch bis in die Mitte des 20. Jahrhunderts hinein die Umschlagplätze für fernreisende Fracht und Menschen, Letztere vor allem Aus- und Einwanderer, doch die Touristen wurden nach und nach zu „Flug-Häfen" umgeleitet. Und während der exotische Frachtverkehr in unsinnlichen Containern verschwand, die an neuen Terminals außerhalb der Städte umgeschlagen werden, verfielen die Häfen und werden nun als Hafen-Cities zu Luxusimmobilien und als Orte touristischer Massen-Events umgestaltet. Man schaue nur nach der Hansestadt Hamburg und auf deren neues, unglückliches Wahrzeichen, die Elb-Philharmonie.

Unterdessen zieht es immer mehr Menschen immer öfter direkt an die Meeresküsten, trotz des Klimawandels, steigender Meeresspiegel und vermehrt auftretender Unwetter wie Sturmfluten, Tornados oder Tsunamis. Besonders drastisch ist diese Entwicklung in den USA zu beobachten: Dort wohnen bereits mehr als 50 Prozent der Einwohner in Küstennähe. In Europa bahnt sich ein ähnlicher Trend an – so lebt im schönen Frankreich mittlerweile jeder vierte Einwohner in Küstennähe. Heute siedelt fast die Hälfte der Weltbevölkerung weniger als 100 Kilometer vom Meer entfernt, bis zum Jahr 2035 könnten es 75 Prozent sein. Die immer dichtere Bebauung der Küsten, vor allem der Strandareale, hat verheerende Folgen. „Weltweit sind 75 bis 90 Prozent der Strände gefährdet. Wo der Mensch eingreift und Ufermauern aus Beton oder Straßen oder Hotels baut, können sich die Strände nicht mehr landwärts zurückziehen", erklärt der kalifornische Geologe Gary Griggs und prognostiziert: „Langfristig werden sie verschwinden." Während die einen dort leben wollen, haben die anderen keine andere Möglichkeit – so im dicht besiedeltsten Land der Erde, in Bangladesch.

Mangrovensümpfe und Bangladesch – ein Land im ständigen Ausnahmezustand

Eigentlich könnte Bangladesch ein Paradies sein: Es liegt in tropischen Breiten und weist reichlich Meer, Buchten und Strände auf. Fruchtbare Böden und ergiebige Niederschläge lassen mehrere Ernten im Jahr zu. Doch tatsächlich ist Bangladesch ein Vorhof zur Hölle. Das Land, das mit einer Fläche von 147 500 Quadratkilometern nicht einmal halb so groß ist wie Deutschland (357 000 Quadratkilometer), hat über 160 Millionen Einwohner; mit über 1080 Einwohnern pro Quadratkilometer ist es fast zehnmal so dicht besiedelt wie Frankreich. Das dicht besiedeltste Land der Erde, doch was heißt im Fall von Bangladesch schon Land?

Mehr als die Hälfte des Jahres herrscht Ausnahmezustand. Im März beginnt die erste Wirbelsturm-Saison des Jahres, es folgt von Juni bis September die Monsunzeit, in der bis zu 4000 mm Regen fallen, im Oktober folgen wieder Wirbelstürme. Außerdem liegt der Großteil von Bangladesch in einem Delta, das von drei großen Strömen gebildet wird, die in der Monsunzeit so anschwellen, dass durch Bangladesch so viel Wasser strömt wie durch alle Flüsse Europas zusammengenommen. Bis vor zwei Jahrzehnten lebten die Bangladeschi irgendwie mit den regelmäßigen Überflutungen, die ja auch fruchtbaren Boden auf die Felder schwemmten – schließlich leben über 70 Prozent der Einwohner von der Landwirtschaft. Doch aufgrund des Klimawandels nehmen die Überschwemmungen langsam aber sicher immer größere Ausmaße an. Im Jahr 2004 waren die Unterkünfte von 34 Millionen Bang-

Die Menschen zieht es an die Küsten. Bereits heute siedelt annähernd die Hälfte der Weltbevölkerung weniger als 100 Kilometer vom Meer entfernt, trotz aller damit verbundenen Risiken.

ladeschi – ein Viertel der Bevölkerung – überschwemmt. Gleichzeitig steigt der Meeresspiegel langfristig an, bis zum Jahr 2050 wird deshalb zusätzlich rund ein Sechstel der Landesfläche von der Meerseite her überflutet sein. Während reiche Länder sich mit höheren Staudämmen entlang der Flüsse und Küsten schützen, geht dies in Bangladesch nur ansatzweise, denn hier im Delta stoßen Land und Wasser extrem mäanderförmig aufeinander. Es wären viel längere Dämme erforderlich als beispielsweise an der Nordsee. Bangladesch verfügt aber über eine Alternative: In seinen Breitengraden bilden Mangroven einen natürlichen Küstenschutz-Gürtel, der die verheerenden Wirkungen von Hurrikans, Sturmfluten oder gar Tsunamis auf das Festland erheblich abmindert.

*Einzelne Schwarze Mangrove (*Avicennia germinans*) im Everglades-Nationalpark, Florida (USA).*

Mangroven, die Salzwasser-Experten

Mangrovengebiete, die praktisch überall an tropischen Küsten mit flachen Gezeitenarealen entstanden sind, bilden die produktivste, aber auch gefährdetste Form des Wattenmeers. In Mittelamerika, in West- und Ostafrika und besonders an den Küsten Südostasiens sind riesige Mangrovenwälder beheimatet. Obwohl sie in den letzten 30 Jahren um 25 Prozent zurückgingen, machen sie immer noch rund 150 000 Quadratkilometer (15 Millionen Hektar) aus. Doch „Mangrovenküste" klingt zu einheitlich, findet der Geologe Kelletat: „Es handelt sich vielmehr um einen Mangrovenbesatz an so unterschiedlichen Küstenelementen wie Lagunen, Ästuaren (niedrige Trichtermündung eines Flusses, W.K.), Deltas oder Felsschorren und Korallenriffen."

Während die Mangroven an den Küsten Amerikas und Afrikas mit bis zu acht Baumarten relativ artenarm ausfallen, gestalten sie sich an den Küsten Ostafrikas, Madagaskars, Indiens und Südostasiens mit über 50 Baumarten recht vielfältig. Doch entscheidend für Mangroven ist, dass sie im Laufe der Evolution gelernt haben, mit Salzwasser als Feuchtigkeitsquelle zu leben. Ihr ausgeprägtes Wurzelsystem filtert einen Großteil der schädlichen Salzionen aus dem aufgenommenen Wasser, bei einigen Mangrovenarten verfügen die Blätter über Drüsen, um das Salz auszuscheiden. So können sie den Grundstock eines äußerst artenreichen und stoffwechselreichen Biotops bilden, das Land- wie Meeresorganismen umfasst. In den oberen Bereichen der meist nicht mehr als fünf Meter hohen Baum- und Strauchmangroven nisten sich unterschiedlichste Wasservögel ein, auf dem Boden leben zahlreiche Reptilien und Säugetiere – in den Mangrovensümpfen von Ostindien und Bangladesch hat der legendäre Bengalische Tiger eines seiner letzten Rückzugs-

Nachfolgenden Doppelseite: Satellitenaufnahme der ausgedehnten Mangrovenwälder an den Küsten Bangladeschs und Südostindiens.

STRAND GUT

VORSICHT, STRANDKLAU

Dass Urlauber am Strand beklaut werden, kommt weltweit ja häufig vor. Besonders berüchtigt ist die Copacabana. Trotz Hunderten patrouillierender Polizisten kommt es an Rios rund vier Kilometern langem Hausstrand nicht nur zu Diebstählen, sondern auch zu mindesten 20 offenen Überfällen pro Woche. „Arrastao" nennen die leidgewöhnten Brasilianer eine besondere Überfall-Technik an ihren Sonnen-Stränden. Scheinbar wild gewordene Jugendliche stürmen mit Messern oder Pistolen bewaffnet an den Strand, prügeln sich oder schießen in die Luft. Die verschreckten Badegäste fliehen – und die Angreifer sammeln die liegen gebliebenen Wertgegenstände ein.

In ähnlicher Weise überfielen Jugendliche auch im Sommer 2005 Badegäste am Strand von Carcavelos, nur 15 Kilometer von Portugals Hauptstadt Lissabon entfernt. Die anrückende Polizei konnte nur mühsam die Ordnung wiederherstellen, lediglich zwei von mindestens 200 Angreifern wurden verhaftet - der Großteil der erbeuteten Wertsachen blieb verschwunden.

Keine Steigerung möglich? Oh, doch! Denn nun beginnen Skrupellose, gleich den ganzen Strand zu klauen. Besonders in Indien, Marokko, Kenia, aber auch auf Jamaika, den Kapverden und vielen anderen armen Inselstaaten graben die Einwohner mit Schaufeln und Eimern bewaffnet ihrem Eiland regelrecht den Grund ab. Der Spruch „Wie Sand am Meer!" hat ausgedient, denn der Sand am und im Meer wird langsam knapp. Ob für das Anmischen von Beton, als Untergrund für Autobahnen und Gebäude oder für die Herstellung vieler Produkte von Glas bis zum Computerchip – immer wird Sand benötigt. Doch nur Sand aus Flüssen und den Meeren hat die eckige Körnung, die für Bauvorhaben benötigt wird. Wüstensand, der vom Wind ständig verweht wird, ist dagegen zu rund geschliffen. Die Bauwut der wirtschaftsstarken Nationen und das Anlegen künstlicher Inseln beispielsweise vor Singapur oder dem Wüstenstadtstaat Dubai (Abbildung links) gefährden ihre Nachbarn. „Kleine Stadtstaaten neigen dazu, schwächeren Staaten einfach die Küste wegzubaggern", fasst es der Hannoveraner Geologe Harald Dill zusammen.

gebiete. Das labyrinthartige Wurzelwerk der Mangrovenbäume wiederum bildet zugleich Lebensraum und Kinderstube zahlreicher Fischarten, Krebse, Muscheln und Garnelen.

Daher spielen die Mangrovengebiete auch eine wichtige Rolle als Nahrungs- und Einkommensquelle für die dortigen Bewohner, die hier fischen, Schlammkrabben fangen und ihr Brennholz schlagen, dessen exzessive Entnahme einen der Gründe für die Verwüstung großer Mangrovenareale darstellt. Und deshalb ist neben der Wiederaufforstung von Mangrovenwäldern in vielen Regionen Asiens einer der Schwerpunkte der Entwicklungsarbeit, beispielsweise der Deutschen Gesellschaft für Internationale Zusammenarbeit in Bangladesch, die Schulung der Küstenbewohner in nachhaltiger Nutzung ihrer natürlichen Ressourcen. So werden Deiche stabilisiert und begrünt, Plantagen mit der zwergwüchsigen Nipapalme angelegt, der sehr kostbare Honig der Wildbienen und Hornissen gesammelt oder Bio-Garnelen gezüchtet. Während deutsche Küsteningenieure in Bangladesch Entwicklungshilfe leisten, tun sie sich in ihrer Heimat deutlich schwerer mit Hilfestellungen.

Gemeinsamer Watt-Park, unterschiedlicher Küstenschutz

Wie nützlich Deiche, Dämme, Molen und Marsche an der Nordsee wirklich sind, darüber streiten sich seit rund zwei Jahrzehnten Umweltschützer und Touristen mit Küsteningenieuren und Deichgrafen. Das Wattenmeer, das haben sie mittlerweile alle erkannt, bildet ein dynamisches System, das mit Ebbe und Flut unentwegt den Küstenverlauf verändern will. So wandert die Sandbank vor Amrum jährlich um 50 Zentimeter nach Norden. Doch Fakt ist auch: Das Schleswig-Holsteinische Wattenmeer wird seit rund 1000 Jahren von den dort lebenden Menschen entscheidend mitgeprägt. Ohne die Anlage von Warften, Buhnen und Uferbefestigungen wären die Halligen längst im Meer versunken und die Südspitze von Sylt von der übrigen Insel abgetrennt. Außerdem wurde vom Festland her bis vor etwa 20 Jahren mit massiven Maßnahmen dem Meer Land abgetrotzt. Noch 1989 konnten die Salzwiesen zwischen Nordstrand und der Hamburger Hallig großräumig eingedeicht werden. Vier Deichlinien existieren mittlerweile vor dem Schleswig-Holsteinischen Nordstrand.

Unter technischen Gesichtspunkten befinden sich sämtliche Deiche an der deutschen Nordseeküste in einem als sicher geltenden Zustand, zumindest für die nächsten 40 bis 50 Jahre. Doch die Sturmfluten in der Nordsee häufen sich, und der Wasserspiegel ist in den letzten 100 Jahren um 25 bis 30 Zentimeter angestiegen. Das kann am sogenannten Treibhauseffekt oder auch an der langsamen Absenkung der Küstenscholle liegen, die eher vorsichtige Prognose der Küsteningenieure: weitere 50 Zentimeter Meeresspiegelanstieg in den nächsten 100 Jahren. Der technische Aufwand für die Küstensicherung nur mit Deichen wuchs von Jahr zu Jahr. Denn indem sie die Natur außer Acht ließen, trieben die Küstenschützer unwillentlich einen Teufelskreis an: Den Wassermassen fehlt die Auslauffläche, sie drängen sich zusammen und entwickeln dadurch noch mehr Kraft. Die Eindeichung führte dazu, dass beispielsweise die Hallig Hooge spürbar stärker umströmt und nun an ihrer ungeschützten Seite angegriffen wird.

Ein neues Konzept musste her, und so stellte Schleswig-Holstein 1974 einen Teil seines Wattenmeeres unter Naturschutz. Den weitergehenden Plan, dort einen Nationalpark zu errichten, konnte die Regierung wegen heftiger Bürgerproteste erst 1985 durchsetzen. Um die Anwohner nicht zu verstimmen, wurden die bewohnten Inseln und Halligen gleich ganz aus dem Schutzkonzept herausgenommen. Deshalb liegen die Schutzareale im Flickenteppichmuster über das ganze Gebiet verteilt und machen nur 34 Prozent der Fläche aus. Bis 1990 zogen die benachbarten Bundesländer mit Küste – Niedersachsen und Hamburg – nach. Die Schutzzonen der drei Wattenmeer-Nationalparks wurden nach und nach mithilfe des Nationalparkgesetzes von 1999, dann mittels Gerichtsverfahren von Naturschutzverbänden und schließlich mit der Bewerbung als Weltnaturerbe vergrößert. Doch diese unterlagen weiter den Einschränkungen menschlicher Nutzungsrechte. „Auszugehen wäre jedoch von naturräumlichen Einheiten", urteilt Karsten Reise. Er leitete rund 40 Jahre die Forschungsstelle Wattenmeer auf der Insel Sylt, und „im Wattenmeer sind dies die großen Wattströme mit ihren Wassereinzugsgebieten. Sie bilden das Mindestareal für ein selbsttätiges Ökosystem, das den Fortbestand der Populationen sichern kann." Auch welche Maßnahmen aus Sicht der Natur zu treffen sind, hat er mit seinen Kollegen hinreichend erforscht. Statt den Sand auf die Strände aufzuschütten, plädiert Reise dazu, den Sand auf die Wattseite aufzuspülen: „Damit könnte auch das Watt mit dem steigenden Meeresspiegel mitwachsen. In der Natur ist anpassen langfristig erfolgreicher als verteidigen."

Streitbarer Küstenschutz: Über Sinn und Nutzen der Eindeichung von Küstenlinien lässt sich debattieren, während das Meer unaufhörlich an den Küsten „nagt".

Weil der Meeresspiegel kontinuierlich ansteigt und die Zahl der Sturmfluten drastisch zugenommen hat, sollen die schlimmsten Auswirkungen durch Überflutungsraum im Hinterland aufgefangen werden, urteilt Reise, der auch nach seiner Emeritierung weiter auf Sylt in Sichtweite des Wattenmeeres wohnt: „So etwas wie Deiche oder Befestigungen zu bauen, kann bei einem kontinuierlich steigenden Meeresspiegel immer nur eine Zwischenlösung sein. Wenn das Land irgendwann unterhalb des Meeresspiegels liegt, wird das Risiko unkalkulierbar." Wenn der Naturschutz den gleichen Rang wie der Küstenschutz erhält, sind weitergehende Maßnahmen nötig: Der Mensch wird Teile der dem Meer abgetrotzten Gebiete wieder aufgeben müssen. Doch an Rückdeichungen wollen weder Politiker noch Deich- oder Naturschützer in Deutschland denken – da sind die Niederländer bereits einen Schritt weiter.

Die Küsten der Zukunft – Made in Niederlande

Wie die Menschen sich zukünftig intelligent an der Küste verhalten könnten, darauf suchen die Niederländer eine Antwort. Denn kein anderes entwickeltes Industrieland ist so sehr vom Ansteigen des Meeresspiegels betroffen: 60 Prozent der Fläche des kleinen, aber sehr dicht besiedelten Landes liegen unterhalb des Meeresspiegels, sind also auf ständige Schutzmaßnahmen angewiesen. Zwar erhöhen auch die Niederländer in einer großen Aktion bis zum Jahr 2015 einen Großteil ihrer Deiche, aber das ist nur ein Teil der Maßnahmen. Gleichzeitig entwickeln sie neue Konzepte, die alle unter das Motto passen: die Fluten steuern! So wurden rund 500 000 Hektar des eigentlich dicht besiedelten Landes als Überschwemmungsgebiet ausgewiesen. Das funktioniert nur, weil die Menschen ihre Lebensweise und ihre Landnutzung um ein amphibisches Element erweitern. So wurde im ostniederländischen Nijmegen-Lent ein Teil des in einer Flusskurve liegenden Uferbereichs der Waal ausgedeicht, um dem Fluss bei seinem regelmäßigen Hochwasser mehr Platz zu geben, im Sommer soll es dort neue Wassersportmöglichkeiten geben. Und da, wo die Deiche erhöht werden, gestaltet man sie nicht mehr als hermetische Bollwerke, sondern als „Lebenswälle". Sie werden als Bahngleis- oder Straßenschutz-Dämme gebaut und sollen im Fall der Überflutung auch als „Inseln" genutzt werden.

Es geht aber auch in die andere Richtung: Amsterdam wird gerade im Osten um seinen neuesten Stadtteil Ijburg erweitert, der liegt mitten im Ijmeer, einem Seitensee des Ijsselmeeres. Dazu wurden sechs Inseln aufgeschüttet, die über hochwassertaugliche Brücken mit dem Festland verbunden sind. Und berühmt sind inzwischen die Häuser am Ufer von Maasbommel. Diese Musterhäuser für amphibisches Wohnen sind wasserdicht wie Hausboote, aber gleichzeitig um einen festen Pfeiler herum errichtet und somit an ihrem Standort verankert: So steigen und sinken diese Schwimmhäuser einfach mit den Fluten. Hier an den Küsten wird sich entscheiden, ob der moderne Mensch es schafft, mit der Natur statt gegen sie zu leben.

Sogenannte Floating Houses in Ijburg, Amsterdam (oben). Wohngebiet der schwimmenden Häuser an Stegen am Ufer der Insel Steigerland in Amsterdam in der Provinz Nordholland in den Niederlanden. Steigerwald ist eine von sieben künstlichen Inseln, die zusammen den Stadtteil IJburg bilden. Die künstliche Insel ist freigegeben für architektonische Experimente zu Land und zu Wasser (unten).

DAS EINZIGARTIGE WATTENMEER DER NORDSEE – WIRKLICH GESCHÜTZT?

Vom holländischen Den Helder bis hinter die dänische Grenze erstreckt sich das Wattenmeer auf beinahe 10 000 Quadratkilometern - das größte zusammenhängende Wattgebiet der Erde, das neben den eigentlichen Wattflächen auch Priele, Sandbänke, Dünen und Salzwiesen umfasst. Ein Gezeitenzyklus mit Ebbe und Flut dauert 12 Stunden und 25 Minuten. Liegen Sonne und Mond auf einer Linie, summieren sich ihre Gezeiteneffekte und es kommt zu sogenannten Springtiden, zur gefürchteten Sturmflut fehlt dann nur noch ein kräftiger Nordwestwind.

Obwohl im Wattenmeer nur rund 4000 Pflanzen- und Tierarten leben, zählt es zu den biologisch aktivsten Zonen. Bis zu 50 000 3 bis 9 Millimeter große Wattschnecken pro Quadratmeter grasen den Boden nach Kieselalgen ab. Die meisten Fischarten der Nordsee wachsen im Watt auf. Im Sommer und Herbst rasten dort mehr als drei Millionen Zugvögel gleichzeitig - der isländische Strandläufer („Knut‟) beispielsweise kann dort sein Gewicht in kürzester Zeit verdoppeln. Die Schutzzonen der drei Wattenmeer-Nationalparks fallen recht unterschiedlich aus: Während im niedersächsischen Teil 70 Prozent der Fläche Ruhezone sind, umfassen die nutzungsfreien Areale in Schleswig-Holstein nur ein Drittel des Wattenmeers. Dort darf nur ein kleiner Teil der Schutzzonen vom Menschen gar nicht genutzt werden - ein Areal zwischen den Inseln Sylt und Föhr. In den größeren Schutzzonen 2 dagegen sind viele Tätigkeiten wie auch Wattwanderungen und die Miesmuschelfischerei erlaubt. Und fast überall ist die Krabbenfischerei genehmigt, die mit ihren hobelartigen Netzen nicht nur die Bodenfauna nachhaltig beschädigt, sondern besonders beim Krabbenfischen

kommt hinzu, dass mindestens 80 Prozent dessen, was die Netze der Fischer füllt, sogenannter Beifang ist: Fische, Krebse, Muscheln und sogar zu kleine Krabben - alles wird über Bord geworfen und dient den Möwen als Futter. Und für alle Gebiete gilt: Nur bei Ebbe ist das Watt ein Nationalpark, bei Flut gilt die Wasseroberfläche als Bundeswasserstraße, Näheres regelt der Verkehrsminister. Trotzdem: Im Jahr 2009 ernannte die UNESCO das niederländisch-deutsche Wattenmeer zum Weltnaturerbe - die Dänen bewarben sich nicht.

10

ONE SIZE FITS ALL

OZEANE SOLLEN
HANDELSWEGE,
ROHSTOFFQUELLE UND
ERHOLUNGSRÄUME
ZUGLEICH SEIN

ONE SIZE FITS ALL

OZEANE SOLLEN HANDELSWEGE, ROHSTOFFQUELLE UND ERHOLUNGSRÄUME ZUGLEICH SEIN

Vorangehende Doppelseite: Kreuzfahrtschiff vor der Skyline Hongkongs.

Bug des längere Zeit weltgrößten Containerschiffs „Emma Maersk" vor dem Containerterminal in Bremerhaven.

Auf der Ems zwischen Papenburg und Dollart Ende September 2014. Wie eine Fata Morgana gleitet „es" auf dem vollkommen leeren, merkwürdig stillen Fluss durch die Morgendämmerung — eine Hightech-Fatamorgana aus Tausenden Tonnen von Stahl. Mit dem Heck voran wird das größte jemals in Deutschland gebaute, das drittgrößte Kreuzfahrtschiff überhaupt, die „Quantum of the Seas", von kleinen Schleppern mit 0,5 Knoten Geschwindigkeit Richtung Nordsee gezogen, manches Mal sind es nur wenige Zentimeter, die das Schiff von den Mauern der Speerwerke und Brückenpfeiler trennen. Vor dem Emssperrwerk bei Gandersum muss der 347,75 Meter lange Stahlkoloss jedoch eine mehrstündige Zwangspause machen, denn nur wenn die Flut das Wasser von der Nordseeseite aus hereindrückt, bleibt dem Schiff bei geöffneten Schleusentoren genug Wasser unter dem Kiel.

„GRÖSSE IST ZU EINEM GEWISSEN GRAD
EIN ELEMENT DER SCHWÄCHE.
JE GRÖSSER DAS SCHIFF, DESTO SORGSAMER
MUSS DAMIT UMGEGANGEN WERDEN."

Joseph Conrad (1857–1924) nach dem Untergang der Titanic

Diese Überführung ist nicht nur ein Schauspiel, das Tausende Norddeutsche von den Uferdämmen der Ems aus live miterleben wollen und das vom NDR live übertragen wird, diese Präzisionsarbeit taugt darüber hinaus zum Sinnbild für unser neues Verständnis von Meeresschifffahrt: Solche „Very-" und „Ultra-Large-Ships" passen sich nicht mehr den maritimen Gegebenheiten an, sondern es läuft mittlerweile genau umgekehrt – die Umwelt wird den Erfordernissen der Schifffahrt angepasst. Kanäle und Kaianlagen müssen verbreitert, Flüsse wie Elbe, Weser und Ems ständig vertieft werden, damit Kreuzfahrtschiffe, die wie die Arche Noah an Land gebaut wurden, ins Meer oder riesige Containerschiffe aus dem Meer zu

Der Kreuzfahrtschiff-Neubau „Quantum of the Seas" legt am 22.09.2014 von der Pier der Meyer-Werft im emsländischen Papenburg (Niedersachsen) ab. Die „Quantum of the Seas" ist mit einer Länge von 348 und einer Breite von 41 Metern aktuell das weltweit drittgrößte Passagierschiff.

Häfen weit im Landesinneren gelangen können. Diese Schiffe sollen bei jedem Wetter ihren weltweit verbindlichen Fahrplan einhalten, Forschungs- und Versorgungsschiffe auch durch das dickste Packeis dringen und Hightech-Segelboote Winde bis knapp unter Orkanstärke für neue Rekorde ausnutzen können. Mit den Booten und Schiffen der Vergangenheit haben sie nur noch eines gemeinsam: Sie bewegen sich auf dem Wasser, weil sie Auftrieb haben. Alles andere machen neueste Materialien und die heutige digitale Ingenieurskunst möglich.

Dafür, dass fast jedes dieser Super-Schiffe ein Unikat ist, entstehen sie in einem atemberaubenden Tempo. „Eineinhalb Jahre oder weniger zwischen dem ersten Gespräch von Reeder und Werft und der Ablieferung sind nicht selten", erläutert der Wissens-Autor Burkhard Strassmann, „für den Entwurf bleiben vier Wochen." Bisher zeichneten Architekten mit Erfahrung Entwürfe für den Schiffskörper, anhand derer Modelle gebaute wurden, die in den Wasserbecken der Versuchsanstalten getestet wurden. Immer häufiger jedoch wird dieses Prozedere durch ausschließliche Computersimulationen ersetzt. Während frühere Schiffe erst im Laufe ihres „Lebens" zeigten, was in ihnen steckt, sollen deren Eigenschaften heute bereits am Reißbrett bzw. am Computerbildschirm bestimmt werden: Zwischen Sicherheit, Umweltverträglichkeit und Geschwindigkeit sollen die Ingenieure das ideale Maß finden, natürlich unter der Oberleitlinie der Ökonomie. „Ein Schiff, das einen Knoten langsamer läuft als vertraglich vereinbart, gilt in der Branche schon als Totalschaden", so Strassmann. Wann und wo nahm diese totale Instrumentalisierung von Schiffen und Meeren ihren Anfang? Möglicherweise mit den ersten Schiffen, die industriell arbeiteten, was uns zu den Walfängern des 18. und 19. Jahrhunderts führt.

Erst Wale, Sklaven und Baumwolle, dann auch der Rest

Schon vor der Motorisierung der Gesellschaft verlangten die aufstrebenden Industrienationen nach Öl. Walöl wurde benutzt, um Maschinen zu schmieren, vor allem jedoch um Lampen in den Häusern und Straßenlaternen in den wachsenden Städten zu beleuchten. Schon im 18. Jahrhundert funktionierten die Walfangschiffe fabrikmäßig, schildert der See-Experte Lutz Bunk: „Bilder wie aus Dantes Inferno: flackernde Flammen, zischendes Fett, schwere schwarze Rauchwolken. Die Matrosen warteten zwischen Bergen von Speck im Blut, ihre fetttriefende Kleidung stank unsäglich, zur Reinigung diente allein eine Mischung aus Salzwasser und Urin." Ihre Fangmethode funktionierte so gut, dass die Walfänger aus den Quäkerstädten an der nordamerikanischen Ostküste bereits Ende des 18. Jahrhunderts den Atlantik abgejagt hatten und um Kap Horn herum in den Pazifik fahren mussten, um genug Wale für ihr grausiges Geschäft zu finden. Dabei nahmen sie auf Galapagos einige Hundert Schildkröten an Bord, als lebende Fleischvorräte.

Zur gleichen Zeit begann auch ein jegliche Moral außer Kraft setzender transatlantischer Handel, besser bekannt als systematischer Sklavenhandel über die Meere. Begonnen hatte er im frühen 16. Jahrhundert, als hin und wieder einige Dutzend afrikanischer Sklaven auf

Karibikinseln wie Haiti und Kuba verbracht wurden und dort auf den Zuckerrohrplantagen arbeiten sollten. Doch schon bald entwickelte sich daraus ein rasanter Dreieckshandel: Europäische Frachtschiffe brachten Tauschgüter wie Gewehre, Metallbarren, Tuch oder Glasperlen nach Afrika, die dort bei arabischen und afrikanischen Menschenjägern gegen Sklaven eingetauscht wurden. Diese wurden dann nach irrsinnigen Belegungsplänen in die Zwischendecks der Schiffe gestopft, und nach wochenlangen Überfahrten wurden die Überlebenden in der Karibik und auf dem amerikanischen Festland verkauft. Auf dem Rückweg transportierten die Frachtsegler schließlich Tabak, Zucker, Rum und Baumwolle nach Europa.

Die Verluste: In 350 Jahren Sklavenhandel starben allein beim Transport über den Atlantik rund 1,5 Millionen Afrikaner; die Folgen, die diese millionenfache Verschleppung junger Frauen und Männer in den afrikanischen Gesellschaften hinterließ, sind bis heute nicht erfasst. Ganz genau dagegen kennen wir die Gewinne, die dieser Handel einbrachte. So erzielte ein einziger Dreieckshandel mit dem 90-Tonnen-Schoner „La Fortuna" im Jahr 1827, der den Transport von 217 Sklaven einschloss, einen Reingewinn von 40 000 Dollar – damals ein Vermögen.

Ob der transatlantische Sklavenhandel im Laufe des 19. Jahrhunderts eher aus humanitären oder aus ökonomischen Gründen aufgegeben wurde, darüber streiten die Historiker. Eines jedoch wurde nicht aus der Welt geschafft: Schiffseigner, die schließlich von Reedereien abgelöst wurden, hetzen ihre Schiffe auf der Jagd nach dem größtmöglichen Profit kreuz und quer über die Weltmeere.

Heute sind nach Schätzungen zwischen 40 000 und 50 000 mehr oder weniger seetüchtige Frachtschiffe jeglicher Art auf den Weltmeeren unterwegs, um Rohstoffe, Waren des internationalen Handels und seit Neuestem auch wieder vermehrt Passagiere über die Weltmeere zu transportieren. Und diese Schiffe werden immer größer, angefangen hat diese Gigantomanie mit Tankschiffen.

„Ultra Large"-Tanker – zu groß, selbst für Ozeane!

Da das erste Erdöl ab Mitte des 19. Jahrhunderts in den USA gefördert wurde, ließ die deutsche Reederei Riedemann das erste Tankschiff bauen, um den wertvollen Rohstoff nach Europa zu transportieren. Das 3000-Tonnen-Dampfschiff „Glückauf" hatte noch eine Teilbeseglung und nahm 1886 seinen Dienst auf, 1902 wurde sogar noch ein reiner Segler, ein Sieben-Masten-Schoner, als Tanker eingesetzt, so kostbar war der Rohstoff Erdöl. Erst nach dem Zweiten Weltkrieg nahm die Motorisierung der Industrienationen Fahrt auf, und die Tanker wurden wesentlich größer: 1952 fasste die „Tina Onassis" 45 000 tdw (tons deadweight = Tragfähigkeit des Schiffes in Tonnen), 1959 die „Apollo" 100 000 tdw. Danach gab es kein Halten mehr, es wurde gebaut, was die Werften liefern konnten, bis Supertanker über 400 Meter Länge aufwiesen. Doch diese waren extrem störanfällig, konnten wegen ihrer Größe und

ihres Tiefgangs nur auf ganz wenigen Routen eingesetzt werden und wurden wieder aus dem Verkehr gezogen. So wurde diese 400 Meter Länge zu einer Art magischen Grenze, die bis heute auch von den größten Container- und Kreuzfahrtschiffen nicht überschritten wird. Derzeit fahren mehr als 5000 Tanker und „Supertanker" auf den Weltmeeren – als Letztere bezeichnet man in unserer Sprache erst Öltanker ab 200 000 tdw. Im Englischen wird noch genauer zwischen VLCC (Very Large Crude Carrier = über 200 000 tdw) und ULCC (Ultra Large Crude Carrier = über 300 000 tdw) unterschieden. Letztere sind zwischen 310 und 350 Meter lang und haben einen Tiefgang von 20 bis 22 Metern, weshalb sie weltweit nur wenige Häfen anlaufen können. Übrigens: 350 000 Tonnen Tragkraft – das sind rund 318 Millionen Liter Rohöl, genug, um damit 17 000-mal einen Tank-Sattelschlepper zu füllen. Doch zum Wahrzeichen der Globalisierung wurde der Containerfrachter.

Tankdampfer »Glückauf« 1886

Nach Fahrplan von Shanghai nach Hamburg oder Rotterdam

Der Amerikaner Malcolm McLean hatte im Jahr 1956 eine Idee: Statt Ladungen Stück für Stück von einem Transportmittel zum nächsten umzupacken, sollten sie von Anfang an in mobilen Metallkästen verstaut werden. Diese Idee setzte sich zunächst nur allmählich durch, und folglich wuchsen auch die neuen Spezialschiffe, mit denen nach und nach ausschließlich Container befördert wurden, nur langsam. So war noch die „Hannover Express", als sie im Februar 1991 für die Hapag-Lloyd-Reederei vom Stapel lief, mit 4639 TEU-Ladekapazität mehr als vier Jahre lang das größte Containerschiff der Welt. Dann begann jener Wettlauf, den wir heute Globalisierung nennen und in dem der Großteil des Welthandels (90 Prozent) über die Meere abgewickelt wird: Rohstoffe wie Öl und Eisenerze in speziellen Tankern und Frachtern, der Rest – Waren, Einzel- und Fertigteile, ja selbst Müll und Schrott – in Containern.

Noch vor zehn Jahren sah die Welt der Containerschiffe rosig aus: Die Reeder ließen immer größere Schiffe bauen. In den Jahren 2003/2004 erreichten die größten Containerschiffe

Supertanker auf dem Bosporus vor Istanbul. Der Bosporus verbindet das Schwarze Meer mit dem Marmarameer und dem Mittelmeer.

mit über 8000 Containern Ladekapazität und einem Tiefgang von 15 Metern eine Dimension, die eigentlich schon zu groß für Häfen wie Hamburg mit ihren engen Zufahrtswegen waren. Während Flüsse wie die Elbe für diese Schiffe ausgebaggert wurden, hatten die Reedereien bereits noch größere in Auftrag gegeben.

Schon 2006 lief eines der neuen „Ultra Large Container Ships" vom Stapel: Die „Emma Maersk" kann bei einer Länge von 397,7 Metern und 15 Meter Tiefgang 14 770 TEUs laden. So wurde mehr Geld verdient: Die Transportkonzerne konnten die Frachtgebühren senken und damit die Konkurrenz unterbieten. Gab es im Jahr 2006 noch keine 5000 Containerschiffe, die über die Weltmeere fuhren, sind es heute laut Welthandelskonferenz der UNO fast 10 000. Die Schiffsmotoren liefern mit rund 100 000 PS — ausreichend für 750 PKW — genügend Kraftreserven für Weltreisen, die wie bei einem Linienbus genau nach Fahrplan absolviert werden. Dabei durchpflügen die Frachtkolosse mit bis zu 26 Knoten die Weltmeere, denn in den Häfen müssen die Andock-Stellen für die entsprechenden Zeiten gebucht und

EINER FÜR ALLE – CONTAINER

Ein Standardcontainer, ein TEU (Twenty Foot Equivalent Unit), ist überall auf der Welt gleich groß: rund 6 Meter (20 Fuß) lang, 2,30 Meter breit und genauso hoch. Er hat also ein Fassungsvermögen von 30,36 Kubikmetern. Inzwischen hat sich der Doppel-TEU durchgesetzt: Er ist genau 40 Fuß lang, also rund 12 Meter.

Gab es im Jahr 2005 rund 20 Millionen Container, waren es fünf Jahre später schon 27,5 Millionen. Jeder von ihnen geht im Durchschnitt 15-mal pro Jahr auf kleine oder große Fahrt: Voll gestopft reisen sie von Asien nach Europa oder Amerika; gut die Hälfte kehrt leer wieder zurück.

bezahlt werden. Deshalb können Verspätungen nur draußen auf See wieder wettgemacht werden, und so sollen die Frachtschiffe auf Anordnung ihrer Reedereien auch bei Orkanen bis zu Windstärke 11 Kurs beibehalten.

Alles unter Kontrolle? Nein, Gefahr besteht immer bei schweren Stürmen. Im Durchschnitt gehen jede Woche zwei Handelsschiffe auf den Weltmeeren wegen schlechter Wetterbedingungen unter. Wenn ein Schiff 8000 bis 150000 Container an Bord nimmt und im Laufe der Reise zehn bis 14 Häfen anläuft, dann ist es eine Kunst für sich, die Container so zu stapeln, dass sie mit möglichst wenig Bewegungen ent- und zugeladen werden

Der im dänischen Odense gebaute Schiffsriese „Emma Maersk" ist 398 Meter lang, 56,4 Meter breit und hat eine Kapazität von 14770 Containern.

können. Mithilfe von Computerprogrammen wird die optimale Anordnung berechnet – dabei spielt auch die Gewichtsverteilung eine Rolle und der Umstand, dass der Zeitplan häufig so eng ist, dass jede Containerbewegung nur etwas länger als eine halbe Minute dauern darf.

Singapur und Shanghais Yangshan-Hafen in der Hangzhou-Bucht sind dank des Asienhandels heute die beiden größten Containerhäfen der Welt, in Shanghai werden inzwischen über 30 Millionen Container pro Jahr umgesetzt, in Singapur etwas weniger. Doch gleich hinter Singapur und Shanghai verlassen die Schiffe die Hightech-Wohlstands-Inseln und durchfahren gefährliche Areale.

Schrecken der Hightech-Schifffahrt: Piraten

Als gefährliche Regionen für den Schiffsverkehr gelten heute das Horn von Afrika, der Golf von Guinea, das Südchinesische Meer (mit den Philippinen) und die Straße von Malakka, an deren südöstlichem Ausgang Singapur liegt – alle vier Regionen gelten als Piratengebiete. Am Horn von Afrika, das 20 Prozent aller Handelsschiffe umrunden, gab es im Jahr 2011 allein 237 Überfälle und 28 Schiffsentführungen. Nur die Präsenz internationaler Marineschiffe dort lässt die Angriffe zurückgehen.

Die Straße von Malakka müssen alle Schiffe passieren, die vom Westen (Europa, Afrika, Naher Osten, Indien) nach Osten (China, Philippinen, Japan) wollen. Denn die indonesische Inselkette versperrt den Zugang zum Südchinesischen Meer und lässt nur diese rund 1000 Kilometer lange und teilweise nur 25 Kilometer breite Durchfahrt. Mehr als 50 000 Handelsschiffe passieren diese Meerenge im Jahr, und hier ereignet sich ein Großteil aller weltweiten Piratenüberfälle. Die Angreifer kommen mit unscheinbaren Fischerbooten oder kleinen Schnellbooten und schlagen schnell und brutal zu. Obwohl die Frachtschiffe hoch wie Häuserblöcke sind und die Meerenge mit 20 bis 25 Knoten Höchstgeschwindigkeit durchqueren, haben auch sie eine Schwachstelle: Das Achterdeck, eine offene Terrasse am Bug, liegt viel tiefer als die übrige Bordwand.

Manche Reedereien statten ihre Schiffe mit privaten Söldnern aus oder die Besatzung versucht bei „Piratenalarm" mit dem dicken

Piraten vor Somalia. Moderne Piraterie hat mit dem romantisch verklärten Freibeuter-Bild auf der Kinoleinwand kaum etwas gemein.

Wasserschlauch für die Feuerbekämpfung Piraten, die an Bord klettern wollen, mit einem starken Wasserstrahl ins Meer zurückzuspritzen. Jeden Monat werden mindestens fünf bis sechs Übergriffe in Südostasien gemeldet. Bei Erfolg begnügten sich die Angreifer früher damit, die Besatzung zu fesseln und den Bordtresor auszurauben. Doch immer häufiger wird die Mannschaft verschleppt und die Kidnapper verlangen ein „Lösegeld". Andernfalls erhält das Schiff einen anderen Namen und wird in einem Hafen gelöscht, wo man es nicht so genau mit den Papieren nimmt. „Phantomschiffe" werden diese verschwundenen Frachter genannt.

Aus aller Welt für alle Welt

Die neuen Containerschiffe und ihre Fracht sind durch und durch Kinder der Globalisierung: Sie werden heute in koreanischen, taiwanesischen und chinesischen Werften gebaut. Selbst wenn sie einer deutschen Reederei gehören, heißt das nicht unbedingt, dass sie in deutschen Schiffsregistern eingetragen sind und schon gar nicht, dass sie unter deutscher Flagge fahren. Bevorzugte Auslandsflaggen sind Karibikstaaten wie Antigua, aber auch Liberia, Zypern, die Marshallinseln oder Großbritannien.

Die Schiffe befördern in der Regel Güter aus China, Indien, Indonesien, Thailand, Vietnam, Bangladesch, aber auch aus Australien für die Märkte im Nahen Osten, in Europa oder Nordamerika. Selbst die Besatzungen sind fast immer international und zweigeteilt: Der Kapitän, der ranghöchste Offizier und der Bordingenieur sind Europäer, der Rest der Mannschaft stammt aus Asien, meistens von den Philippinen. Damit diese Gruppen von zehn bis 25 Personen ihre Stahlkolosse voll Technik im Griff behalten, legen erfahrene Kapitäne großen Wert auf guten Teamgeist, zum Beispiel durch Rituale wie gutes Essen und gemeinsame Mahlzeiten. Auf einigen Schiffen gehört Grünkohl mit Bauchfleisch und Mettwürsten zu den Lieblingsessen an Bord, da braucht der Koch nicht europäisch und asiatisch zu kochen. Wenn die Containerschiffe einen ihrer Häfen anlaufen, dann ist genau so viel Liegezeit anberaumt, um die Container zu ent- und beladen. Doch selbst wenn sie mehr Zeit zur Verfügung hätten, würde niemand von Bord gehen. Der Kapitän und seine Offiziere müssen das Entladen bewachen, und der Mannschaft ist ein Landgang, der in einer Bar endet, zu teuer, denn daheim hängt in der Regel eine ganze Großfamilie von ihrem Einkommen ab.

So reisen die Seeleute von heute fast ununterbrochen um die Welt, ohne dabei viel von ihr zu sehen. Noch dazu sehen die modernen Containerhäfen, die sie ansteuern, aus, als stammten sie alle aus dem gleichen Baukasten. Diese gnadenlose Routine scheint sich auf jeden Mitreisenden zu übertragen, berichtet die Schriftstellerin Felicitas Hoppe nach mehreren Wochen auf einem Containerschiff: „Nachts liegen wir hellwach, zerfressen vom Nichtstun in den Kabinen, tags stehen wir an Deck, nutzen mit gierigen Blicken das Meer ab und finden unser Spiegelbild nicht."

Wie gut, dass es immer mehr richtige Vergnügungsfahrten gibt, denn zu den boomenden Branchen der Schifffahrt gehört auch wieder die Kreuzfahrt. Unter den rund 6500 Passagierschiffen, die laut Umweltbundesamt weltweit auf den Meeren verkehren, sind über 300 echte Kreuzfahrtriesen. Noch vor zwei Jahrzehnten als Rentnerparadiese verspottet, können nun gar nicht so viele Schiffe geliefert werden, wie die großen Reedereien in Dienst nehmen wollen.

Vorangehende Doppelseite: Container Terminal im Hamburger Hafen.

Der Kreuzfahrtriese „Ventura" in der Lagune von Venedig. Seit Ende 2014 ist sowohl die Anzahl der schwimmenden Hochhäuser als auch die Größe der Schiffe reglementiert, die Venedigs Altstadt durchkreuzen dürfen.

Für jede Zielgruppe gibt es inzwischen das passende Schiff oder zumindest die passende Tour: von billigen Schnupper-, Familien-, FKK-, Heavy-Metal- sowie Schwulen- und Lesbenkreuzfahrten über Golf-, Kultur- oder Gourmet-Reisen bis hin zu Expeditionen in die Antarktis oder gleich ganze Weltreisen zu Preisen ab 25 000 Euro pro Person − ohne Grenze nach oben. Diese Dreamliner verkehren praktisch in jedem schiffbaren Meer und den Amazonas hinauf, umgangen werden nur die gefährlichen Regionen. Dazu zählen neben den uns inzwischen bekannten Piratengebieten auch Areale, in denen andere Passagierschiffe schon einmal auf Kaventsmänner trafen.

Schrecken der Hightech-Schifffahrt: Monsterwellen

22. Februar 2001, im sturmgepeitschten Südatlantik vor Argentinien. Das Kreuzfahrtschiff „Bremen" sucht seinen Weg aus der kalten Antarktis ins heiße Rio de Janeiro, als das Schiff von einer laut Logbuch 35 Meter hohen Monsterwelle überrollt wird. Sie schlägt über das Vorschiff mit ganzer Kraft auf die Brücke, deren Scheiben zerbersten, woraufhin Meerwasser ins Schiffsinnere dringt. „Das Schiff war manövrierunfähig", erinnert sich der damalige Kapitän Heinz Aye. „Alle nautischen Geräte auf der Brücke, Instrumente sowie die gesamte Elektronik waren nach dem Einbruch des Seewassers sofort ausgefallen." Die 111 Meter lange „Bremen" stellte sich quer zur schweren See, was der sichere Untergang gewesen wäre, wenn nicht im letzten Moment der Hilfsdiesel angesprungen wäre.

Bis in die 1990er-Jahre taten Kapitäne, Schiffskonstrukteure und Wissenschaftler solche Geschichten über Monsterwellen als Seemannsgarn ab, denn man glaubte an beruhigende Grenzwerte: Die maximale Höhe beispielsweise für Wellen im Atlantik lag demnach bei 17 Metern. Diese Überzeugung kippte am Neujahrstag 1995 in der Nordsee, als die mit einem Sensor ausgestattete „Draupner"-Bohrinsel von einer 26 Meter hohen Brecherwelle erschüttert wurde. Eine daraufhin installierte Radarüberwachung registrierte in den folgenden vier Jahren 24 Monsterwellen. „So etwas haben wir nicht erwartet", erinnert sich der Physiker und leidenschaftliche Hochseesegler Wolfgang Rosenthal, der seit rund 40 Jahren den Seegang wissenschaftlich erforscht. Er koordinierte auch das Forschungsprojekt „Maxwave", in dem elf Forschungsinstitute und Wetterdienste aus europäischen Küstenstaaten schwere Seegänge und insbesondere die sogenannten Freakwaves untersuchten, mit der Absicht, mögliche Entstehungen vorherzusagen. Zunächst sichteten sie das gar nicht so leicht zugängliche Material über Schiffsunglücke − mit erstaunlichem Ergebnis. „Im Durchschnitt gehen jede Woche zwei Schiffe wegen schlechter Wetterbedingungen unter", so Rosenthal, „mit Sicherheit sind Monsterwellen häufig daran beteiligt."

Was versteht man nun genau unter einer Monsterwelle, auch Freakwave oder Kaventsmann genannt? „Noch niemand hat sie bisher genau definiert, doch wir rechnen Wellen deutlich über 20 Metern Höhe dazu", erklärt Rosenthal.

STRAND GUT

CONTAINER AUF FALSCHEM KURS

Rund 2500 bis 3000 Container gehen pro Jahr während der Schiffreisen z.B. bei Stürmen über Bord. Das sind nur 0,01 Prozent aller transportierten TEUs, tröstet die Transport-Branche ihre Kunden. Doch 2500 bis 3000 Container – das ergibt aneinandergereiht eine Strecke von 15 bis 18 Kilometer, voll gestopft mit den begehrten Waren unserer globalisierten Welt. Das meiste davon taucht nie wieder auf, denn die Container – aus Stahl gefertigt und dann noch mit schweren Waren gefüllt – versinken größtenteils in den Weiten der Ozeane. Einige aber, deren Schiffe sich während ihres Verlustes in Küstennähe aufhielten, treiben an Land oder bleiben im Watt stecken und werden bei Ebbe freigelegt. Andere springen beim Sturz ins Wasser auf oder rosten im Meer langsam vor sich hin.

Auf die eine oder andere Art öffnete sich jedenfalls einer von 62 Containern, die das Containerschiff „Tokio Express" verlor, als es am 13. Februar 1997 20 Meilen vor der Küste von Cornwall von einer Monsterwelle getroffen wurde. Der Inhalt dieses Containers: über fünf Millionen Lego-Einzelteile. Darunter befinden sich nach Angaben der Website „Beachcombers' Alerts" – einer Internet-Plattform über weltweit gefundenes Strandgut – unter anderem 13 000 rote und gelbe Harpunen, 4200 schwarze Oktopusse, 26 600 gelbe Rettungswesten, 418 000 Paar Schwimmflossen, 33 941 grüne und schwarze Drachen, 353 264 Blüten in weiß, rot und gelb und 97 500 graue Taucher-Sauerstoffgeräte – das meiste nur wenige Zentimeter groß. Nach und nach spülen Meeresströmungen, Wind und Wellen dieses Plastikspielzeug an die Südwestküste Britanniens.

Drachen und Oktopusse, aber auch Säbel und Taucherflossen im Lilliputaner-Format werden nun seit über zehn Jahren von Kindern, aber auch von leidenschaftlichen Strandsammlern vor allem an den Stränden von Cornwall geborgen. Eine von ihnen, die britische PR-Beraterin Tracey Williams, fand mit ihrer Facebook-Seite „Lego lost at sea" inzwischen ein weltweites Medienecho.

Im Prinzip entstehen Freakwaves wie alle Wellen: Wind trifft auf das Wasser, das daraufhin die Kräfte unter Wasser in kreisförmige Bewegungen umsetzt, die an der Oberfläche als sinusförmiges Auf und Ab erscheinen. Strömt das Wasser gegen die Windrichtung, erhöht sich dieser Effekt. Klitzekleine Unterschiede in den Ausgangsbedingungen sorgen dafür, dass die eine Welle etwas höher wird als die andere, eine sich etwas schneller bewegt und ihre Vorgängerin unterläuft. Jede 3000ste Welle jedoch – so die statistischen Ergebnisse aus Beobachtung und Berechnung – erreicht die doppelte Höhe der Durchschnittswelle. „Auf ein Schiff berechnet heißt das: Einmal am Tag trifft es auf eine Welle, die doppelt so hoch wie der Wellendurchschnitt ist", führt Rosenthal aus. „Setzt man die Statistik fort, würde dasselbe Schiff in ungefähr 20 Jahren einmal auf eine Freakwave stoßen."

Bei der Auswertung von Satellitenbildern aus drei Wochen Atlantik- und Pazifik-Südwinterzeit wurden zehn Monsterwellen von 23 bis 27 Metern Höhe registriert. Durch die Summierung des Seegang-Geschehens konnten die Wissenschaftler Areale lokalisieren, die häufig Monsterwellen hervorbringen, wie beispielsweise der berüchtigte Agulhas-Strom, der das Kap der Guten Hoffnung an der afrikanischen Südspitze umströmt. Es gibt allerdings auch gefährliche Areale ohne große Meeresströmung in den Weiten von Atlantik und Pazifik wie das Gebiet, in dem nur 145 Tage nach der „Bremen" auch die „Caledonia Star" von schweren Brechern getroffen wurde. Manche dieser Gefahrengebiete lassen sich weiträumig umschiffen, andere nicht. Doch wie kann bei Letzteren gewarnt werden? Die Forscher stießen beim Auswerten der Radarbilder auf kleinräumige Wetterereignisse wie kleine Hurrikane: Wellen treffen dort aus

verschiedensten Richtungen aufeinander. Daraufhin kommt es zu Interferenzen, die Wellen schaukeln sich auf, bleiben zusammen und halten diese Höhe über lange Strecken. Die Entstehung dieser Wellenfelder folgt bestimmten Mustern, die sich über Satellit ausmachen lassen und vor denen die Wetterdienste warnen können. Bei bis zu sechs Stunden Vorwarnzeit haben Schiffe gute Chancen, dem Sturmzentrum auszuweichen.

Wenn die Kaventsmänner jedoch erst in einigen Meilen Entfernung auf dem Radar des betroffenen Schiffes erscheinen, ist es zu spät zum Ausweichen. Doch kleine Maßnahmen könnten die Begegnung mit einem Kaventsmann abfedern: Frachtschiffe können ihre wegen des Gewichts dünnen Ladeluken, die unter einer Freakwave einfach wegknicken, stabiler bauen. Bei Kreuzfahrtschiffen wiederum bräuchten die von innen gesetzten und leicht eindrückbaren Fenster nur von außen angebracht zu werden. Doch Reedereien und Versicherungen tabuisieren das Thema „Freakwave" noch immer.

Moderne Kreuzfahrten, das berechenbare Abenteuer!

Nicht nur die für Freakwaves bekannten Regionen werden von den Dreamlinern umschifft, möglichst sämtliche Unwägbarkeiten versuchen die Traumschiff-Reedereien aus dem Weg zu räumen, damit ihre Passagiere jede Sekunde ihrer teuren Seereisen genießen können. Selbst dem ältesten Begleiter der Seeleute aller Zeiten und Epochen, der Seekrankheit, wird der Kampf angesagt: Dem von Wellen verursachten Rollen (seitliches Auf und Ab) und Stampfen (Auf und Ab von Bug und Heck) versuchen die Schiffsbauer durch zusätzliche Ballasttanks und angeschweißte oder ausfahrbare Flossen am Schiffsrumpf unterhalb der Wasserlinie Herr zu werden – mit mäßigem Erfolg. Und so gehört die Frage, was wirklich gegen Seekrankheit, das „mal de mer", hilft, zu den heftigst diskutierten während der Kreuzfahrten und auf Diskussionsforen, die sich mit der Vor- und Nachbereitung selbiger beschäftigen.

Fallschirmsimulator (links), Roboter betriebene Bar (rechts) oder Glaskuppel-Hebearm: Die „Quantum of the Seas" macht die Kreuzfahrt zu einem im wahrsten Sinne des Wortes Rundum-„Erlebnis" – wer schaut da noch aufs Meer ...

Neptun sei Dank, denn wird den Passagieren mit der versuchten Vermeidung auch des kleinsten Risikos nicht auch etwas genommen? Früher war jede Schiffsreise ein existenzielles Erlebnis: Jeder an Bord teilte Höhen und Tiefen einer Seereise mit dem Schiff und seiner Besatzung. Die Schiffsreise, seit Menschengedenken Inspirationsquelle für Denker und Künstler von Homers „Odyssee" bis zu Kathrine Anne Porters „Narrenschiff", lässt die heutigen Schriftsteller, die sich ihr aussetzen, verstummen. Die Vorhersehbarkeit der Ereignisse tötet jede Fantasie: Es gibt bis zu sechs Mahlzeiten an Bord und jede Menge Freizeitaktivitäten, zu den Standards gehören inzwischen: Theater mit täglich wechselndem Live-Programm, Kinos und Kasinos, Wellness-Landschaften, Kletterwände und Tennisplätze.

„Erfahrungen sind enttäuschte Erwartungen", diagnostizierte schon der Philosoph Hans-Georg Gadamer. Erfüllte Erwartungen dagegen eignen sich gerade einmal für ein Selfie, das dann schnell über den Smartphone-Verteiler verschickt wird, bevor der Erlebnishunger nach noch größeren Events verlangt. Davon konnte der amerikanische Autor D.F. Wallace ein Lied singen, als er von einer amerikanischen Zeitschrift auf eine Karibik-Kreuzfahrt geschickt wurde. Zwar gibt Wallace zu, dass er sacharinweiße Strände, Wasser von hellstem Azur, Schwärme winziger Fische mit fluoreszierenden Flossen und Sonnenuntergänge sah, „die aussahen wie nach einer digitalen Bildbearbeitung". Doch noch mehr beeindruckten ihn die Absurditäten der modernen Massenkreuzfahrt: „Ich habe erfahren, wie Sonnenmilch riecht, wenn sie auf 21 000 Pfund heißes Menschenfleisch verteilt wird (...) Ich habe 500 amerikanischen Leistungsträgern beim Ententanz zugeschaut." Er kann nun zwischen „Bingo" und „Prize-O" unterscheiden und weiß, dass es mindestens 20 Marken von Badelatschen gibt. Und er hat erfahren, wie die Massenabfertigung Menschen zu Schafen mutieren lässt: „Ich habe erwachsene US-Bürger aus dem gehobenen Mittelstand gehört, die am Info-Counter wissen wollten, ob man beim Schnorcheln nass wird, ob Skeetschießen im Freien stattfindet, ob die Crew ebenfalls an Bord schläft oder um welche Uhrzeit das Midnight-Buffet eröffnet wird." Sein Fazit: „Schrecklich amüsant – aber in Zukunft ohne mich!"

Da die Kreuzfahrt-Reedereien immer härter miteinander konkurrieren, werden die Dreamliner vollgestopft mit technischen Unterhaltungswundern. Mit augenblicklichen Superlativen kann die nagel- bzw. schweißnahtneue „Quantum of the Sea" aufwarten: Zum bisher größten überdachten Unterhaltungs- und Sportbereich eines Kreuzfahrtschiffes gehören unter anderem ein Autoscooter, eine Rollerskating-Bahn und ein Fallschirmsimulator. Und wem die Aussicht vom obersten, dem 18. Deck des Schiffes nicht reicht, der kann mit einem Glaskuppel-Hebearm bis in 90 Meter Höhe aufsteigen.

Doch dieses technische Wettrüsten sorgt dafür, dass viele ältere, aber noch voll funktionstüchtige Kreuzfahrtschiffe ausgemustert werden, bevor sie das Durchschnittsalter der heutigen Ozeanriesen von plus/minus 30 Jahren erreichen. Deutlich länger dagegen werden alte Tankschiffe in Dienst gehalten. Nach zahlreichen Unfällen, die zum Teil verheerende Umweltkatastrophen nach sich zogen, wurden internationale Abkommen verabschiedet, die vorschreiben, dass neue Tanker nur mit Sicherheitsauflagen wie doppelten Wänden gebaut werden dürfen. Also lassen die Reeder die alten Kähne so lange weiterfahren, wie es geht. Doch wo enden früher oder später all diese Schiffe aus Stahl?

Der größte Schiffsfriedhof am längsten Sandstrand der Welt

Der längste Sandstrand der Welt befindet sich nicht etwa in der Karibik oder in Australien, sondern in der Bucht von Bengalen: Über 130 Kilometer zieht sich Cox Bazar entlang des südlichen Zipfels von Bangladesch. Doch da wir Westler beim Stichwort „Bangladesch" gleich die Bilder von Überschwemmungen und ausgehungerten Menschenmassen im Kopf haben, verirren sich nur wenige Rucksacktouristen dorthin. Stattdessen parken in Sichtweite des Ufers auffallend viele ausgemusterte Tanker, Frachter und Fähren, die darauf warten, an den Strand geschleppt zu werden, wo sie dann halb noch im Wasser, halb an Land liegen wie gestrandete Wale und auf ihr Ende warten. Von den rund 500 bis 1000 Ozeanriesen, die jährlich ausrangiert werden, lassen die Reedereien die meisten hier in Bangladesch und in Nordindien, auch in China und der Türkei an flachen Küstenabschnitten, nicht jedoch in den modernen Docks der großen Werften abwracken. Nur hin und wieder rückt ein großer Kran an, um schwere Eisenteile abzutransportieren. Alles andere wird hier von Menschen mit einfachsten Hilfsmitteln getan: Schweißgeräte, Schraubenzieher und Stemmeisen. Menschen, die neben den großen Stahlschiffen sehr klein wirken – und sehr verletzlich. Es kommt zu vielen Unfällen, jedes Jahr sterben Hunderte von Arbeitern beim Abwracken. Versuche, die Reeder zur Abwrackung unter kontrollierten Bedingungen zu bewegen, scheitern regelmäßig aus Sorge vor explodierenden Kosten. Nicht einmal ein Übereinkommen wurde von allen Ländern akzeptiert, das die Eigner verpflichtet, eine Liste der in den Schiffen lagernden gefährlichen Materialien zusammen mit ihren Schrottkähnen zu übergeben. Und so erkranken unzählige Arbeiter durch den Kontakt mit giftigen Substanzen, die zusammen mit den Resten von Schwerölen und Fetten, die noch in den Maschinen und Tanks lagern, einfach an den Stränden auslaufen.

Arbeiter waten im Morgengrauen im Schlick der Schiffswrackplätze von Chittagong in Bangladesch zu den Schiffswracks. Der einstmals weiße Strand ist heute ein teilweise von Ölen und Giftstoffen durchtränkter Schlick. Chittagong ist einer der weltgrößten Abwrackplätze für Schiffe und seit etwa 40 Jahren eine Arbeitshölle, die von Niedriglöhnen, mangelnder Arbeitssicherheit und fehlendem Umweltschutz geprägt ist.

11

STEHT ERST AM ANFANG:
DIE MEERESFORSCHUNG

DIE ERKUNDUNG
DER WUNDERSAMEN,
JEDOCH BEDROHTEN
TIEFSEE HAT GERADE
ERST BEGONNEN

STEHT ERST AM ANFANG: DIE MEERESFORSCHUNG

DIE ERKUNDUNG DER WUNDERSAMEN, JEDOCH BEDROHTEN TIEFSEE HAT GERADE ERST BEGONNEN

Vorangehende Doppelseite: Der Pottwal (Physeter macrocephalus) kommt in allen Ozeanen vor, am häufigsten ist er jedoch in den Tropen und Subtropen zu finden, wie dieses Exemplar, das seine Runden in den Gewässern vor der Dominikanischen Republik dreht.

Oktopus vor Hawaii.

Im Sommer 2010 beendeten die rund 2700 Forscher aus 80 Ländern den „Census of Marine Life", die bis dahin größte Artenbestimmung in den Weltmeeren – vorläufig. Denn sie haben zwar rund 185 000 verschiedene Arten identifiziert, doch ihr Fazit lautet auch: Es gibt noch viele unentdeckte Lebensformen in den Weiten und Tiefen der Ozeane. Während die einen von voraussichtlich am Ende 250 000 katalogisierbaren Spezies ausgehen, ziehen andere wie die Ozeanografin und Umweltaktivistin Sylvia Earle diese Hochrechnung in Zweifel: „Angesichts der Menge der Neuentdeckungen und der ausgedehnten Meeresflächen, die noch zu erforschen sind, ist klar, dass die Zahl der unbekannten Arten marinen Lebens deutlich größer ist als die etwa 250 000, mit denen man heute rechnet." Dritte wie der spanische Meeresexperte Carlos Duarte denken bereits in ganz anderen Dimensionen: „Da unten ist noch viel, viel mehr, als wir uns je hätten träumen lassen."

„WIRKLICHE MEERESFORSCHUNG IST EBEN NICHT DIE GELEGENTLICHE UNTERSUCHUNG DER PFLANZEN, DER TIERE, DER SEDIMENTE, DES SEEWASSERS DURCH BOTANIKER, ZOOLOGEN, GEOLOGEN, PHYSIKER UND CHEMIKER, SONDERN DIE EINHEITLICHE ERFASSUNG EINES ORGANISMUS (DES OZEANS), DESSEN GLIEDER UND FUNKTIONEN MITEINANDER UNLÖSBAR VERBUNDEN SIND."

Hermann Wattenberg (1901–1944), Mitglied der Meteor-Expedition

Im Rahmen des „Census of Marine Life"-Projekts haben Meeresforscher im Südpolarmeer eine Urzeit-Krakenart entdeckt, aus der sich in den vergangenen 30 Millionen Jahren viele der heute bekannten Tintenfische entwickelt haben sollen. Bei diesem gemeinsamen Vorfahren handelt es sich um die in der Tiefsee lebende Megaleledone setebos.

Warum wissen wir so wenig über die Vielfalt des Lebens in den Meeren? Das ist einerseits angesichts der Tatsache, dass die Menschheit ihren Aufstieg zur weltdominierenden Art zum guten Teil ihrer Lebensweise am und vom Meer verdankt, verwunderlich. Doch andererseits ist es auch erklärbar, denn die Ozeane sind nicht nur unendlich weit und erstrecken sich über zwei Drittel der Erdoberfläche, sie sind auch ziemlich tief – über 60 Prozent des Meeresbodens liegen tiefer als 2000 Meter unter dem Meeresspiegel. Während die Menschheit in ihrer langen mythischen Weltsicht allerlei Fabelwesen in diesen Meerestiefen ansiedelte, glaubte man in der Aufklärung bereitwillig das genaue Gegenteil: Der erste Tiefseeforscher Edward Forbes (1815–1854) erklärte, dass aufgrund der Druckzunahme ab einer Tiefe von 1800 bis 2000 Fuß (550 bis 600 Meter) überhaupt kein Leben mehr im Meer möglich sei. Und so erfolgte die tatsächliche Erforschung der Meerestiefen erst spät und immer nur ruckweise. Erst im Zuge der Verlegung der ersten Tiefseekabel Mitte des 19. Jahrhunderts – so die Legende – trat Unerwartetes und Ungeheuerliches aus der Tiefsee zutage. So berichtet die Augsburger Allgemeine 1872 anlässlich der Challenger-Expedition rückblickend: „Als 1861 das französische Telegraphenkabel zwischen Afrika und Sardinien aus einer Tiefe von 8000 Fuß (2400 Meter) emporgezogen wurde, war es bedeckt mit lebenden Muscheln, Schnecken, Echinodermen (Stachelhäuter wie Seeigel und Seesterne, WK) und Korallen, darunter manche neue Arten."

Fischer und Forscher im Wettstreit

Tatsächlich hatten bereits im Vorfeld der Tiefseekabel-Projekte Expeditionen begonnen, die Tiefsee, insbesondere den Meeresboden, zu ergründen, und sie wurden intensiviert, als die ersten Kabelverlegungen scheiterten. Vielleicht war es auch einfach an der Zeit, dass Forscher sich der Tiefsee zuwendeten, nachdem sie die sichtbare Welt hinreichend erkundet hatten. Vor allem verfügten die Wissenschaftler nun erstmals über die geeigneten Hilfsmittel, um die Tiefen der Meere zu erkunden und zu vermessen – davon zeugt das systematische Vorgehen der Challenger-Expedition 1872–1876. Benannt wurde sie nach dem eingesetzten Segelkriegsschiff mit zusätzlichem Dampfantrieb, eine Korvette, die nicht nur über 240 Mann Besatzung, sondern auch über für damalige Verhältnisse modernste Technik verfügte. So konnten Senkblei, Schlepp- und Dredsche-Netze mithilfe von zig Kilometer langen Walfangleinen und einer dampfbetriebenen Trommel bis in größte Tiefen abgesenkt und wieder aufgerollt werden.

Während ihrer rund 130 000 Kilometer langen Weltreise stellten die 29 mitgereisten Forscher an 362 sogenannten Stationen (Messpunkten im Meer) ihre Untersuchungen an. „Während die Dampfmaschinen das Schiff auf Position hielten, loteten Forscher und Mannschaft jeweils die Tiefe, maßen die Temperatur in verschiedenen Tiefen, nahmen Wasserproben", beschreibt der Wissenschaftsautor Erwin Lausch. „Dann zog das Schiff Schleppnetze durchs Wasser und eine Dredsche über den Boden, um Lebewesen und Bodenproben heraufzuholen." Voller Erstaunen sichteten die Forscher, was in ihren Dredschen und Netzen aus der Tiefe gefischt worden war: vor allem verschiedenste Arten von Panzern einzelliger Radiolarien, aber auch stachelige Strahlentierchen, schneckenförmige Porentierchen, bauchige Tiefseefische mit grotesken Mäulern und Seegurken. Die Meerestiefen steckten voller Leben!

Die Wissenschaftler brauchten Jahrzehnte, um ihre Ergebnisse in letztlich 50 wissenschaftlichen Bänden festzuhalten. 4417 Arten von maritimen Lebewesen hatten die Forscher entdeckt, davon allerdings 3508 Radiolarien – Letztere inspirierten den deutschen Forscher Ernst Haeckel zu seinen berühmt gewordenen Arten-Tafeln von Meeresorganismen. Auch der weltweite Meeresboden gewann das erste Mal Kontur: So war auf den Karten der Forscher der Mittelatlantische Rücken in groben Zügen eingezeichnet, ebenso der Marianengraben im Pazifik, dort war die bis dahin ein-

*Fangzahn (*Anoplogaster cornuta*).*
Ein gefährlich aussehender, aber völlig
harmloser kleiner Tiefseefisch.

Discomedusae (rechts) und Seeanemonen (links) aus Ernst Haeckels (1834–1919) „Kunstformen der Natur" aus dem Jahr 1899 (Bildtafeln Nr. 8 und 49).

ANTRETEN ZUM APPELL:
WIE WEIT SIND WIR MIT DER
ZÄHLUNG DER MEERESBEWOHNER?

Selbst nach zehn Jahren Census-Forschung bleiben noch gut 95 Prozent des Raumes von Ozeanen, Meeren und Polarmeeren unerforscht. Schuld daran ist ihre unvorstellbare Fläche von 361 Millionen Quadratkilometern, die sich bei einer Durchschnittstiefe von 3700 Metern zu einem Raum von 1,3 Milliarden Kubikkilometern summiert. Während die Kontinente nur bis zu 100 Metern über dem Boden bevölkert sind, kann es in den Ozeanen auf jeder Ebene Leben geben – daraus ergibt sich, dass sich mehr als 90 Prozent der Lebensräume auf unserem Planeten im Meer befinden. Zur besseren Erforschung wurden sie in sechs Bereiche unterteilt:

Zu den küstennahen Zonen und Küsten-Schelfzonen (1. Bereich), die durch menschliche Einwirkung, Nährstoffüberangebote und Gifteinträge besonders gefährdet sind, gehören im weitesten Sinne auch die Korallenriffe. Obwohl die Forscher wie heutzutage jeder Naturliebhaber schon wussten, dass sich dort eine besondere Artenvielfalt entwickelt hat, waren sie über das tatsächliche Ausmaß doch erstaunt: Bei fast jedem Tauchgang in Tiefen über etwa 300 Metern stoßen Meeresbiologen auf neue Familien, Gattungen und Arten von Korallen, Schwämmen, Stachelhäutern oder Ringelwürmern - vermutlich sind erst zehn Prozent von ihnen erfasst.

Weniger überraschend ist, dass wir vom „großen Wasserkörper" - der 2. Bereich von 400 bis ca. 4000 Meter Meerestiefe - und seinen Bewohnern nur wenig wissen. Zuverlässige Informationen über den qualitativen und quantitativen Status von Fischen und Schalentieren (wie viele gibt es, nimmt ihre Zahl zu oder ab?) besitzen wir nur für rund 200 Arten, sie alle werden oder wurden kommerziell genutzt. Insgesamt sind jedoch, je nach unterschiedlicher Einordnung, rund 15000 bzw. rund 30000 Meeresfischarten bekannt, und Experten gehen davon aus, dass noch rund 6000 Arten auf ihre Entdeckung warten. Das macht nur einen kleinen Teil der nach vorsichtigen

Die Yeti-Krabbe (Kiwa hirsuta) *lebt in etwa 2200 Metern Tiefe auf den hydrothermalen Feldern der Tiefsee. Die neue Spezies wurde im Jahr 2005 rund 1500 Kilometer südlich der Osterinseln entdeckt.*

Schätzungen katalogisierbaren maritimen Arten aus. Hinzu kommen Krustentiere wie Krabben, Krill und Garnelen mit rund einem Fünftel, Weichtiere wie Schnecken, Muscheln oder Kraken mit rund einem Sechstel aller Arten, während nur zwei Prozent auf „andere Wirbeltiere" fallen wie Seelöwen, Walrosse, Schildkröten, Wale und Seevögel.

Der große Rest umfasst die maritimen Mikroorganismen (3. Bereich), bei denen die Regel gilt: je kleiner die Lebewesen, umso größer die Zahl der unbekannten Arten. Die Zahl der geschätzten 120000 Arten bezieht sich nur auf die „katalogisierbaren" Denn neueste Messmethoden zeigen: Bis zu 20000 verschiedene Arten von Mikroorganismen lassen sich allein in einem Liter Meerwasser finden. Sehr viel schwerer dagegen ist es, darunter eine neue Art nach wissenschaftlichen Kriterien nachzuweisen.

Da wundert es nicht, dass Experten die Zahl möglicher mikrobieller Arten auf bis zu 500 000 schätzen, der amerikanische Meeresbiologe Mitchell Sogin hält nach seinen Expeditionen sogar auch fünf bis zehn Millionen Arten für möglich. Die meisten davon leben vermutlich an den Kontinentalhängen und in den Tiefsee-Ebenen (4. Bereich), die sich über 40 Prozent der Erdoberfläche (die Kontinente machen nur 29 Prozent aus) erstrecken und zwischen 4000 und 6000 Meter tief sind.

Selbst in geologisch aktiven Gebieten der Meere (5. Bereich) nimmt das Leben nicht ab - wie das Beispiel der „Schwarzen Raucher" vor den Galapagos-Inseln zeigt. Diese unterseeischen Hydrothermalquellen entstehen, weil dort Meerwasser durch die rissige Erdkruste dringt, im Magma verdampft und angereichert mit Schwermetallen und giftigen Gasen wie Schwefelverbindungen wieder emporsteigt. An diese Umwelt haben sich Hochtemperaturbakterien gewöhnt, die wiederum Garnelen, Schnecken, Krebsen und Röhrenwürmern als Nahrung dienen.

Schließlich ist die Menschheit zurzeit dabei, als 6. Bereich die Eismeere zu erkunden - in einer Art Wettlauf mit der Zeit. Denn besonders die Regionen um die beiden Pole werden vom Klimawandel verändert. Die ersten systematischen Expeditionen entdeckten selbst in dieser scheinbar lebensfeindlichen Umwelt einen ungeahnten Reichtum an Mikroorganismen, Fischarten wie dem antarktischen Eisfisch und gigantischen Seesternen und Krebsen.

Eine Kolonien bildende Qualle mit farbigen Tentakeln in der Mitte. Auch sie gehört zu den Tiefseearten, die seit dem „Census of Marine Life" die Listen der Meeresbiologen ergänzen.

Ein jugendlicher Tintenfisch aus der Familie der Cranchiidae, entdeckt während der dänischen Galathea-3-Expedition an der Nordwestküste Australiens.

malige Tiefe von 8168 Metern gelotet worden. Erst ein halbes Jahrhundert später, in den 1920er-Jahren, sollten diese Ergebnisse überflügelt werden – mithilfe einer neuen Technik: dem Echolot. Der US-amerikanische Zerstörer „Stewart" nahm damit 1922 Vermessungen im Nordatlantik vor, wenig später untersuchte das deutsche Forschungsschiff „Meteor" systematisch den südlicheren Atlantik. Während es vom 20. nördlichen Breitengrad bis in die Antarktis 13-mal den Atlantik durchquerte, wurden nicht nur laufend Echolotungen, sondern auch meteorologische Untersuchungen mit Messballons vorgenommen, darüber hinaus untersuchte man die Lebewesen in den Tiefen sowie das Meerwasser selbst. Anhand der Temperatur- und Salzgehaltdaten erkannten die Forscher, dass gewaltige Meeresströmungen nicht nur an der Oberfläche, sondern auch in den tieferen Schichten am Werk sein müssen. Doch es sollte noch bis in die 1980er-Jahre dauern, bis Wissenschaftler die Meeresströmungen exakt wiedergaben. Denn bis in die 1950er-Jahre kam die Meeresforschung dann wieder aufgrund der Weltwirtschaftskrise und des folgenden Zweiten Weltkrieges nur noch wenig voran. Währenddessen hatte eine ganze Armada begonnen, das Objekt der wissenschaftlichen Begierde – die Fische – zu dezimieren: die weltweite Fischerei-Flotte.

Im Bestand noch nicht gefährdet: Ein Schwarm Dunkelflossen-Barrakudas (Sphyraena qenie) vor Palau, Mikronesien.

Im Jahr 1950, so schätzen die Experten, wurden weltweit rund 20 Millionen Tonnen Fisch aus den Weltmeeren gefangen. Auf die ersten Anzeichen einer Überfischung einiger Arten wie des Herings, selbst auf das völlige Ausbleiben einiger Arten wie des Roten Thuns vor

Skandinavien reagierten weder Fischer noch Regierungen, im Gegenteil, sie steigerten die Fänge noch Jahr für Jahr. „Die größten Trawler verwandelten sich in immer effektivere, außerordentlich energieverbrauchende, schwimmende Fabriken, die imstande waren, den Fisch gleich nach dem Fang zu konservieren, und sich folglich sehr lange auf dem Meer aufhielten", erklärt der kanadische Fischerei-Wissenschaftler Daniel Pauly. „Das ermöglichte es den Schiffen, sich immer weiter von ihren Heimathäfen zu entfernen, neue Fischfangzonen zu erschließen und sich manchmal sogar so lange in fischreichen Gebieten aufzuhalten, bis der letzte Fisch gefangen wurde."

1990 wurden auf den Weltmeeren geschätzte 90 Millionen Tonnen Fisch gefangen – mehr als viermal so viel wie vier Jahrzehnte zuvor. Mehr konnte seitdem nicht gefangen werden. Nicht etwa weil es weniger Fischer und weniger Nachfrage nach Fisch gab: Nach einer groben Schätzung liefen um 1990 rund 4,3 Millionen Fischerboote regelmäßig auf die Weltmeere aus, um dort zu fischen. Und rund drei Milliarden Menschen beziehen einen Großteil ihres Eiweißes aus diesen Fängen – Fisch wird als Speise immer beliebter. Doch seit 1990 nehmen die Mengen von auf den Meeren gefangenen Fischen wieder ab, weil trotz modernster Aufspür- und Fangtechnik nicht mehr gefangen werden kann. Einen Ausweg sah die Fischindustrie in Aquakulturen, die Realität sieht allerdings anders aus: Um ein Kilogramm von einem fleischfressenden Fisch wie Lachs, Barsch oder Thunfisch zu züchten, benötigt man drei bis fünf Kilogramm

Fischmehl, das aus kleineren Fischen gewonnen wird, die wiederum in den Meeren gefangen werden. Ein Teufelskreis – kein Wunder, dass eine nachhaltige Studie aus dem Jahr 2001 zu einem erschreckenden Ergebnis kam, so Fischerei-Experte Pauly: „Die Biomasse aller begehrten Fischarten war nämlich nicht nur um zehn oder 20 Prozent gesunken, sondern um 90 Prozent!" Dieses Ergebnis zieht als Vergleich die ursprünglichen Bestände von vor 50 bis 100 Jahren und nicht die von vor zehn Jahren heran. Zwar setzen immer mehr Länder Fangquoten für ihre Fischer fest – laut Deutscher Umwelthilfe waren im Jahre 2012 trotzdem 47 Prozent der Fisch-

Wie Monokulturen an Land sind auch Aquakulturen ein idealer Nährboden für Parasiten. Taucher in einem Aquakultur-Netz voller Goldbrassen (Sparus aurata)*, Ponza, Mittelmeer (Italien).*

bestände im Atlantik und sogar 80 Prozent der Bestände im Mittelmeer bedroht, d.h. es wurde mehr von den diesen Arten entnommen als für ihre Regeneration nötig wären. Nun gehen zwar mehr und mehr Länder dazu über, ihren Fischern Fangquoten zuzuteilen, doch da diese nur Lizenzen für bestimmte Fischsorten und -größen haben, wird der ohnehin schon immense sogenannte „Beifang" der Schleppnetze noch größer, Millionen Tonnen kleiner und „falscher" Fische werden tot ins Meer zurückbefördert. Immerhin wissen wir heute über die Bestände und das Verhalten der meisten kommerziell gefangenen Fischarten besser Bescheid als jemals zuvor. Und genauso lang hat es gedauert, bis wir über das wahre Ausmaß der weltweit vernetzten Meeresströmungen hinreichende Erkenntnisse erlangten.

Messbojen und Plastikenten erkunden die Meeresströmungen

Als im Jahre 1987 der amerikanische Geowissenschaftler Wallace S. Broecker eine sämtliche Ozeane miteinander verbindende globale Meeresströmung beschrieb, die er „The Great Ocean Conveyor Belt" nannte, erntete er dafür zunächst eine Menge Kritik. Doch das Modell des großen ozeanischen Förderbandes oder auch „globale Umwälzbewegung" genannt setzte sich durch (siehe Karte S. 310). Einen Zubringer haben wir bereits mit dem Golfstrom und seinen nordischen Ausläufern kennengelernt, die in dem unterseeischen Wasserfall zwischen Grönland und Island enden und damit Teil des wichtigen Antriebs der „Thermohalinen Zirkulation" bilden – thermohalin, weil Temperatur- und Salzgefälle die wichtigsten Antriebskräfte freisetzen. Ein ähnlicher Wasserfall, bei dem abgekühltes Meerwasser von ca. 600 auf 4000 Meter Meerestiefe hinabstürzt, existiert auch zwischen Schottland und den Färöer Inseln, hinzu kommt noch das Tiefenwasser aus der Labradorsee – dieses kühle, komprimiert schwere Wasser in der Tiefe des Nordatlantiks drückt südwärts, mit einer Gewalt von ungefähr 18 Millionen Kubikmetern in der Sekunde. Es bahnt sich in 4000 bis 6000 Metern Tiefe seinen Weg, bis es am Rande des Südpolarmeeres Richtung Osten abdriftet und sich südlich von Australien in den Pazifik ergießt. Dort werden die Wassermassen auf ihrem Weg nach Norden langsam erwärmt und steigen in höhere Schichten auf. Nun driftet das warme Wasser durch die Inselwelt zwischen Indonesien und Australien, durchquert den Indischen Ozean, umrundet die Südspitze Afrikas und sucht sich seinen Weg durch den Atlantik, um sich zusammen mit den Ausläufern des Golfstroms in der Grönlandsee wieder in die Tiefe zu stürzen.

Als „Friendly Floatees" (freundliches Treibgut) hat sich die Gummiente als überaus hilfreicher Helfer im Sinne der Wissenschaft erwiesen.

Diese Darstellung in Form eines einfachen, mehrfach geschwungenen Förderbandes ist natürlich ein stark idealisiertes Bild. Tatsächlich kommt es fast überall in den Ozeanen zu lokalen Wirbeln, die den realen Strömungsverlauf recht chaotisch aussehen lassen. Es sollte unter anderem eine kleine Armee von Gummienten sein, die einen entscheidenden Beweis für die Richtigkeit von Broeckers Theorie lieferten. Im Januar 1992 verlor der Frachter „Ever Laurel" bei einem Sturm mitten im Pazifik einige Container. In dreien von ihnen befanden sich 29 000 gelbe Enten, blaue Schildkröten, und grüne Frösche aus Plastik. Die Container öffneten sich bei dem Sturz ins Wasser und die „Friendly Floatees", wie sie später wurden (freundliches Treibgut), begannen ihre abenteuerliche Reise. Der größte Teil von ihnen

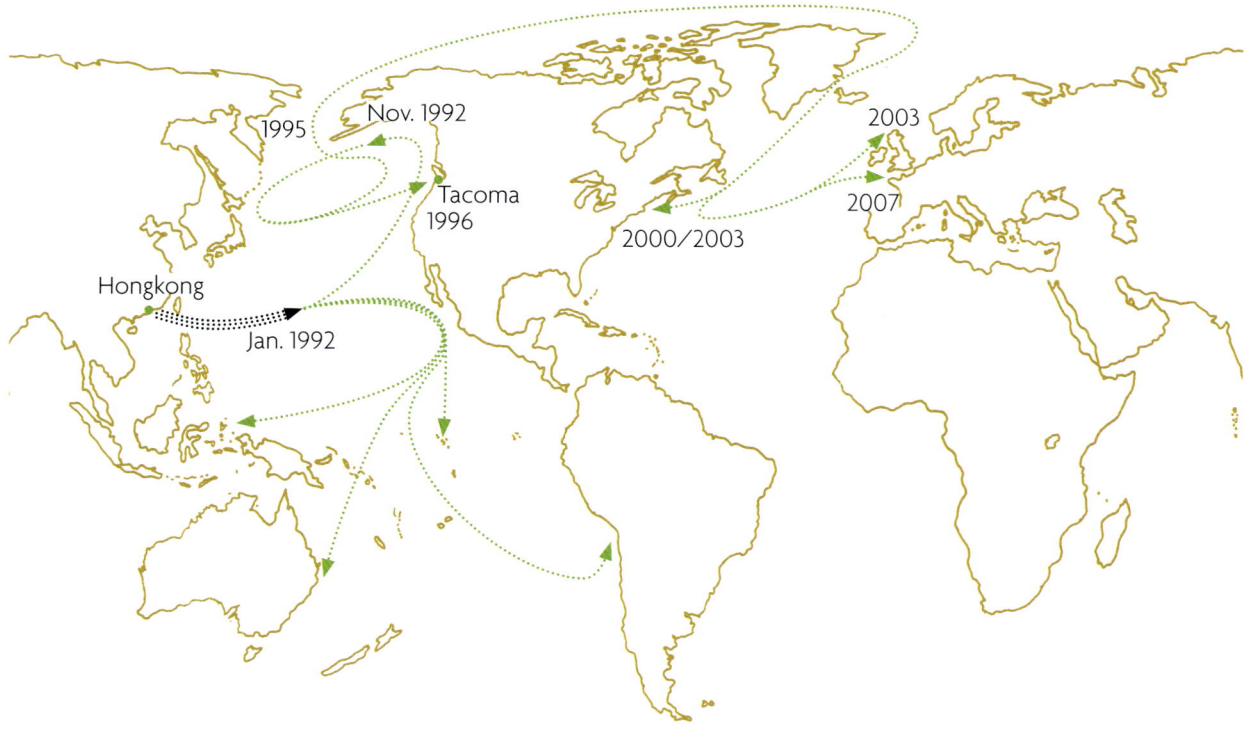

drehte zunächst im Halbkreis um Hawaii herum, driftete südwestlich ab und strandete an indonesischen und australischen Küsten. Doch rund 10 000 Enten und Frösche trieben nördlich durch die Beringsee, ein Teil davon bis in arktische Gewässer, wo sie schließlich im Packeis einfroren. Um das Jahr 2000 wurden sie bei Grönland wieder freigesetzt und entlang dessen Küste Richtung Nordamerika getrieben, wo sie zwischen 2001 und 2003 anspülten. Die unsinkbaren Plastiktiere, die inzwischen von Sonne und Salzwasser ausgebleicht, aber an dem Aufdruck „First Years" erkennbar waren, wurden zu den meistgesuchten Sammelobjekten auf den Weltmeeren. Wer eines fand, meldete sich bei dem amerikanischen Meeresforscher Curtis Ebbesmeyer. Für ihn wurden die Enten kostenlose Versuchsbojen, deren Wege viel über die Meeresströmungen erzählten.

Schließlich erfasste der Golfstrom den verbleibenden Rest der ausgebleichten Spielzeuge und trieb sie auf Großbritannien und die Iberische Halbinsel zu, wo sie seit dem Jahr 2003 vereinzelt gesichtet werden. Inzwischen wurden zudem weitere groß angelegte Messungen der ober- und unterseeischen Meeresströmungen mit modernsten Techniken durchgeführt – Broeckers Darstellung hat sich als weitgehend richtig herausgestellt.

Alle Meere sind miteinander verbunden und befinden sich im Austausch: Von den lokalen Verwirbelungen auf den Ozeanen über Oberflächenwasser-Meeresströmungen wie den Golfstrom bis zur thermohalinen Zirkulation, die sich vorwiegend in der Tiefsee abspielt. Die Meere gleichen Temperatur-, Sauerstoff- und Nährstoff-Unterschiede über große Entfernun-

Gummienten und -frösche legten einen langen Weg auf ihrer Reise über die Weltmeere zurück – und wurden über die Jahre zu begehrtem Strandgut.

gen hin aus, aber sie transportieren auch Schadstoffe wie Gifte, Chemikalien oder radioaktive Teilchen über weite Strecken. Die Ozeane sind die natürlichen, globalen Vernetzer unseres Planeten – um zu wissen, welchen Einfluss die menschlichen globalen Eingriffe auf sie haben, müssen wir sie erst einmal richtig verstehen. Auf diesem Weg ist die Menschheit im letzten Jahrzehnt einen wichtigen Schritt vorangekommen.

Ein Hai-Hot-Spot im Nirgendwo und lebende Umwälzmaschinen

Nur in den oberen 400 Metern und dann wieder nahe am Meeresgrund tummle sich das maritime Leben, so glaubten die meisten Meeresforscher auch nach den ersten großen Expeditionen im 19. und frühen 20. Jahrhundert. Der zentrale Wasserkörper dagegen gleiche einer endlos blauen Ödnis. Doch nun steht die Erforschung des sogenannten „Midwaters", der Region zwischen 400 und 4000 Meter Meerestiefe, in die so gut wie kein Sonnenlicht

> „DAS MEER IST ALLES. ES BEDECKT SIEBEN ZEHNTEL DER ERDE. SEIN ATEM IST REIN UND GESUND. ES IST EINE IMMENSE WÜSTE, WO EIN MANN NIE ALLEINE IST, INDEM ER FÜHLEN KANN, WIE DAS LEBEN ALLER IN IHM BEBT. DAS MEER IST NUR EIN BEHÄLTER FÜR ALLE DIE UNGEHEUREN, ÜBERNATÜRLICHEN DINGE, DIE DARIN EXISTIEREN; ES IST NICHT NUR BEWEGUNG UND LIEBE; ES IST DIE LEBENDE UNENDLICHKEIT. "
>
> Jules Verne (1828–1905), *20 000 Meilen unter dem Meer*

mehr vordringt, vor einem, wie es der Meeresbiologe Simon Thorrold nennt, „Paradigmen-wechsel". Hier im wahrhaft zentralen Wasserkörper des endlos scheinenden Pazifiks, auf halber Strecke zwischen Kalifornien und Hawaii, kamen die Forscher einer Verhaltensweise der berüchtigten „Weißen Haie" auf die Spur, die aller Logik eines Beutejägers widersprechen zu scheint: Warum verlassen sie die nahrungsreichen Küstenregionen, um sich über Monate in einer abgeschiedenen und beutearmen Region aufzuhalten, welche die Wissenschaftler des kalifornischen Monterey Bay Aquariums nach der Entdeckung im Jahre 2002 ganz trendbewusst „White Shark Café" tauften?

179 mit Messinstrumenten ausgestattete Weiße Haie haben die Wissenschaftler zu diesem Treffpunkt geführt. Es ist gar nicht so einfach, Meeresbewohner zu verfolgen, die nicht regelmäßig zum Luftholen an die Wasseroberfläche kommen – hier versagen herkömmliche Peilsender. Die neuen teuren Sender, die in kurzen Abständen Position, Wasserdruck und Temperatur protokollieren, lösen sich nach einigen Monaten aus der Fischhaut, steigen an die Meeresoberfläche und funken ihre Daten an Satelliten. So fanden britische Forscher auch heraus, dass sich die Haie bei ihrer Nahrungssuche nicht immer vom Zufall leiten lassen. Wenn sie sich in beutearmen Gebieten aufhalten, gleicht ihre Suche erstaunlicherweise dem sogenannten „Lévy-Flug". Das ist eine in der Mathematik entwickelte Suchstrategie: Auf viele kleine Richtungsänderungen folgt stets eine längere gerade Strecke, so werden ganze Areale systematisch durchkämmt. Sobald die Haie von vielen Beutetieren umgeben sind, folgen sie dagegen einfach dem Zufallsprinzip: Gefressen wird, was einem vor's Maul kommt!

Wenngleich er kaum natürliche Feinde hat, ist der Weiße Hai in seinem Bestand bedroht. Einem umfassenden, länderübergreifenden Schutz steht nach wie vor sein ihm zu Unrecht anhaftendes schlechtes Image im Weg.

Doch noch einmal zurück zum „White Shark Café" mitten im Pazifik: Die Vermutung liegt nahe, dass dieser lange Aufenthalt der Haie in dieser entlegenen Gegend etwas mit ihrem Paarungsverhalten zu tun hat. Doch um dies zu beweisen, brauchen die Forscher mehr als die Bewegungsmeldungen ihrer Sender. Aber wie nahrungsarm sind diese Regionen wirklich? Auch unterhalb der lichtdurchfluteten, von Phytoplankton durchschwemmten Oberflächenschicht findet sich maritimes Leben im Überfluss. Nur zu Forschungsbeginn wunderte die Wissenschaftler, welche 15 Sichelflossen-Teufelsrochen vor den Azoren mit den neuen Sendern ausstatteten, dass sich die Meeresjäger immer wieder mit einer Geschwindigkeit von bis zu sechs Metern in der Sekunde in den Abgrund stürzten – häufig bis zu 1000, gelegentlich bis zu 1500 Meter tief. Schließlich nimmt die Wassertemperatur bis dorthin über 20 °C ab, und der Druck steigt um mehr als das Hundertfache! Doch dann erinnerten sich die Meeresbiologen an ein Phänomen, über das viel spekuliert wurde: Als die Marine während des Zweiten Weltkriegs begann, mit Sonar nach U-Booten zu fahnden, fing sie regelmäßig so starke Reflexionen aus den Regionen um 400 Meter Meerestiefe auf, dass dieses Phänomen „falscher Meeresboden" genannt wurde. Und dieser merkwürdige Meeresboden stieg abends bis zur Wasseroberfläche an und fiel gegen Morgen wieder. Biologen dagegen vermuteten, dass es sich um riesige Schwärme von Fischen handeln könnte. Doch erst heutige Expeditionen in diese mittleren Wassertiefen beweisen die Existenz großer Bestände an Tiefseefischen wie

Treffpunkt des „Weißen Hais": das „White Shark Café". Hellblau hinterlegt sind die ausgedehnten Wandergebiete und Nahrungsgründe des Weißen Hais.

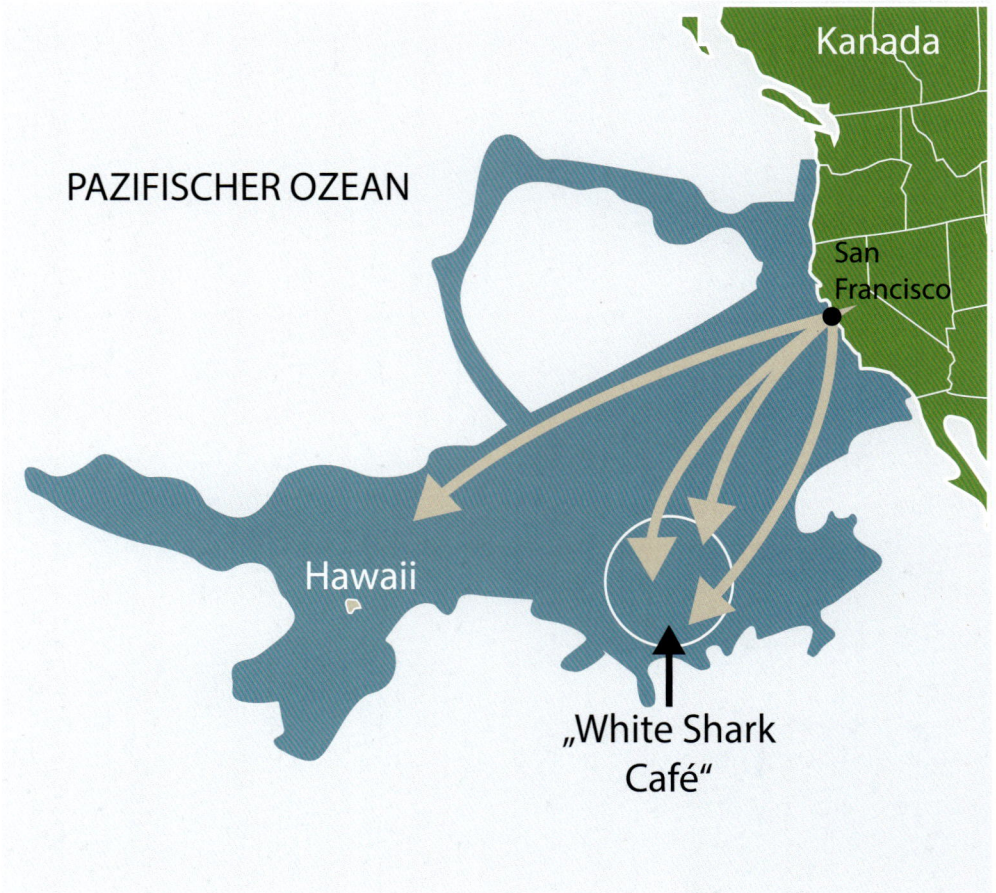

beispielsweise Borstenmäuler, Gespenster- und Leuchtfische aber auch Kalmare, Quallen und Manteltiere. Sie alle sind die Beute nicht nur von Teufelsrochen, sondern auch von tieftauchenden Thunfischen, Haien, See-Elefanten und Schildkröten.

Doch die Meister im Tieftauchen und zugleich die gigantischsten lebenden Umwälzmaschinen sind Wale. Könnten wir den Gesang der Pottwale verstehen, dann würden sie uns vielleicht von den herrlichen Weiten und Tiefen der Ozeane berichten. Denn diese Wale sind die Säugetiere, die am tiefsten tauchen können: Bis zu 3000 Meter lassen sie sich hinabgleiten. Möglich sind diese einzigartigen Tauchgänge durch eine körperliche Besonderheit, die Pottwale in ihrer Evolution entwickelt haben: das Spermaceti-Organ. Es ist eine Art Hohlraum innerhalb des bis zu sechs Meter langen Schädels des Wals, der mit bis zu zwei Tonnen Walrat gefüllt ist, einer wachsartigen Masse. Leitet der Wal kaltes Wasser in das Organ, härtet der Walrat aus und wirkt wie ein Balasttank – der Wal sinkt in die Tiefe. Will er wieder aufsteigen, erhöht er die Blutzufuhr in seinem Schädel, woraufhin der Walrat das Wasser wieder ausscheidet.

Was aber treiben die Pottwale in 3000 Metern Tiefe? Sie jagen dort nach Kleinstlebewesen, verdauen sie und scheiden die Endprodukte nahe der Wasseroberfläche aus, damit transportieren sie Nährstoffe von großen Tiefen nach oben. Eine Gruppe von Forschern um den amerikanischen Meeresbiologen Joe Roman hat die Wirkung dieses Verhaltens auf das maritime Ökosystem untersucht und spricht von einer regelrechten „Walpumpe". Erst mit neuesten

*Großaugen-Glatthai (*Lago omanensis) *in ca. 500 Meter Tiefe unter der Wasseroberfläche im Roten Meer vor Eilat (Israel).*

*Nachfolgende Doppelseite: Vier erwachsene Pottwale (*Physeter macrocephalus *oder* Physeter catodon) *vor der mexikanischen Halbinsel Baja California.*

Phytoplankton-Blüte an der Atlantikküste Patagoniens. Aufgenommen von einem NASA-Satelliten im Dezember 2010.

Forschungstechniken wie Peilsendern, Satellitenüberwachung und Tiefsee-Erkundung wurde klar: Wale spielen eine wichtige Rolle im ozeanischen Nährstoffkreislauf. „Wahrscheinlich hat der Rückgang der großen Wale – Schätzungen gehen von 60 bis 90 Prozent aus – die Struktur und Funktion der Ozeane bereits verändert", schlussfolgert Joe Roman. „Unsere Modelle zeigen, dass die Menschen wohl als Erstes Wirbellose im Meer ausgerottet haben, die von toten Walen am Meeresgrund lebten. Diese Arten dürften verschwunden sein, bevor wir eine Chance hatten, sie zu entdecken." Und die Wissenschaftler sind davon überzeugt, dass Wale keine Konkurrenten für den menschlichen Fischfang sind – ganz im Gegenteil. Wale verbessern den Nahrungskreislauf im Meer, auch für Fische, denn sie selbst leben von ganz kleinen Meeresbewohnern.

Von ganz großen, ganz kleinen und ganz kalten Meeresbewohnern

„In fast jeder Meerwasserprobe, die man mit aktuellen Methoden untersucht, findet man Tausende neue Arten, seien es Bakterien oder Archaeen", erklärt Sylvia Earle. Es überrascht sicherlich nicht, dass ein Großteil der neuen Arten aus dieser besonderen Meereswelt stammt, dem Mikrokosmos. Hier hat die Evolution ein leichtes Spiel, Meeresmikroben entwickeln sich seit Milliarden von Jahren, mit ihnen begann das Leben im Meer. Ihre Aufgaben sind jedoch gewichtig: Ein Teil dieser Kleinstlebewesen bindet das Sonnenlicht (Phytoplankton wie Kiesel- und Grünalgen) und bildet damit die Energiegrundlage für alles Leben in den Ozeanen, ein anderer Teil zersetzt tote Körper oder bindet Mineralstoffe aus der Umwelt wie CO_2 oder Methangas (vor allem Bakterien). Um diese winzigen Organismen, häufig nur Einzeller in Mikrometer-Größe, überhaupt auseinanderhalten zu können, haben die Wissenschaftler im Laufe des Census-Programms eine neue Methode entwickelt, welche die Lebewesen bei

*Larve des Tiefsee-Anglerfischs (*Linophryne sp). *Der Tiefsee-Anglerfisch kommt in allen Weltmeeren in Tiefen unter 300 Metern vor.*

ihren unverwechselbaren Merkmalen nimmt: den Genen. Statt der kompletten DNA-Sequenz, die sehr aufwendig zu entschlüsseln wäre, haben die Biologen Teilsequenzen, Marker oder Tags genannt, ausgewählt, die sie entschlüsseln. Gibt es keine Gegenprobe in der Datenbank, könnte hier eine neue Art vorliegen, vorausgesetzt, die bekannten Arten sind alle wie bei den Mikroorganismen erfasst. Nun erahnen die Meeresforscher: Die Artenvielfalt im Kleinstbereich des maritimen Lebens ist vermutlich um ein Hundertfaches höher als bisher angenommen. Von Bakterien und pflanzlichem Plankton ernährt sich das Zooplankton, zu dem neben verschiedenen Einzellern auch Fisch-, Muschel- und Insektenlarven, Borstenwürmer sowie Krebstiere wie der Krill gehören. Dieser wiederum bildet die Nahrungsgrundlage für höhere marine Lebensformen wie Wale, Wal- und Riesenhai, aber auch Sardinen und Miesmuscheln.

Besondere Eile scheint bei der Erforschung der äußerst unwirtlichen „Welt der Eisozeane" geboten, denn da sie besonders anfällig für die Auswirkungen des Klimawandels sind, müssen sie erkundet werden, bevor sie sich in irreversibler Weise verändert haben. Doch die Regionen um Arktis und Antarktis gehören zu den am wenigsten erforschten, da der Aufwand hierfür sehr groß ist – Forschungsexpeditionen mit speziellen Schiffen kosten rund 80 000 bis

100 000 Euro pro Tag. Immerhin entdeckten im Jahr 2005 Forscher aus den USA, Kanada, Russland und China bei ihrer Expedition an Bord des Eisbrechers „Healy" im Nordpolarmeer eine
unerwartet hohe Anzahl und Vielfalt von artischen Fischen, Quallen und anderen Lebewesen.
Darunter befanden sich etliche neue Arten wie ein erstmalig in der Arktis gefundener Kalmar
ebenso wie eine erste Krake. Und erfreulicherweise fanden sich Tausende von Wissenschaftlern zum vierten „Internationalen Polarjahr" (nach denen von 1882/83, 1932/33 und 1957/58)
im Zeitraum vom März 2007 bis zum März 2009 zusammen und führten unter anderem 18
Expeditionen durch. „An manchen Stellen ist jeder Zentimeter Meeresboden voller Leben. An
anderen schrammten Eisberge über den Meeresboden und hinterließen Kerben und Furchen.
Gigantismus ist in antarktischen Gewässern sehr verbreitet — wir haben enorme Würmer, riesige Crustaceen (Krebse) und Seespinnen von Essteller-Größe gesammelt", begeistert sich der
australische Meeresforscher Martin Riddle über das Südpolarmeer. Hier ergab sich für andere
Wissenschaftler, die an Bord des Forschungsschiffs „Polarstern" im Jahr 2006 unterwegs waren, auch eine einmalige Chance: Sie erkundeten 10 000 Quadratkilometer des antarktischen
Polarmeeres dort, wo in den letzten zwei Jahrzehnten die größten Schelfeisplatten — Larsen
A und B — abgebrochen sind. Unter den rund 1000 Arten, die die Forscher in den recht flachen

Tiefseekoralle (Metallogorgia sp.) vom Mittel-
atlantischen Rücken.

Gewässern fanden, waren sowohl angestammte Meeresbewohner wie Tiefsee-Seelilien, Seegurken und Seeigel, als auch scheinbare Neubesiedler wie Seescheiden und Glasschwämme.

Die Forscher fanden hier jedoch auch eine Befürchtung bestätigt: Durch den starken Rückgang
des Meereseises nehmen auch die darunterlebenden Planktonalgen ab. Doch diese bilden die
Grundlage der ozeanischen Nahrungskette, die über den garnelenartigen Krill bis zu den großen Meeresbewohnern wie Wale, Robben und Haie reicht. Was bedeutet der Rückgang der
polaren Planktonalgen für Umfang und Vielfalt des maritimen Lebens? Ebenfalls in den Polarmeeren verfolgt ein Teil der Wissenschaftler auch ganz praktische Ansätze: So haben sie aus
diesen Gewässern, wo sich die Meeresbewohner gegen die Kälte wappnen müssen, gezielt
Pilze und Algen herausgefiltert. Meist werden sie schon direkt an Bord der Suchschiffe ex-
trahiert. Die Wissenschaftler prüfen die komplexen Stoffgemische auf erhoffte biologische
Aktivitäten, denn die Meere sind zu einem Suchareal für Pharmazeuten geworden.

„Natural born killers" aus der Meeresapotheke

In den vergangenen Jahrzehnten suchten Wissenschaftler vor allem in den artenreichen Regen-
wäldern nach bioaktiven Substanzen für die Medizin, doch die Erwartungen hinsichtlich neuer
Wirkstoffe wurden nicht annähernd erfüllt. Deshalb sind seit Anfang der 1990er-Jahre die Meere ins Visier der Forschung geraten, vor allem seit die Erkenntnis dämmert, dass die Artenviel-

falt im Meer weit größer ist als bisher angenommen und sie die besonderen Lebensumstände im Meer sowie die lange Evolutionszeit zur Produktion bioaktiver Substanzen prädestinieren. Besonders Korallenriffe eignen sich für diese Suche, denn genau wie beim Regenwald handelt es sich bei ihnen um ein nährstoffarmes, aber von vielen Arten dicht besiedeltes Biotop. Um zu überleben, müssen sich die einzelnen Arten gegen Feinde und Fresskonkurrenz wehren, und dazu haben sie ein großes Arsenal von Kampfstoffen entwickelt.

Ins Rollen brachte den Boom der Medikamente aus dem Meer der amerikanische Meeresforscher William Fenical Anfang der 1990er-Jahre mit der Verwertung des entzündungshemmenden Wirkstoffs „Pseudopterosin" aus der Hornkoralle und dem hochwirksamen Schmerzwirkstoff „Conotoxin", der von Kegelschnecken der Gattung Conus zum Beutefang eingesetzt wird. Dieses Toxin kann auch zur Schmerzlinderung bei Krebs- und Aidspatienten eingesetzt werden, die auf Opiate nicht mehr reagieren.

Gehäuse zweier General-Kegelschnecken (Conus generalis).

Zwischen amerikanischen, asiatischen und europäischen Wissenschaftlern ist ein regelrechter Wettstreit um vermarktbare Substanzen aus dem Meer entstanden: Während in den USA eigens Expeditionsfirmen wie „Neurex" gegründet wurden, um die Meere gezielt nach Wirkstoffen abzusuchen, haben sich in Ländern wie Deutschland Universitäten und Forschungseinrichtungen zu Kompetenzzentren wie „Biotecmarin" zusammengeschlossen oder wurden wie in Japan Zentren für marine Biotechnologien geschaffen. Im Oktober 2002 gab Fenical die Entdeckung einer neuen marinen Bakterienart (Actinomycetes) bekannt, deren terrestrische Verwandte zur Produktion natürlicher Antibiotika genutzt werden, im Januar 2003 folgte eine neue Wirkstoffgruppe gegen Krebszellenwachstum, die Fenicals Team „Salinosporamide A" taufte. Das aus einem karibischen Seeschwamm gewonnene „Cytosinarabinosid" zählt mittlerweile bereits zu den Grundsäulen der Leukämietherapie, und einen regelrechten „Natural born killer" haben die Forscher in der algenfressenden Meeresschnecke *Dolabella auricularia* entdeckt: Das „Dolastatin" wird gerade als Bestandteil von Medikamenten gegen so verschiedene Krankheiten wie AIDS, Leukämie und Virenbefall getestet.

Allerdings ist der Weg vom Riff ins Regal lang und beträgt im Durchschnitt zehn Jahre. Denn selbst wenn die Wirkung des Stoffes im Labor erwiesen ist, muss er noch den langen Zulassungsweg mit Tierversuchen und mehreren Studien mit Freiwilligen durchlaufen, bevor er als Medikament in die Apotheken gelangt. Kein Wunder also, dass manche Forschungsansätze auf Bewährtes zurückgreifen. So ist schon länger bekannt, dass sich Schwämme nicht nur als Badewannenutensilien eignen, sondern dass sie kleinen Chemiefabriken ähneln. Bereits in den 1950er-Jahren wurde die in Schwämmen vorkommende Substanz „Arabinose-Nukleoside" isoliert, die inzwischen erfolgreich gegen Herpesviren eingesetzt wird. Schwämme, die bereits seit 500 Millionen Jahren die Meere bevölkern, bilden mit ihren rund 60 000 Arten wertvolle Rohstofflieferanten: „Die Hälfte der jährlich ca. 750 in marinen Organismen neu entdeckten Substanzen wird in Schwämmen gefunden", erklärt der Stuttgarter Meeresbiologe Franz Brümmer.

Ob Schwämme, Moostierchen oder Meeresschnecken – es stellt sich immer die Frage: Woher bekommen Forschung und Pharmazie genug Wirkstoff? Der einfachste, aber unökologischste Weg, die Ausbeutung der Meere, wurde durch die UNO-Artenschutzkonvention noch rechtzeitig verhindert. Außerdem wäre das ein hoffnungsloses Unterfangen: Aus 15 Tonnen des Schwammes Lissodendoryx ließen sich gerade einmal 4,5 Gramm des Wirkstoffes Halichondrin B gewinnen. „Für eine klinische Studie bräuchten wir 10 Gramm", erläutert Brümmer. „Sollte sich daraus ein erfolgreicher Wirkstoff etablieren lassen, so benötigten wir ein bis zwei Kilogramm pro Jahr." Deshalb gehen die Forscher zwei Wege: Zum einen regen sie die Züchtung von Schwämmen in naturnahen Beckenanlagen am Mittelmeer an, zum anderen entwickeln sie Bioreaktoren. Auswahlkriterien sind dabei neben ökologischen Faktoren auch das Naturstoffpotenzial der jeweiligen Schwämme. Unter diesem Aspekt könnte in Zukunft auch die bisher eher stiefmütterlich behandelte Nordsee eine Rolle spielen. Gemeinsam mit einem Kooperationspartner der Industrie untersuchten Wissenschaftler vom Alfred-Wegener-Institut in Bremerhaven gezielt Symbionten, verschiedenartige, zusammenlebende Organismen. Zahlreiche Nordseebewohner stellen ihre Wirkstoffe nicht wie viele ihrer Kollegen in tropischen Gewässern selbst her, sondern lassen sie von symbiotischen Bakterien produzieren, die sich bei ihnen angesiedelt haben und die im Gegenzug mit Nährstoffen versorgt werden – ideale Voraussetzungen für eine Produktion in Bioreaktoren. Symbiotische Bakterien der Moostierchen beispielsweise bilden die Substanz „Bryostatin", mit der die Moostierchen ihren Fressfeinden den Appetit verderben. Bryostatin wird mittlerweile synthetisch hergestellt und erfolgreich gegen Speiseröhrenkrebs eingesetzt.

Nicht nur für die Entwicklung künftiger Medikamente bildet die Artenvielfalt in den Ozeanen die Grundvoraussetzung, resümiert die Meeresschützerin Earle: „Aber eines ist klar: Die Aufrechterhaltung der Diversität des maritimen Lebens, von der einzelnen Art bis hin zu großen Ökosystemen, ist der Schlüssel für die Belastbarkeit unseres Planeten und seine Stabilität in Zeiten eines dramatischen Klimawandels und weiterer unvorhersehbarer Veränderungen, die uns bevorstehen." Ob die Menschheit diese Aufgabe bewältigen wird, wird sich nicht so sehr in den von ihr gepflegten Naturparks in der eigenen Heimat, sondern in den noch immer fast unbekannten Weiten der Ozeane entscheiden.

MENSCH UND MEER:

BEGINN EINER
WUNDERBAREN
FREUNDSCHAFT?
DIE ZUKUNFT DER
MEERE UND DIE
ZUKUNFT DER
MENSCHHEIT

12

MENSCH UND MEER

BEGINN EINER
WUNDERBAREN FREUNDSCHAFT?
DIE ZUKUNFT DER MEERE UND
DIE ZUKUNFT DER MENSCHHEIT

Vorangehende Doppelseite: Schmelzwasser, das im arktischen Ozean vom Packeis hinabstürzt.

Fischerboot bei Ahlbeck auf Usedom (Mecklenburg-Vorpommern).

Es passt bestens zu den heutigen Vorlieben des Menschen. Das Leben ist nach Ansicht der Wissenschaft mit hoher Wahrscheinlichkeit weder im Ozean entstanden noch auf dem Urkontinent, sondern dazwischen, am Strand. Die ersten Fortpflanzungen auf der Erde, die Reproduktion von Biomolekülen, der erste Generationenwechsel, all das fand im Grenzbereich zwischen Land und Meer statt. An den Küsten also, den Gebieten, die auch heute die größte Anziehungskraft auf die Menschheit ausüben – nicht nur in der Urlaubszeit. Fast die Hälfte aller Erdenbewohner wohnt heute nicht weiter als 100 Kilometer vom Meer entfernt. Acht der zehn größten Metropolregionen liegen an der Küste.

„EUER BLICK NACH FERNEN MEEREN, EURE BEGIERDE,
DEN FELSEN UND SEINE SPITZE ZU BETASTEN —
EINE SPRACHE IST ES NUR FÜR EURE SEHNSUCHT.
MENSCHEN, SUCHT NUR EUER BLICK UND EURE BEGIERDE,
UND DAS, WAS MEHR IST ALS MENSCH!"

Friedrich Wilhelm Nietzsche (1844–1900)

Petrischale der Schöpfung

Am Strand nahm das Leben Fahrt auf, hier fand es die idealen Bedingungen, um sich zu entfalten, wohl vor fast vier Milliarden Jahren, wie neuere Studien ergaben, so genau weiß das niemand. Jedenfalls als die Erde noch jung war. Egal, ob die Biomoleküle damals aus den Tiefen des Weltraums ankamen, vielleicht auf einem Kometen oder einem Meteoriten als Himmelsfahrzeug gegen unseren Planeten krachten, oder ob sie auf der Erde selbst ihren Ursprung hatten: So oder so dürfte das Leben nach einem solch heftigen „Impakt" Einzug gehalten haben. Nämlich kurz nachdem der Mond durch so einen Crash aus der Erde herausgesprengt wurde. Denn der hat anschließend den nötigen Schwung entfacht. Der Mond schuf die Dynamik an den Küsten. Er ließ Gezeiten entstehen, die damals noch weit kräftiger ausfielen als heute, weil der neue Begleiter im Orbit zunächst nur ein paar Tausend Kilometer hoch über der Erde kreiste, ein Hundertstel der heutigen Entfernung vielleicht und dreimal so schnell, weshalb er ein Mehrfaches seiner heutigen Gravitationskraft auf die Erdoberfläche ausübte – und das auch noch alle zwei oder vier Stunden. Gewaltige Mengen von nähstoffreichen Schwemmfrachten setzte er dadurch in Gang, fütterte damit das aufkeimende Leben. Andererseits wurde durch dieses Auf und Ab von Ebbe und Flut alles, was Leben werden wollte, zu größtmöglicher Anpassungsfähigkeit gezwungen. Die Flut züchtete amphibische Generalisten heran, überlebensfähig, weil mit allen Wassern gewaschen. Der Strand war die Petrischale der Schöpfung, ewig in Bewegung.

Kreuzfahrtschiff unter Vollmond vor den Bahamas (Karibik).

„ICH VERABSCHEUE DAS GANZE MAUERWERK,
MIT DEM MAN DAS MEER AUSSTAFFIERT.
IN DIESEM LABYRINTH AUS DÄMMEN, MOLEN, DEICHEN
UND KAIS VERSCHWINDET DER OZEAN WIE EIN
PFERD UNTER DEM HARNISCH."

Victor Hugo (1802–1885)

Später verschoben sich die Vorlieben des entwickelten Lebens, das meiste wanderte zunächst ins Meer, anderes ans Land, manche Gattungen wechselten im Laufe der Jahrmillionen hin oder her, wie die Wale oder die Reptilien, später die Vögel, deren Füße sich zu Schwimmflossen wandelten. Der Mensch entwickelte sich erst an Land. Aber wird er dort bleiben? Oder kann uns die Evolution, wenn es irgendwann vielleicht sein muss, wieder den Weg zurück öffnen, zurück ins Wasser?

Es hat eine geraume Zeit gedauert, bis unsere Vorfahren, nachdem sie es von den Bäumen herunter geschafft hatten, den Weg zum Meer fanden. Lange gab es ausreichenden Lebensraum in der Savanne. Auf die Dauer aber, als die stetige Vermehrung voranschritt, kam die Gattung Homo an den fruchtbaren und nahrhaften Lebensräumen in den tiefer gelegenen Gebieten nahe der Küste nicht vorbei, später nicht an der Nahrung, die das Meer selbst bot. Doch viele Jahrtausende blieb die Annäherung des Menschen an den Ozean eine Frage der wirtschaftlichen Notwendigkeit, des Kampfes um das Dasein. Mehr nicht.

Nicht die Romantik, nicht der Spaß am Baden, nicht der Strandspaziergang, sondern Fischerei, Handelsschifffahrt und Salzgewinnung, das waren die Zugkräfte, die zuerst ans Meer lockten, die aber die Ängste vor dem unbändigen Element nicht aus der Welt schafften. Rationale wie irrationale Ängste. Das Erbgut des Menschen gab den Respekt vor dem Ozean über Zehntausende von Jahren weiter. Sobald man technisch dazu in der Lage war, schützte man sich, so gut es ging, durch Deiche vor den Urgewalten der See. Regelmäßig löschten Sturmtiefs ganze Ortschaften aus. Die Schätzungen über die Anzahl der Toten etwa bei der „Groten Mandränke" im 14. Jahrhundert gehen allein in den Niederlanden bis auf mehrere Zehntausend. Im alten China sind bei einzelnen Fluten gar Millionen umgekommen. Tsunamis, Hurrikane, die großen Katas-

Saline in Sant'Antioco in der Provinz
Carbonia-Iglesias auf der italienischen
Insel Sardinien.

trophen zeigten immer wieder, dass das Meer entgegen eines geflügelten Wortes eben doch
Balken hat, gefährliche, und was für welche. Die Landmasse ist beständig, das Meer launisch.

Der Mensch pflegte seine Distanz zum Meer: Bis weit in die Neuzeit hinein – jedenfalls im
Abendland – hat er die Kunst des Schwimmens wenig gepflegt, und wenn überhaupt, dann nur
in Binnengewässern. Selbst Seeleute, auch solche, die damals zu den weiten Entdeckungsreisen
ins Unbekannte vorstießen, blieben zum großen Teil Nichtschwimmer. In der Antike war die
Badekultur zwischenzeitlich einmal hoch entwickelt und weitverbreitet, bei den Griechen als
Ausdruck ihres Körperkultes und Sportsgeistes, bei den Römern war es eine Angelegenheit des
ausschweifenden Luxus'. Doch fand sie meist weitab vom Meer statt. Selbst in dem legendären
altrömischen Sündenpfuhl Baiae unmittelbar am Strand im Golf von Neapel badete man in den
landseitig gelegenen Thermen und Bassins.

Natürlich lag dem Respekt vor den Gewalten des Meeres auch mancher Mythos zugrunde. Als
die Seefahrer Portugals, im 15. Jahrhundert die erste große Entdeckernation, sich Zug um Zug um
Afrika herumtasteten, um nach Indien vorzudringen, waren sie noch ergriffen von der Furcht vor

dem sagenhaften Lebermeer, aus dem niemand entrinnen würde; vor kochenden Ozeanen, in Äquatornähe, die alles verbrennen; vor Ungeheuern, die die Seekarten noch bis ins Zeitalter der Aufklärung bevölkerten, Mischwesen zuweilen aus Drachen, Pferd und großmäuligem Fisch. Es dauerte bis weit in die Neuzeit, ins Zeitalter der Aufklärung hinein, bis der Mensch unabhängig von allen Überlebensnotwendigkeiten sich durch Gefühle und Lust zur Küste locken ließ, aus Sicht der heutigen, vom Strandkult geprägten Zeit kaum nachvollziehbar.

„Britannia, rule the waves!"

Den Engländern, der Seefahrernation mit dem Anspruch, den Wellen nicht mit Furcht zu begegnen sondern sie zu beherrschen, war es vorbehalten, aus der Not ein Vergnügen zu machen. Mit derselben Unerschrockenheit, mit der sie ihre Jugend zur Kavalierstour („Grand Tour") um die halbe Welt schickten und später die Alpenberge eroberten, stürzten sie sich ab der zweiten Hälfte des 18. Jahrhunderts an den Stränden ins Meer. Unversehens war die Angst überwunden, das Salzwasser wurde zum Freund. Es war ein Ausdruck des Wohlstandes. Margate, Brighton, später Eastbourne und andere — wer immer es sich in der Metropole London leisten konnte, gab sich in den Seebädern der englischen Kanalküste ein Stelldichein. Der Strand als Premierenort der Freizeitgesellschaft. Denn das war wohl der Hintergrund: Sobald der Mensch Zeit erübrigen konnte, frei zu denken, war die Liebe zum Meer entflammt. Man ging natürlich nicht einfach so ins Wasser. Keuschheit, sicher auch eine gehörige Portion britischer Geschäftssinn, sorgten anfangs für einen gewissen Aufwand im Strandleben. Von dem Göttinger Physikprofessor und gelegentlichen Vergnügungsreisenden, Georg Christoph Lichtenberg, sind aus den 1790er-Jah-

Erst spät entstanden die europäischen Seebäder. Brighton an der Küste des Ärmelkanals ist das größte und wohl bekannteste in Großbritannien, mit Karussell und Vergnügungspier.

Nos Baigneuses.

ren die ersten Berichte aus England über Badekarren überliefert, „the machine", wie sie die Einheimischen nannten: „Man besteigt ein zweirädriges Fuhrwerk, einen Karren, der ein von Brettern zusammengeschlagenes Häuschen trägt, das zu beiden Seiten mit Bänken versehen ist." Ein kräftiger Bursche lenkt den Wagen durch die seichte Brandung ins Wasser, während der Badegast sich in dem „Häuschen" entkleidet, um, sobald der Wagen die genügende Tiefe erreicht hat, auf einer Treppe ins Wasser hineinzusteigen. Nicht unter freiem Himmel, sondern, von allen Blicken ferngehalten, unter einem Zeltdach, das der Kutscher inzwischen meerseitig entfaltet hat.

Ein wenig Angst war auch da noch geblieben. Obwohl man doch bestens stehen konnte, stiegen die Badenden mit einem Seil an der Hand, das am Karren befestigt war, in die Fluten. „Wer untertauchen will, hält den Strick fest und fällt auf die Knie, steigt alsdann wieder herauf, kleidet sich bei der Rückreise wieder an und so weiter", beschreibt Lichtenberg das große Abenteuer. Das Seil war nicht völlig unsinnig, wie auch der Kutscher im Hintergrund. Auch die Pioniere des Strandurlaubs konnten längst noch nicht alle schwimmen.

Lichtenbergs Berichte und vor allem sein 1793 gedruckter Essay „Warum hat Deutschland kein großes öffentliches Seebad?" trugen die Idee der Seebäder auch nach Deutschland. Der Professor hatte dabei weniger das Vergnügen in den Vordergrund gestellt als den gesundheitlichen Gewinn. Es seien in Margate die „gesündesten Tage" gewesen, die er erlebt habe, schrieb er. In der Tat hatte die englische Badekultur von Anfang an eine gesundheitliche Komponente. Schon 1750 fand der englische Arzt Richard Russell mit seinen Ansichten zur heilsamen Wirkung von Meerwasser gegen Infektionskrankheiten – das Thema seiner Doktorarbeit – durchaus Beachtung. Russell gilt als der Begründer der Thalasso-Therapie.

Die Badekarren waren eine Erfolgsgeschichte und hielten sich mancherorts noch bis in die 30er-Jahre des 20. Jahrhunderts. Diese Badegesellschaft vergnügte sich um 1917 im belgischen Nordseebad Ostende.

In Deutschland sprang der Funke zuerst an der Ostsee über. Ein Arzt in Rostock konnte den Herzog von Mecklenburg-Schwerin von der Idee überzeugen, „am Heiligen Damm" in der Ostsee ein Bad zu nehmen. Friedrich Franz I. war selbst einer der ersten, der aus freien Stücken, einfach so, in die Fluten des Mare Balticum stieg. Umgehend, noch 1793, gab er den Auftrag an seine Baumeister, an der Stelle ein Seebad zu errichten. Heiligendamm bei Rostock war das erste in Deutschland. Damals standen dort, wo heute ein klassizistisches Gesamtkunstwerk beeindruckt, noch keine mondänen Gebäude, die Gäste übernachteten dann doch lieber noch im sicheren Hinterland, in Doberan, das nun zum Seebad aufstieg. Wenig später folgte das erste Nordseebad auf der Insel Norderney und weitere auf den benachbarten ostfriesischen Inseln sowie in Travemünde und anderen Orten an der Ostsee.

Nach und nach war nun in Mitteleuropa der Bann gebrochen, die Zuneigung zum Meer geboren und die alten Vorbehalte verflogen in der wohltuenden Seeluft, bei angenehmer Brise. Bald wagte man sogar, das Ende der begehbaren Welt zu verschieben, die feine Gesellschaft konnte sich, in vollem Staate, hinausbegeben. Jedes Seebad, das etwas auf sich hielt, schmückte sich mit einer Hunderte Meter ins Meer ragenden Seebrücke. Die englische Südküste, Deutschlands Nord- und Ostsee, die belgische Kanalküste, die Côte d'Azur in Frankreich – Strandurlaub wurde für den, der ihn sich leisten konnte, en vogue.

Vorbehalte betrafen nun höchstens noch die allzu sichtbare, distanzlose Körperlichkeit. Als das Geschäft anrollte, die Seebäder im Laufe des 19. Jahrhunderts mit der Bahn zu erreichen waren und sich die ersten Anzeichen von Massentourismus aus den Städten einstellten, konnten die Badekarren den Ansturm ins Wasser nicht mehr bewältigen. Die Magistrate der Seebäder sahen sich gezwungen, Damen- und Herrenstrände zu trennen, mit breitem Niemandsland dazwischen. Trotz hochgeschlossener Bademoden blieb es zunächst unschicklich, die menschlichen Rundungen zu offenbaren. Dann allerdings, angefangen in den Jahren vor dem Ersten Weltkrieg und besonders in den 1920er-Jahren, kippte diese überkeusche Sittsamkeit. Mit der Freikörperkultur, die besonders am Strand, der großen Freiheit, Fuß fasste, war die Distanz zum Meer endlich ins Gegenteil verkehrt, frönte man dem Einklang mit der Natur und ihren Elementen. Esoterische Anwandlungen kamen hinzu, das Meer als Mutterleib, der Mutterleib als Mikroozean, nach dem Motto, es könne ja kein Zufall sein, dass das Meerwasser denselben Salzgehalt hat wie das menschliche Blut und dass unser Körper zu demselben Anteil aus Wasser besteht, in dem das Meer die Erdoberfläche bedeckt, drei Viertel nämlich. Die Menschheit war am Meer angekommen.

Die Hinwendung nach der Jahrtausende währenden weitgehenden Distanz berührte die Seele, schuf einen veränderten Fokus auch im künstlerischen Schaffen. Die Landschaftsmalerei, die sich in der Renaissance und Barock – vielleicht abgesehen von den frühen Marinemalern der Niederlande – fast ausschließlich den klassischen Motiven aus den biblischen oder toskanischen Szenerien widmete, schwenkte den Blick zunehmend aufs offene Meer. Das Seestück, in seiner Reinform nichts außer Wellen und Himmel abbildend, kam in Mode. Wer sich darin übte, musste in das Wesen des Meeres eintauchen, sich zu ihm bekennen. Auch Küstenlandschaften, Hafenszenen, Segelschiffe, ja auch der Schiffsbau selbst, Motive, die zuvor weitgehend unbeachtet geblieben waren, hielten Einzug in die Kunstgeschichte. „Erst bei Romantikern und Postromantikern, bei Impressionisten, Fauvisten und Expressionisten mit ihrer neuen, engen Beziehung zur Natur – bei Monet, Cézanne, Gauguin, van Gogh, Turner, Watteau, den Deutschen und den Niederländern, um nur einige zu nennen, sowie Hokusai in Japan – wird der Ozean ein unerschöpfliches Vorbild für den Maler, ein Spiegel seiner Seele, der Firmament und Sterne reflektiert." So beschrieb die 2002 verstorbene „Botschafterin der Meere" bei den UN, Elisabeth Mann Borgese, in ihrem Buch „Mit den Meeren leben" den gewendeten Blick der Künstler. Und nicht nur die bildende Kunst ließ sich nun von der See inspirieren.

Natürlich hat sich die Dichtung auch früher schon des Meeres und der Meerfahrten angenommen, Homers „Odyssee" ist schließlich ein sehr frühes Beispiel. Doch blieb über viele Jahrhunderte der Ozean nur die Kulisse für Dramen, die im Grunde davon unabhängige Botschaften verfolgten. Auch Daniel Defoes Klassiker „Robinson Crusoe" ist ein Beispiel dafür. Shakespeare

„Die Ruinen in Baiae bei Neapel". Silvester Feodossjewitsch Schtschedrin (1791–1830). Blick von Baia über den Golf von Pozzuoli auf Pozzuoli; im Hintergrund der Vesuv.

ist im 17. Jahrhundert – in seinem späten Stück „Der Sturm" – einer der ersten Protagonisten, die das Meer um seiner selbst willen beschreiben. Dichter, die von Sturm und Drang beseelt waren wie Friedrich Schiller, wagten sich als Pioniere ins Element: „Und es wallet und siedet und brauset und zischt, wie wenn Wasser mit Feuer sich mengt", heißt es in Schillers „Taucher"-Gedicht, „Doch endlich, da legt sich die wilde Gewalt, und schwarz aus dem weißen Schaum, klafft hinunter ein gähnender Spalt, grundlos, als ging's in den Höllenraum." Später erst vermochten es dann Romanautoren im Genre der Abenteuerliteratur, die See in ihrer Tiefe, Energie und Dynamik dem Leser näherzubringen, von Herman Melville über Joseph Conrad bis Jack London.

Der Zeitgeist erfasste, natürlich, auch die Musik. Richard Wagner gehört mit seinem „Fliegenden Holländer" sowie mit „Tristan und Isolde" zu den Ersten, die das Dramatische der hohen See vertonten. Mendelssohn-Bartholdy fing nach einer Reise durch Schottland in seiner Overtüre „Hebriden" den Wellengang des Nordatlantiks ein; berühmt besonders die Sequenz, wie er in die spektakuläre Meereshöhle von Fingal eindringt, in Moll, versteht sich. Auch Mendelssohn formte damit den Zeitgeist, der weitab vom Meer in jedem besseren fürstlichen Park eine Grotte entstehen ließ, gedanklich hin zur offenen See. Symphonische Dichtungen wie „La Mer" von Claude Debussy wären, ganz abgesehen vom musikalischen Stil, auch thematisch vor dem 19. Jahrhundert nicht denkbar gewesen. „Das Meer ist lautmalerisch", schrieb Mann Borgese über das damals aufgekommene Genre. Es war ein langer Weg, bis die Klänge in der passenden Wallung ankamen. Beethoven hatte in seiner Pastorale lieber noch von der eher stillen Romantik auf dem Dorf geträumt.

Dabei geschah die neue Hinwendung der Seele zur See nicht nur um ihrer selbst willen. War es doch auch die Zeit, in der das erste Fernweh aufkam, das Reisen erstrebenswert wurde, die Exotik Einzug hielt in die Disputationen der Intellektuellen in ihren Salons, ebenso wie auch der Orientkult. Die See wurde zur Etappe nach Übersee, wo manche das Paradies wähnten. Und sie erhielt ein emanzipatorisches Moment. Der Ausstieg aus den engen Verhältnissen, die Abkehr vom Landesherrn wurde möglich, und führte über das Meer. Zur See zu gehen war irgendwann ein von anderen beneideter Beruf, auch wenn dabei vieles verklärt und mystifiziert wurde.

Die neu entflammte Liebe der Gattung zum Meer wurde von einer Zweckgemeinschaft untermauert, wenn auch recht einseitig von Seiten des Menschen. Im 19. Jahrhundert, in der Hochzeit des Kolonialismus, setzte die Globalisierung ein und nahm den Ozeanen ihren trennenden Charakter, machte sie zum Medium einer weltweiten Vernetzung durch Schifffahrtslinien. Auf den großen Distanzen erlaubten sie erheblich höhere Geschwindigkeiten für Fracht und Passagiere als beim Verkehr über Land. Auch spielte nun, im Zeitalter der Industrialisierung und der ersten „Bevölkerungsexplosion", die seit Menschengedenken stattfindende Fischerei für die Ernährung eine immer größere Rolle, bessere Kühltechniken erweiterten ihren Markt auf das gesamte erschlossene Binnenland. Heute erreichen die Branchen, die ihr Geld auf oder im Meer verdienen, einen Gesamtumsatz von 1200 Milliarden Euro, bei weiter steil ansteigenden Kurven.

CUNARD
U·S·A·CANADA

THE BRITISH COLOUR PRINTING CO LTD LONDON & LIVERPOOL

Seit dem 19. Jahrhundert und
verstärkt mit dem beginnen-
den 20. Jahrhundert verloren
die Meere ihren trennenden
Charakter. Schifffahrtslinien
wurden gegründet, mit denen
man vergleichsweise schnell
und bequem die Ozeane
befahren konnte.

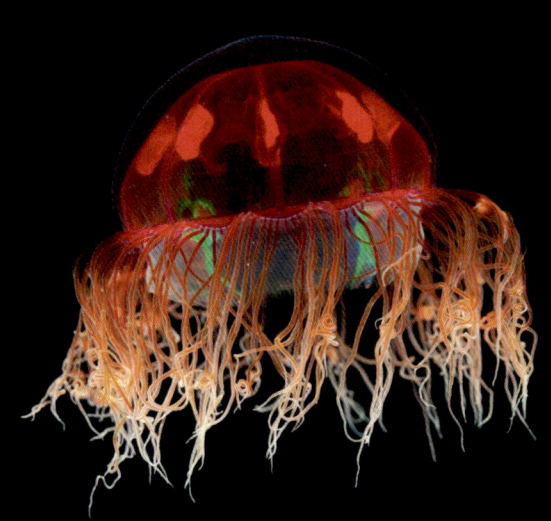

Tiefsee-Spezies (von links oben nach rechts unten): Junger Oktopus (gefangen im Golf von Mexiko in 200 bis 400 Metern Tiefe); Fangzahn (Anoplogaster cornuta); Papierboot oder Argonaut (Argonauta spec.) aus dem Golf von Mexiko; Seegurke (Amperima sp) aus 2500 Meter Tiefe vom Mittelatlantischen Rücken; Thecosomata, auch „Seeschmetterling" oder „Flügelschnecke" aus dem Atlantischen Ozean; Argyropelecus hemigymnus, gefangen im Golf von Mexiko in 450 bis 600 Metern Tiefe); Trachymedusa (Crossata sp) vom Mittelatlantischen Rücken aus 2700 Metern Tiefe; Tiefseemeeresschnecke (Carinaria lamarckii), ebenfalls vom Mittelatlantischen Rücken (Nordatlantik).

Schließlich begann die Wissenschaft, nach und nach in die schier unvorstellbar große Wasserwelt mit ihren 1,3 Milliarden Kubikkilometern einzudringen, ihr die Geheimnisse zu entlocken. Wobei sie bis heute noch nicht allzu weit gekommen ist, noch immer gilt, dass die Oberfläche des Mondes und wohl auch die des Mars besser bekannt ist als die Tiefen der Meere unseres Planeten. Die Tiefsee ist noch immer ein „Mare incognitum". Vor gut 140 Jahren hat die gezielte Erkundung der See überhaupt erst begonnen: 1872 mit der Ausfahrt der britischen „HMS Challenger". Heute unterhält jede größere Industrienation eine Flotte moderner Forschungsschiffe, nicht nur staatlich unterhaltene Institute, auch private Konzerne. Kritiker sehen deshalb in der modernen Meereswissenschaft stark auseinanderdriftende Interessen. Die Grundlagenforschung will das System Ozean verstehen, um es besser schützen zu können vor allzu starken Eingriffen des Menschen, während gleichzeitig Erkundungsexpeditionen unterwegs sind, um die Schätze zu erfassen, die auf dem Meeresgrund ausgebeutet werden könnten.

Mit dem Erdöl hat es erst angefangen – Bodenschätze vom Meeresboden sind das Gold der Zukunft

Kann die immer noch junge Liebe zum Meer mit seiner weitgehenden Ausbeutung zusammenpassen? Den ersten Rohstoff haben die Meeresanrainer aus den Tiefen bereits hervorgeholt. Seit Beginn des 20. Jahrhunderts stehen Ölbohrtürme im Meer, und seit den 1960er-Jahren wird ein nennenswerter Anteil des „Schwarzen Goldes" aus „Offshore-Anlagen" gewonnen, der Stoff, der die weltweite Wirtschaft am Laufen hielt und immer noch hält. Immer wieder freilich zeigen Unfälle auf Bohrinseln, dass die Zweckehe zwischen Mensch und Meer bislang eine eher einseitige Angelegenheit ist.

Parallelwelten am selben Ort: der emotionale Drang des Einzelnen zum Strand im Zeitalter des Massentourismus und des Meereskultes einerseits und die Nutzung des offenen Meeres aus wirtschaftlichen Interessen andererseits. Bislang herrscht friedliche Koexistenz zwischen beiden Präferenzen. Ein wenig wohl auch deshalb, weil die tatsächliche Förderung von Rohstoffen aus dem Meeresgrund noch weit zurückblieb hinter den Erwartungen, die in den 1980er-Jahren im Zusammenhang mit dem Seerechtsübereinkommen besonders heiß diskutiert wurden. Eine neue Vereinbarung musste damals her, weil die Küstenstaaten sich nicht mehr mit der alten Dreimeilenzone zufriedengeben wollten, einen größeren Anteil an den Meeresschätzen beanspruchten. Der Kontinentalschelf – die flachen Meeresareale vor der Küste bis zur Tiefseekante – hielt Einzug in die Diskussion über die Aufteilung der Meere, erweiterte hier und da die Hoheitsgebiete beträchtlich, sodass sie nun bis zu 650 Kilometer ins Meer hinausreichen. Das Übereinkommen regelt auch die Zuständigkeit der Vereinten Nationen für eventuelle Schürflizenzen in der Tiefsee jenseits des Festlandssockels.

Die Emotionen kochten damals hoch im Streit um jenes Abkommen, weil man befürchtete, reiche Länder wie die USA würden morgen schon beginnen, inmitten des Pazifiks großflächig und

mit schwerem Gerät Mangan, Kobalt, Nickel oder „Seltene Erden" zu schürfen. Und dadurch nicht nur andere Länder übervorteilen, sondern auch Flora und Fauna sowie das chemische Gleichgewicht der Ozeane gefährden. Doch bis heute hat sich noch kein Unternehmen ernsthaft für eine Unterwasser-Mine in der Tiefsee interessiert. Offenbar würde sie sich nicht rechnen. Was sich allerdings bei den erwartbaren Knappheiten und entsprechend stark steigenden Rohstoffpreisen schnell ändern könnte. Der Streit zwischen den Anrainern der Arktis darüber, wem die Bodenschätze unter dem tauenden Packeis rund um den Nordpol gehören, darf als ein Signal in diese Richtung gelten. Die künftige Aufteilung in Hoheitsgebiete ist noch völlig offen. Um die Ansprüche zu manifestieren, rammte ein russisches U-Boot am Nordpol im Jahr 2007 schon mal eine Fahne des Landes in den Meeresgrund.

Von aktuellerer Bedeutung sind da schon die Auseinandersetzungen um die Nordost- und die Nordwestpassage, die Abkürzungen des Seewegs von Europa nach Ostasien und an die ameri-

Ein Datenmosaikbild des Envisat ASAR-Satelliten der European Space Agency (ESA) zeigt die Eisbedeckung des Nordpols Mitte August 2008 (blau eingefärbt sind eisbedeckte Gebiete, grau bis schwärzlich die eisfreien Flächen). Die rote Linie markiert die niedrigste je beobachtete Eisausdehnung aus dem Jahr 2007.

kanische Westküste. Vor 500 Jahren hatten die Seefahrtnationen begonnen, die Passagen durch die nördlichen Archipele hindurch zu suchen. Mit wenigen Ausnahmen blieben ihre Schiffe im Eis stecken. Doch vielleicht bald schon könnte das schwindende Eis in der Arktis die Passagen wirtschaftlich nutzbar machen. Schon haben Kanada und Russland Hoheitsrechte über sie angemeldet. Die USA wollen dies nicht anerkennen, andere Staaten haben sich noch nicht festgelegt. Auch hier werden die Vereinten Nationen gefordert sein.

Noch sind die Meere weit davon entfernt, als Industrielandschaft abzuschrecken. Der Drang, die Lust der Menschen auf die Küste ist ungebrochen, was die Entwicklung der

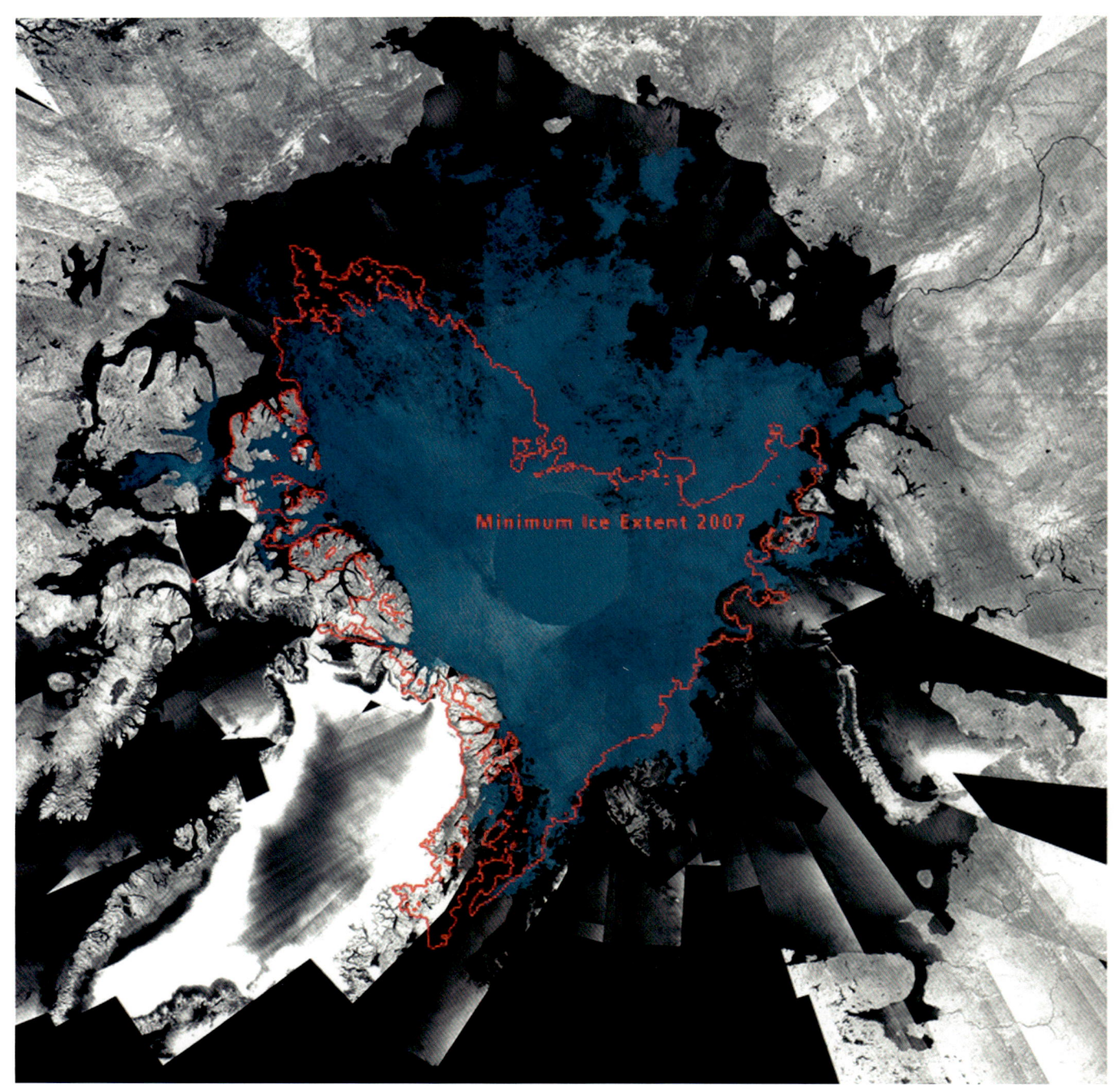

Minimum Ice Extent 2007

STRAND GUT

VORSICHT, GEFAHR VON OBEN

Woran sterben die meisten Touristen an den schönsten Stränden der Welt? Wenn Sie jetzt an Haie denken, dann liegt das sicherlich daran, dass sobald irgendwo auf der Welt ein Hai einen Schwimmer oder Surfer attackiert, sich diese Nachricht sofort über die Medien weltweit verbreitet.

Die allergrößte Gefahr stellt allerdings das Schwimmen an unbekannten und häufig auch unbewachten Meeresstränden dar – allein in Europa sterben so mindestens 18 000 Badende im Jahr. Doch dieses Risiko wird von den meisten verdrängt. Wenn, dann gehen viele Touristen aus Angst vor Haien oder gefährlichen Quallen gar nicht erst ins Meer oder hüpfen nur hin und wieder in den Hotelpool. Genau dort jedoch, am Strand, an einem schattigen Plätzchen lauert die zweitgrößte Urlaubsgefahr: Jedes Jahr sterben rund 150 bis 200 Menschen, weil sie von Kokosnüssen erschlagen werden – das sind 15-mal mehr, als durch Hai-Attacken sterben.

Wenn eine bis zu vier Kilogramm schwere Kokosnuss aus einer Palmkrone von bis zu 25 Meter Höhe herabfällt, kann sie eine Geschwindigkeit von bis zu 80 km/h entwickeln. Wer von diesem Geschoss getroffen wird und nicht stirbt, kann zumindest einen Schädel- oder anderen Knochenbruch und schwere Prellungen erleiden. Das bedeutet für den umsichtigen Urlauber: Helmpflicht unter Palmen oder vorher genau schauen, ob sich reife Kokosnüsse auf der Palme befinden, die man sich als Liegeplatz aussucht. Damit aus dem Schattenspender der Träume kein Albtraum wird!

Grundstückspreise an ihrer Küste dokumentiert. Häuser am Meer zählen zu den beliebtesten Liegenschaften. Jeder Architekt aus der modernen Baugeschichte, der etwas auf sich hält, will einmal dabei gewesen sein, egal ob in Florida, Kalifornien, Südfrankreich oder Südafrika. Und es scheint fast, als würde die große Liebe die Zweckgemeinschaft erst mal wieder in den Hintergrund rücken lassen. Seit drei, vier Jahrzehnten verschwinden nicht nur die vielfältigen Fischerorte an den Küsten, weil der Fang im großen Stil von andernorts gemanagt wird. Auch das Hafengeschäft fürs Hinterland konzentriert sich auf immer weniger Knotenpunkte. Und so machen leer werdende Großanlagen wie die alte Speicherstadt in Hamburg oder auch frühere Hafenstädtchen in der Bretagne, Dalmatien, Ligurien oder an der Ostsee heute Platz frei für spektakuläre Lofts oder Büros mit Meerblick, für beschauliche Ferienhaussiedlungen oder Hotelanlagen für den großen Ferienbetrieb.

Die Menschen sind meereshungrig und werden immer hungriger. Wen die Übervölkerung am Strand in Phobien versetzt und wer es sich leisten kann, der geht den nächsten Schritt und fährt hinaus, auf Kreuzfahrt. Nicht um von A nach B zu gelangen, sondern um auf dem Meer zu sein. Immer größer werden die Schiffe und immer mehr, ein Ende des Booms ist nicht absehbar. So scheint es nur noch eine Frage der Zeit, bis die Vision der „Freedom" wahr wird, jener 1,3 Kilometer langen schwimmenden Stadt mit 50 000 Einwohnern und einem Flughafen für Jets auf dem Oberdeck, erdacht vom US-Ingenieur Norman L. Nixon. Die „Freedom" ist ein Fahrzeug, das nirgendwo einen Hafen finden und immer auf dem Meer bleiben wird. Wenn sie fährt, wird sie sich abgenabelt haben. Ein Modellfall für die Zukunft des Menschen? Wird auch er irgendwann ins Meer zurückkehren?

Seit Jules Verne und seiner „Nautilus" und Kapitän Nemo sind die Träume vom menschlichen Leben im Meer und auf dessen Grund Bestandteil der Weltliteratur. In den 1950er-Jahren tauchten solche Überlegungen in detailreichen Zeichnungen quasi als Gegenentwurf zu den damals grassierenden Mond-, Mars- und anderen Weltraumstationen in den populären Zeitschriften auf. Projektionen von Luxusvillen unter Wasser, voll klimatisiert und voll automatisch betrieben. Noch erfüllt vom Technikglauben und noch unbeeinflusst vom späteren Paradigmenwechsel in den 1970er-Jahren, als es dann zurück ging zur romantischen Natur unter Bäumen und freiem Himmel auf dem Land. Parallel zu den einsetzenden Weltraumplanungen der NASA erreichte 1960 der Schweizer Jacques Piccard den tiefsten Punkt der Erde im Marianengraben. Wissenschaft und Forschung schienen in der Lage, jeden Lebensraum erobern und erschließen zu können.

Der Technikglaube hat seinen Höhepunkt überschritten. Doch heute ist fast schon absehbar, dass in unserem Zeitalter der apokalyptischen Szenarien irgendwann der Gedanke aufkommt, eine allzu heftige Erderwärmung etwa könne den Mensch dazu zwingen, sich neue Lebensräume zu suchen. Andere Planeten oder gar Sonnensysteme sind vorerst unerreichbar, was also läge näher, als auf die gemäßigt temperierten drei Viertel der Erdoberfläche auszuweichen, die von Meerwasser bedeckt sind, oder sogar in deren Unterwelt? Häuser auf dem Meeresgrund –

Vorangehende Doppelseite: Kreuzfahrtschiff vor dem Hubbard-Gletscher in Alaska.

Illustration der geplanten schwimmenden Stadt „Freedom Ship" für 50 000 Bewohner.

die Kulturzeitschrift Mare brachte zu den Entwürfen eine Sonderausgabe heraus. Ob der Mensch auch selbst wieder ins Meer zurückkehren kann? Wird das Hin und Her der Evolution zwischen Land und Meer irgendwann wieder weitergehen? Schließlich wäre im Zeitalter gezielter Eingriffe ins Erbgut auch die Umrüstung des menschlichen Atmungssystems denkbar, theoretisch, in den nächsten paar Hundert Jahren. Manche Anlagen sind uns bereits gegeben. Sir Alister Hardy, bekannter englischer Meeresbiologe mit einer Karriere durch die anerkanntesten Universitäten des Landes, führte zur Mitte des 20. Jahrhunderts den Gedanken auf die Spitze. Seiner „Wasseraffen-Hypothese" zufolge hätten die Menschen den aufrechten Gang erlernt, nur um in den Küstengewässern und auf dem Meer zu leben. Auch andere evolutionäre Besonderheiten der menschlichen Anatomie deuten seiner Ansicht nach auf die maritime Bestimmung des Menschen hin, die Fettschicht unter der Haut, die Haarlosigkeit oder die vergleichsweise großen Füße. Auch wenn Hardys Sichtweise sich nicht durchsetzen konnte, wird sie doch von manchen Biologen geteilt.

Hardys Theorie zeige ihr, so schreibt Elisabeth Mann Borgese in ihrem Buch „Mit den Meeren leben", dass „nach Ansicht mancher Menschen das landgestützte Dasein des *Homo sapiens* möglicherweise nur eine Episode von kurzer Dauer ist". Warum nicht, zurück in die Ozeane? Ein Gedanke ist es wert.

„WER ES NOCH NIE ERLEBT HAT, KANN SICH NICHT VORSTELLEN,
WIE SCHÖN ES IST, AUF EINEM SEGELSCHIFF UNTERWEGS ZU SEIN.
ALLES IST SCHÖN, FRIEDLICH UND OHNE MAKEL. GERÄUSCHLOS GLEITET
DAS GROSSE SCHIFF IN SANFTER BEWEGUNG DURCH DAS WASSER,
DAS AM BUG WEISS AUFSCHÄUMT UND ES RUNDUM LEICHT UMSPIELT.
AUF UNBESCHREIBLICHE WEISE KANN MAN UNTER SOLCHEN UMSTÄNDEN
AUS SICH SELBST HERAUSTRETEN, UND, INDEM MAN VON AUSSEN
AUF SICH BLICKT, ERKENNEN, WAS WIRKLICH WICHTIG IST IM LEBEN.“

Alan Villiers (1903–1982)

ANHANG | A

DIE WELTMEERE MIT DEM OZEANISCHEN FÖRDERBAND

Die Meeresströmungen, die alle Ozeane miteinander verbinden.

ARKTISCHER OZEAN

NORDAMERIKA

ATLANTISCHER OZEAN

PAZIFISCHER OZEAN

SÜDAMERIKA

AF

EUROPA

ASIEN

PAZIFISCHER
OZEAN

INDISCHER
OZEAN

LITERATURVERZEICHNIS

Abulafia, David: Das Mittelmeer – eine Biographie. Frankfurt am Main 2013

Arthus-Bertrand, Yann und Skerry, Brian: Der Mensch und die Weltmeere. München 2013

Bartz, Dietmar und Tampen, Pütz: Seemannssprache. Wiesbaden 2014

Beckerhoff, Florian (Hg.): Häfen. Eine literarische Kreuzfahrt. Frankfurt am Main 2008

Behringer, Wolfgang: Kulturgeschichte des Klimas. München 2007

Braudel, Fernand: Die Welt des Mittelmeers. Frankfurt am Main 2005

Böhm, Herbert H. und Wiese, Eigel: Windjammer – Die schönsten Großsegler der Welt. Köln 2004

Bunk, Lutz: 50 Klassiker Schiffe. Hildesheim 2004

Burlet, René und Zysberg, André: Venedig und die Galeeren. Ravensburg 1991

Callahan, Steven. Im Atlantik verschollen. München, Zürich, 1994

Clarke, Thurston: Die Insel. Eine Welt für sich. Hamburg 2003

Cooper, James Fenimore: Ned Myers oder Ein Leben vor dem Mast. Hamburg 2014

Corbin, Alain: Meereslust – Das Abendland und die Entdeckung der Küste. Frankfurt am Main 1994

Crist, Darlene Trew u.a.: Schatzkammer Ozean – Volkszählung in den Weltmeeren. Heidelberg 2010

Da Gama, Vasco: Die Entdeckung des Seewegs nach Indien. Ein Augenzeugenbericht 1497–1499. Stuttgart-Wien 1986

Dampier, William: Freibeuter 1683–1691. Historischer Reisebericht. Stuttgart-Wien 1977

De Brito, Bernardo Gomes: Historia Tragico Maritima. Berichte aus der großen Zeit der portugiesischen Seefahrt 1552–1602. Stuttgart 1983

Dickie, Iain u.a.: Geschichte der Seekriege. Stuttgart 2010

Die Challenger-Expedition – Zum tiefsten Punkt der Weltmeere 1872–1876. Stuttgart 1984

Dirks, Liane (Hrsg.): Wohin das Herz die trägt – Meer. Freiburg 2012

Drake, Francis: Pirat im Dienst der Queen. Berichte, Dokumente und Zeugnisse des Seehelden und seiner Zeitgenossen 1567–1596. Stuttgart-Wien 1985

Elsner, Hildegard: Wikinger Museum Haithabu. Schleswig 1989

Erhard, Andreas und Ramminger, Eva: Die Meerfahrt. Balthasar Springers Reise zur Pfefferküste. Mit einem Faksimile des Buches von 1509. Innsbruck 1998

Forster, Georg: Reise um die Welt. Illustriert von eigener Hand. Frankfurt am Main 2007

Ghosh, Amitva: Hunger der Gezeiten. München 2006

Hamann, Günther: Der Eintritt der südlichen Hemisphäre in die europäische Geschichte. Die Erschließung des Afrikaweges nach Asien. Wien 1968

Henze, Dietmar: Enzyklopädie der Entdecker und Erforscher der Erde, Bd. 1–5. Graz, 1978–2004

Horwitz, Tony: Es war nicht Kolumbus. Die wahren Entdecker der neuen Welt. Hamburg 2008

Hoppe, Felicitas: Pigafetta. Frankfurt am Main 2006

Johnson, Donald S.: Fata Morgana der Meere. Die verschwundenen Inseln des Atlantiks. München und Zürich 1999

Johnson, Donald S. und Nurminen, Juha: Die große Geschichte der Seefahrt. Hamburg 2008

Kelletat, Dieter: Physische Geographie der Meere und Küsten. Stuttgart 2013

Kolumbus, Christoph: Bordbuch. Frankfurt am Main 1981

Korn, Wolfgang: Megalithkulturen – Rätselhafte Monumente der Steinzeit, Theiss-Verlag, Stuttgart 2005

Korn, Wolfgang: Das große Buch der Archäologie – Unter Schatzjägern, verwegenen Forschern und wagemutigen Entdeckern. Köln 2014

Krause, Arnulf: Die Welt der Wikinger. Hamburg 2013

Kulke, Ulli: Vasco da Gama. Die Suche nach den Gewürzinseln. München 2011

Kulke, Ulli: Die großen Entdecker. Abenteuerliche Reisen ins Unbekannte. Stuttgart 2006

Latif, Mojib: Das Ende der Ozeane. Freiburg 2014

Lausch, Erwin: Der Planet der Meere – Forscher entschlüsseln die Geheimnisse der Tiefe. Hamburg 1990

Lynch, Jim: Gefährliche Gezeiten. Berlin 2005

Mann Borgese, Elisabeth: Mit den Meeren leben. Hamburg 1999

Meißner, Joachim: Mythos Südsee. Das Bild von der Südsee im Europa des 18. Jahrhunderts (Diss.). Hildesheim 2006

Millmann, Lawrence: Auf den Spuren der Wikinger. München 1995

Mollat Du Jourdin, Michel : Europa und das Meer. München 1993

Nansen, Fridtjof: In Nacht und Eis. Die norwegische Polarexpedition 1893–1896. Stuttgart-Wien 2009

National Geographic (Hrsg.): Atlas der Ozeane – Geographie, Lebewesen, Klima und Naturphänomene. Hamburg 2010

Nordhoff, Charles B. und Hall, James N: Die Meuterei auf der Bounty. Schiff ohne Hafen. Frankfurt am Main, 2006

Orsenna, Erik: Lob des Golfstroms. München 2006

Pickford, Nigel: Versunkene Schätze – Schiffe und ihre Schicksale. Bielefeld 1995

Pigafetta, Antonio: Mit Magellan um die Erde. Ein Augenzeugenbericht der ersten Weltumsegelung 1519–1522. Stuttgart-Wien 2001

Pinto, Fernao Mendes: Merkwürdige Reisen im fernsten Asien 1537–1558. Stuttgart-Wien 1986

Pott, Richard: Farbatlas Nordseeküste und Nordseeinseln. Stuttgart 1995

Ritz, Hans: Die Sehnsucht nach der Südsee. Bericht über einen europäischen Mythos. Göttingen 1983

Sawyer, Peter (Hrsg.): Die Wikinger. Geschichte und Kultur eines Seefahrervolkes. Hamburg 2000

Schalansky, Judith. Atlas der abgelegenen Inseln. 50 Inseln, auf denen ich nie war und niemals sein werde. Hamburg, 2009

Schivelbusch, Wolfgang. Das Paradies, der Geschmack und die Vernunft. Eine Geschichte der Genußmittel. Frankfurt 2005

Schröter, Lorenz, Das kleine Kielschwein. Ein Handbuch allererster Kajüte. Hamburg 2006

Strassmann, Burkhard: An kleinen Schrauben drehen in: Mare – Zeitschrift der Meere Nr. 39

Thomas, Steve: The last Navigator. A young man, an ancient mariner, the secrets of the sea. New York 1987

Troia – Traum und Wirklichkeit. Archäologisches Landesmuseum Baden-Württemberg (Hrsg.). Stuttgart 2001

Reinfeld, Michael (Hrsg): Archäologie im Mittelmeer – auf der Suche nach versunkenen Schiffswracks und vergessenen Häfen. 2013

Vernes, Jules: 20 000 Meilen unter den Meeren. München 2009

Wallace, David Forster: Schrecklich amüsant – aber in Zukunft ohne mich. Hamburg 2002

Winchester Simon: Der Atlantik – Biographie eines Ozeans. München 2012

Zweig, Stefan: Magellan. Der Mann und seine Tat. Frankfurt am Main 1983

Viele neue Fakten und Forschungsergebnisse zu Meeren und Küsten werden heute von Wissenschaftlern und Publizisten direkt ins Internet gestellt. Da die Websites jedoch häufig nach einiger Zeit umgestaltet werden, hat sich eine Wiedergabe in Büchern als unfruchtbar herausgestellt. Es empfiehlt sich, mit mehreren Suchbegriffen präzise danach zu fahnden.

REGISTER

Die kursiven Seitenzahlen verweisen auf die Abbildungen

BILDNACHWEIS

Fotolia.com: S. 17 (© Alexey Stiop), 100 (© Atanas Nasko), 125 (© javarman)

Interfoto, München: S. 70 (Alinari)

mauritius–images, Mittenwald: U2–Vorsatz (imageBROKER/Holger Weitzel), Vorsatz/S. 1 (age), 2–3 (age), 4–5 (Stefan Hefele), 6–7 (SuperStock), 16 (image-BROKER/Hans Blossey), 18–19 (Stefan Hefele), 20–21 (alamy), 23 (alamy), 25 o. (Prisma), 25 u. (Loop Images), 32–33 (John Warburton–Lee), 34–35 (alamy), 37 o. (imageBROKER/Heiko Beyer), 37 u. (alamy), 41 (alamy), 42–43 (Robert Harding), 49 l. (alamy), 52 (United Archives), 55 (Rene Mattes), 57 (United Archives), 59 o. (imageBROKER/Barbara Boensch), 60–61 (Hans Blossey), 66–67 (Helen Greiner), 69 (age), 73 (imageBROKER/Dirk Bleyer), 74–75 (Stefan Hefele), 77 o. (Robert Harding), 77 u. (imageBROKER/Olaf Krüger), 78 (alamy), 83 (alamy), 86–87 (Minden Pictures), 88 (age), 92–93 (alamy), 96 (United Archives), 97 (image-BROKER/Manfred Bail), 98 (alamy), 99 (age), 102 (alamy), 104–105 (alamy), 106 (SuperStock), 108–109 (age), 111 (United Archives), 112–113 (imageBROKER/Anette Mossbacher), 115 (alamy), 116 (Phototake), 118 (DK Images), 120 (United Archives), 122 (United Archives), 129 (alamy), 131 (United Archives), 134–135 (imageBROKER/Erhard Batzdorf), 137 (imageBROKER/Lars Hallstrom), 139 (Robert Harding), 142 (Rainer Mirau), 144–145 (imageBROKER/Olaf Krüger), 146 (alamy), 147 (imageBRO-KER/Michael Nitzschke), 149 (alamy), 152 o. (United Archives), 152 Mitte (United Archives), 152 u. (United Archives), 153 o. (United Archives), 153 Mitte (United Archives), 153 u. (United Archives), 155 (imageBROKER/Oleksiy Maksymenko), 158–159 (alamy), 161 (alamy), 162 (alamy), 163 (United Archives), 165 (alamy), 168 o. (United Archives), 170 (alamy), 183 (Science Source), 187 (alamy), 188 (Bluegreen Pictures), 189 (alamy), 190 (alamy), 192–193 (alamy), 195 (imageBROKER/Norbert Probst), 199 (imageBROKER/Norbert Probst), 200–201 (Stefan Hefele), 203 (euroluftbild.de/Robert Grahn), 205 (Stefan Hefele), 206 (Ingo Boelter), 211 (imageBROKER/Holger Weitzel), 212 (imageBROKER/Cordelia Ewerth), 213 (Ingo Boelter), 215 (Bridge), 216–217 (Minden Pictures), 218–219 (alamy), 220 (alamy), 223 (Photononstop), 225 o. (alamy), 226–227 (Ingo Boelter), 228–229 (John Warburton–Lee), 226 (alamy), 238 (Westend61), 240–241 (imageBROKER/Hans Blossey), 243 (alamy), 246–247 (age), 252–253 (alamy), 255 (age), 266 (Pacific Stock), 269 (age), 277 (age), 278 (Bluegreen Pictures), 282–283 (alamy), 285 (alamy), 286 (age), 288 (euroluftbild.de/bsf swissphoto), 289 l. (Loop Images), 289 r. (imageBROKER/Norman Bock), 295 ol. (Science Source), 295 or. (Science Faction), 295 ul. (Bluegreen Pictures), 295 ur. (Science Source), 296 ol. (Bluegreen Pictures), 296 or. (Bluegreen Pictures), 296 ul. (Bluegreen Pictures), 296 ur. (Bluegreen Pictures), 299 (Firstlight), 302–303 (alamy), 305 (United Archives/CAP/PLF Supplied by Capital Pictures), 308–309 (euroluftbild.de/bsf swissphoto), 318 (NPL – Wild Wonders of Europe), 320/Nachsatz (Stefan Hefele)

NASA: S. 47 (© SeaWiFS Project, NASA/GSFC, and ORBIMAGE), 84 (sealevel.jpl.nasa.gov), 208 (Jacques Descloitres, MODIS Rapid Response Team, NASA/GSFC)

picture-Alliance, Frankfurt am Main: S. 10–11 (dieKLEINERT.de/Robert Perdok), 12 (Borut Furlan/WaterFrame), 14 (Westend61), 24 (akg-images), 27 (akg-images), 29 (dpa, Foto: P.-J. Texier/MPK/WTAP), 30 (dpa), 38 (dpa), 39 (Charles Bowman/Robert Harding), 45 (WaterFrame), 46 (Costa/Leemage), 49 r. (WILDLIFE), 50 (akg-images/Erich Lessing), 51 (akg-images/Cameraphoto), 54 (Angelo Cavalli/Robert Harding), 56 (ZB), 59 u. (Arco Images), 63 (Reinhard Dirscherl), 64 (blickwinkel/R. Koenig), 65 l. (Borut Furlan/WaterFrame), 71 (akg-images), 81 (Bildagentur-online/Lescouret), 72 (AP Photo/British Museum), 76 (Sainsbury Exhibitions Gallery/British Museum Extension/dpa), 85 (dpa), 91 (WaterFrame), 95 (Frans Lanting), 117 (Robert Harding World Imagery), 121 (Arco Images), 123 (Bildagentur-online/Tips Images), 124 (akg-images), 132 (akg-images), 138 (© World Pictures/Photoshot), 140 (AP Photo), 141 (Heritage Images), 143 (© dpa-Report), 150 (akg-images/Erich Lessing), 157 l. (IMAGNO/Austrian Archives), 157 r. (akg-images), 166 (dpa), 168 u. (akg-images), 169 (akg-images), 172 (akg-images / Cameraphoto), 173 (akg-images), 174 (akg-images), 176–177 (United Archives), 178–179 (© Bruce Coleman/Photosho), 181 (akg-images), 182 (dpa), 184–185 (akg-images), 191 (© dpa-Report), 194 (© dpa-Report), 196 (Arco Images), 197 (Bildagentur-online/TIPS-Images), 209 (© dpa-Report), 210 (© dpa-Report), 225 u. (ZB/euroluftbild.de), 231 (dpa), 232 (dpa), 234 (ZB), 235 (dieKLEINERT.de/Enno Kleinert), 237 (ZB/euroluftbild.de), 239 (AP Images), 249 l. (empics), 249 r. (empics), 250 o. (Christian Hager, dpa), 250 u. (Christian Hager, dpa), 256 (© dpa-Report), 257 (WILDLIFE), 260 (AP Images), 261 o. (dpa), 261 u. (dpa), 262 (Reinhard Dirscherl), 264 (foodcollection), 270–271 (WILDLIFE), 273 (WILDLIFE), 274 (dpa), 275 (blickwinkel/A. Rose), 276–277 (blickwinkel/A. Rose), 279 (blickwinkel/R. Koenig), 281 (WILDLIFE), 290 (ZB), 291 (ZB), 293 (akg-images), 295 (Mary Evans Picture Library), 300 (dpa), 306–307 (blickwinkel/S. Zankl), Nachsatz/U3 (Arco Images)

Wikimedia: S. 258, 259

Bildstrecke zu Beginn des Buches: Priel vor Hallig Hooge im norddeutschen Wattenmeer; der Milford Sound an der Südinsel Neuseelands (Fiordland National Park); neugieriger Eisbär nähert sich dem Kreuzfahrtschiff „National Geographic Explorer" an der Ostküste Spitzbergens; Leuchtturm an der bretonischen Pointe Saint-Mathieu (Frankreich).

Bildstrecke am Ende des Buches: S. 308–309: Priele im norddeutschen Wattenmeer vor Spiekeroog; S. 316: Marschland mit Seegras bei Niedrigwasser, Andalusien (Spanien); Schneelandschaft bei Reine, Lofoten (Norwegen)